세계 행복 지도
UN ≪세계 행복 보고서≫

세계 행복 지도
UN ≪세계 행복 보고서≫

제프리 삭스, 존 헬리웰, 리처드 레이워드 편저
우성대 역

간디서원

WORLD HAPPINESS REPORT
Edited by John Helliwell, Richard Layard and Jeffrey Sachs

편저자
제프리 삭스(JEFFRY D. SACHS) 콜롬비아대학교 지구연구소장
존 헬리웰(JOHN F. HELLIWELL) 캐나다 브리티쉬콜롬비아대학교 명예교수
리처드 레이워드(RICHARD LAYARD) 런던 정경대(LSE) 교수

역자
우성대
목포대학교 사회과학대학 정치언론홍보학과 교수

세계 행복 지도
UN 세계 행복 보고서

초판 인쇄일 | 2016년 2월 20일
초판 발행일 | 2016년 2월 25일
저　자 | 제프리 삭스(JEFFRY D. SACHS) 외
역　자 | 우성대
펴낸이 | 김강욱
펴낸곳 | 간디서원
주　소 | (06996) 서울시 동작구 동작대로길 33길 56(사당동)
전　화 | 02) 3477-7008
팩　스 | 02) 3477-7066
등　록 | 제382-2010-000006호
E-mail | gandhib@naver.com
ISBN | 978-89-97533-14-5 (03300)

* 잘못된 책은 바꾸어 드립니다.

〈그림 4.1〉 국가 간에 나타나는 분산 몫: 2010~12

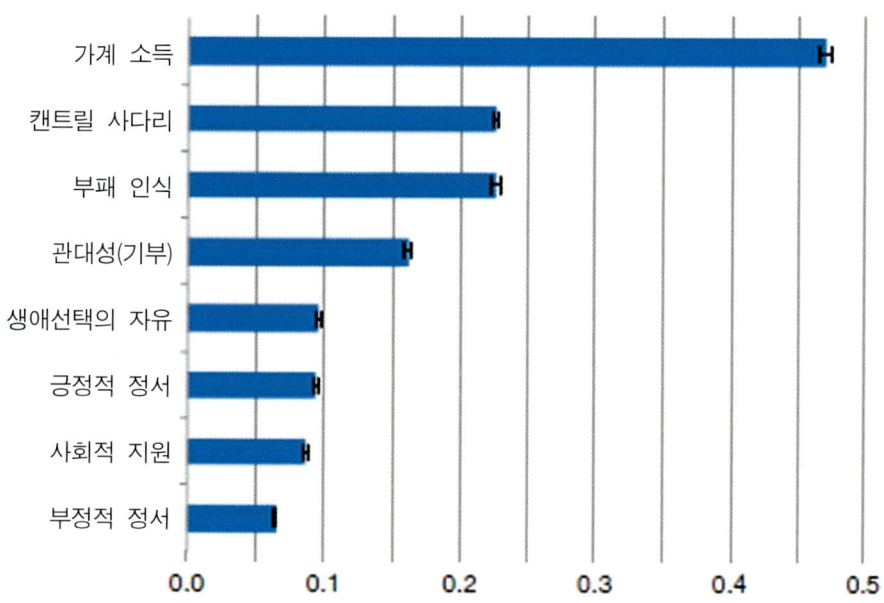

〈그림 4.2〉 지역별 행복에 대한 영향 요인: 2010~12

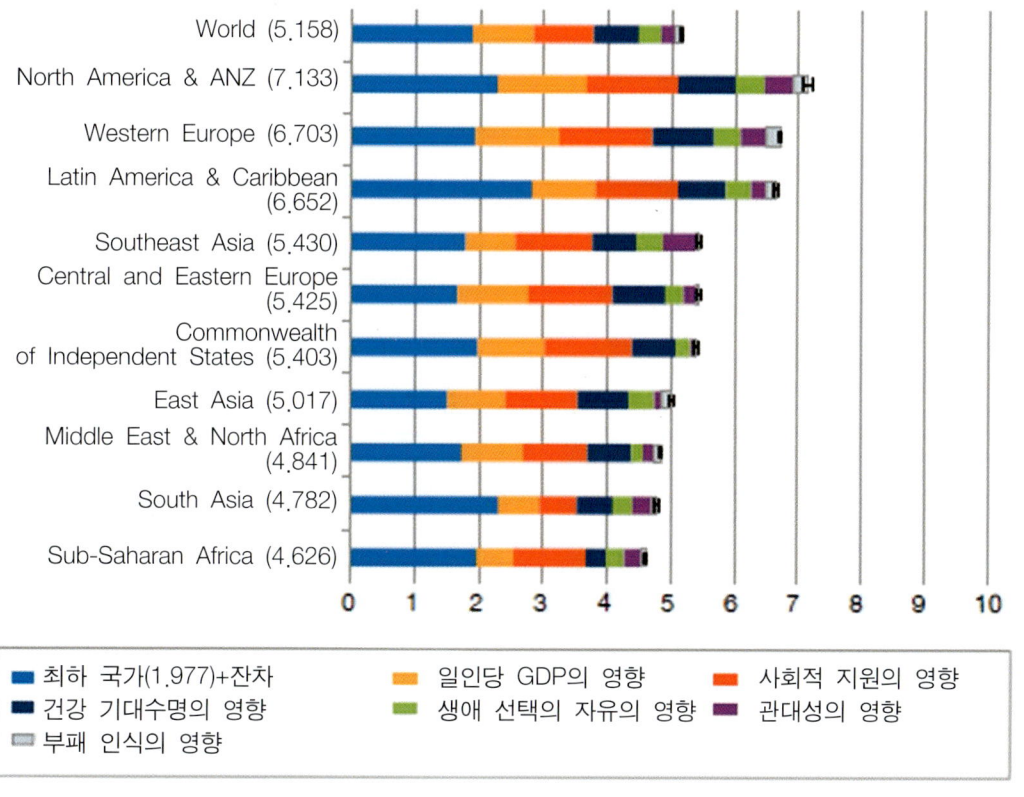

〈그림 4.3.1〉 세계 행복 순위: 2010~12(Part 1)

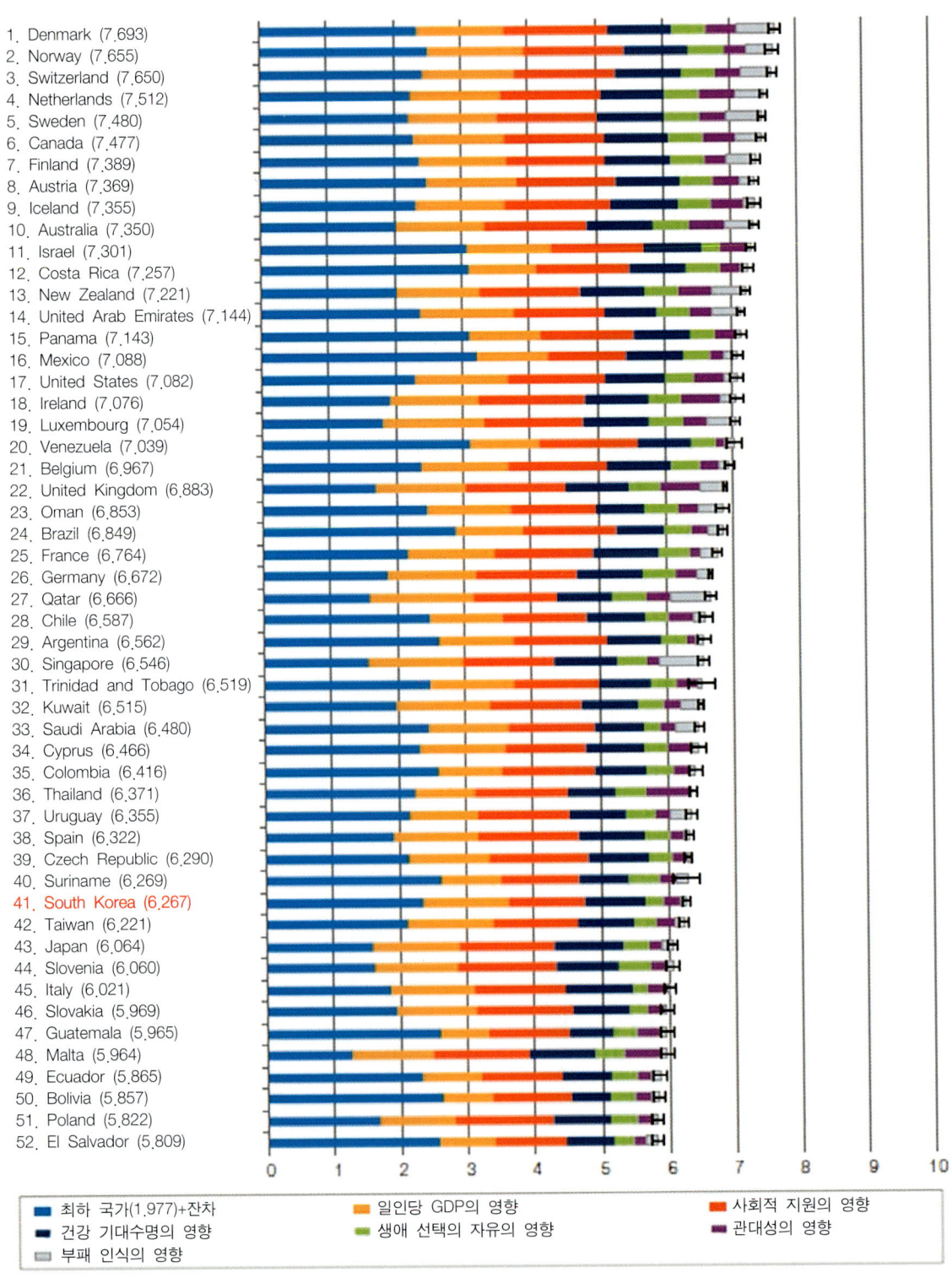

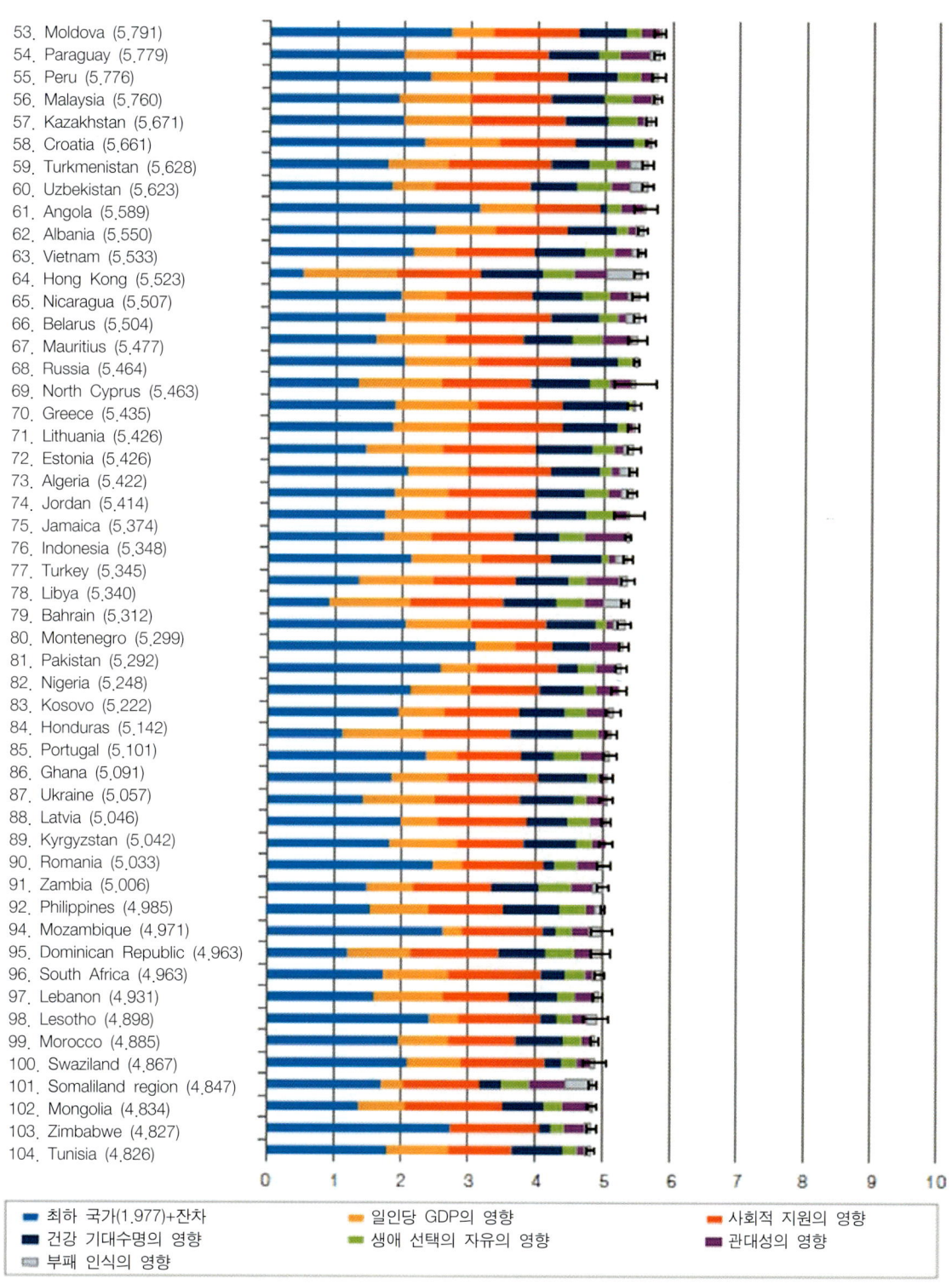

〈그림 4.3.2〉 세계 행복 순위: 2010~12 (Part 2)

<그림 4.3.3> 세계 행복 순위: 2010~12 (Part 3)

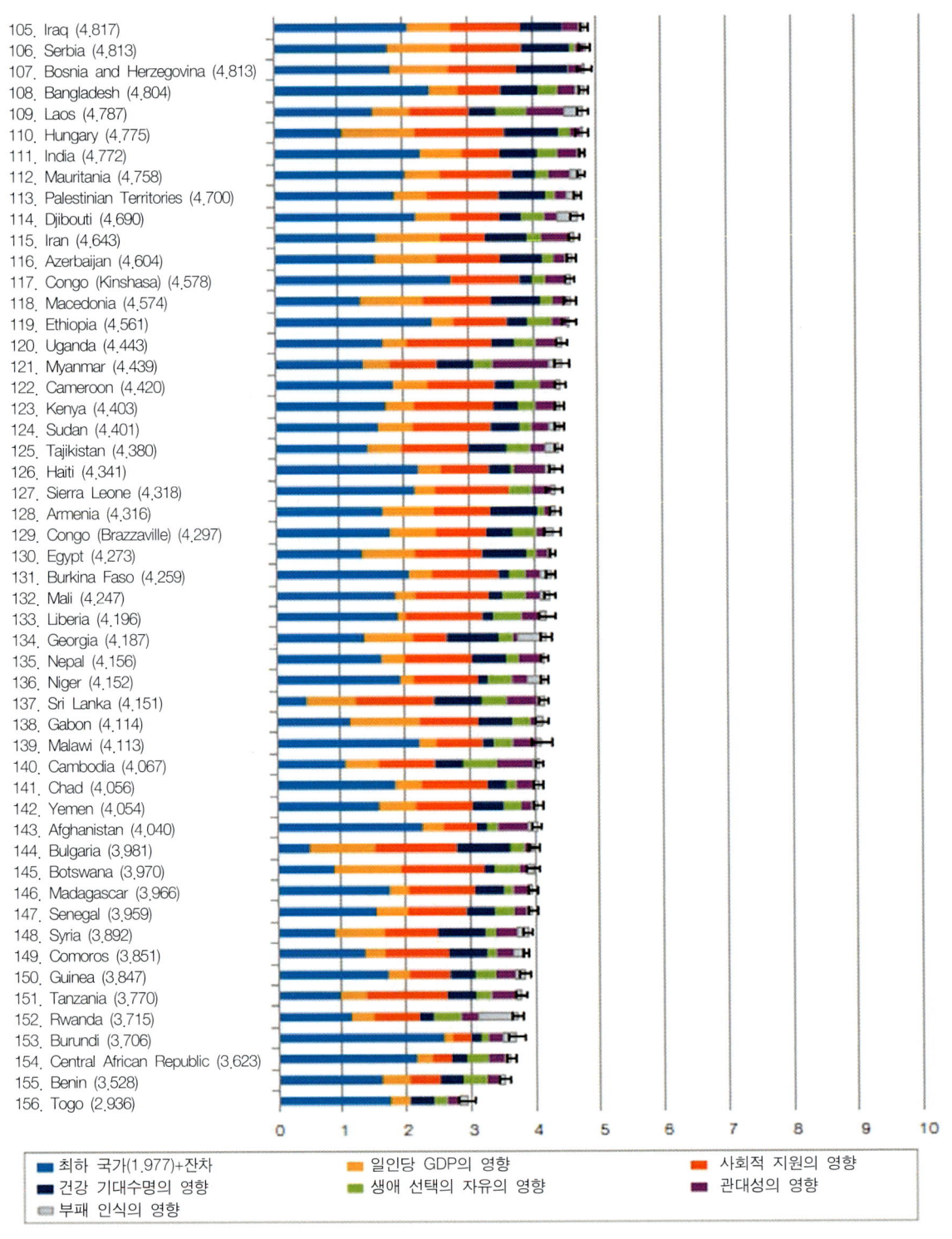

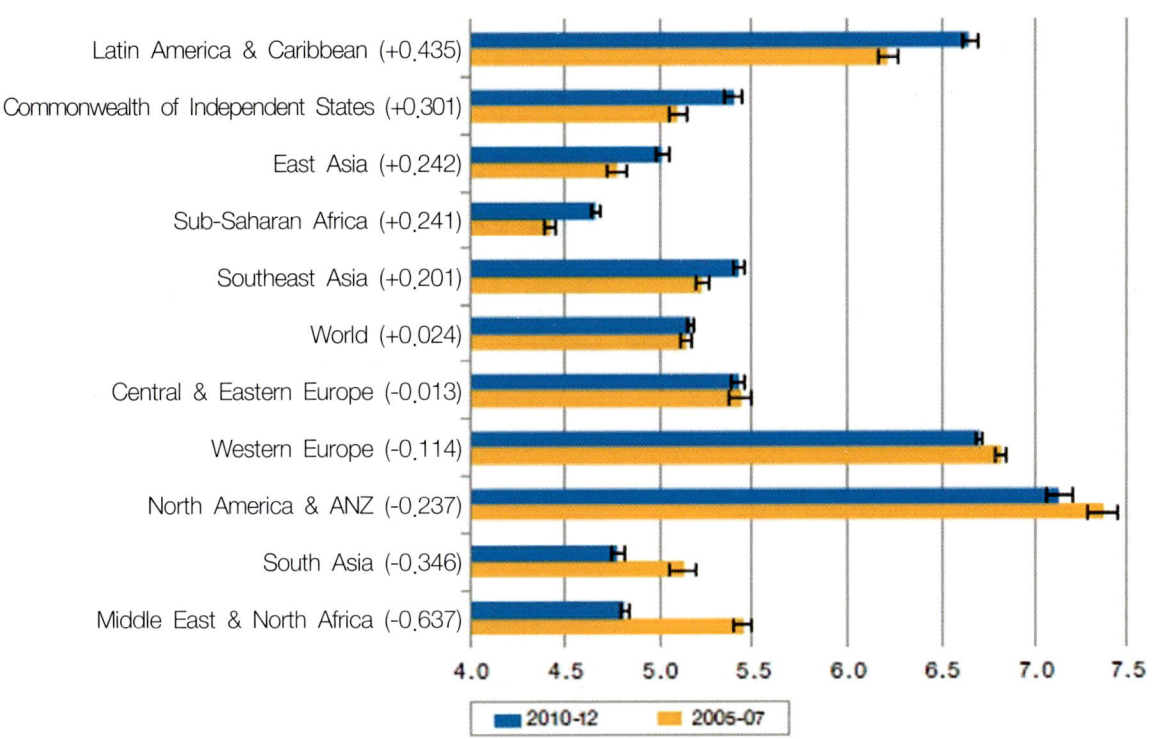

〈그림 4.4〉 세계 및 지역의 행복 수준 비교: 2005~07 기간과 2010~12 기간

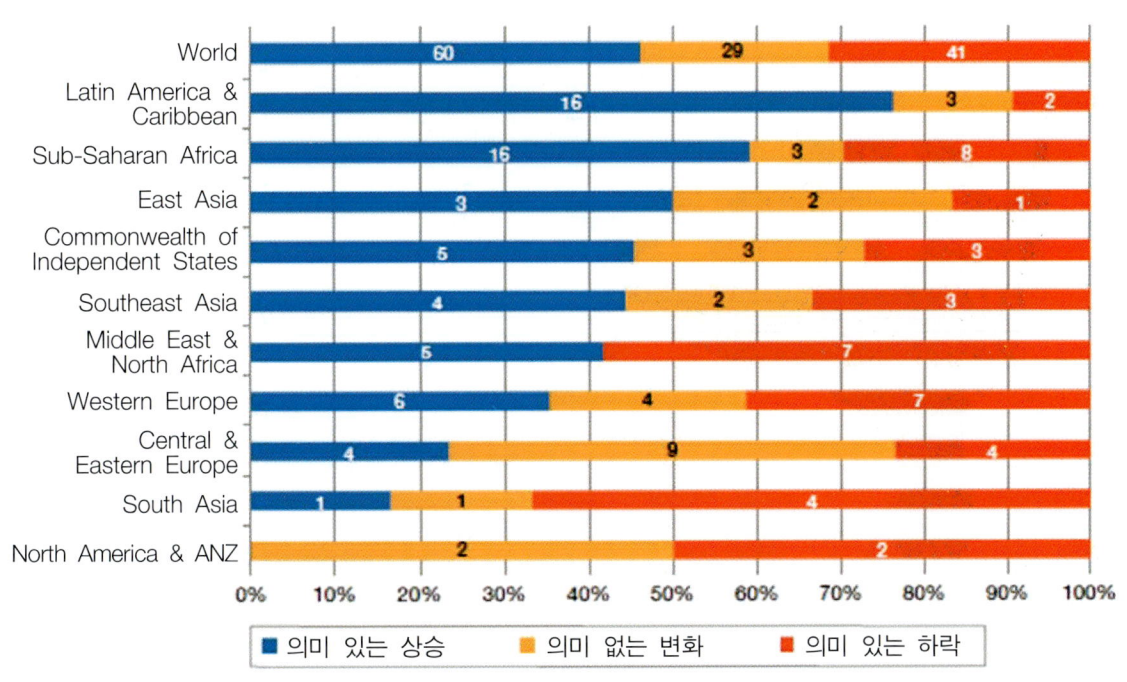

〈그림 4.5〉 행복도가 상승하는 국가들과 하락하는 국가들: 2005~07 기간과 2010~12 기간

〈그림 7.1〉 세계 행복 지도(행복 수준의 지리적 분포)

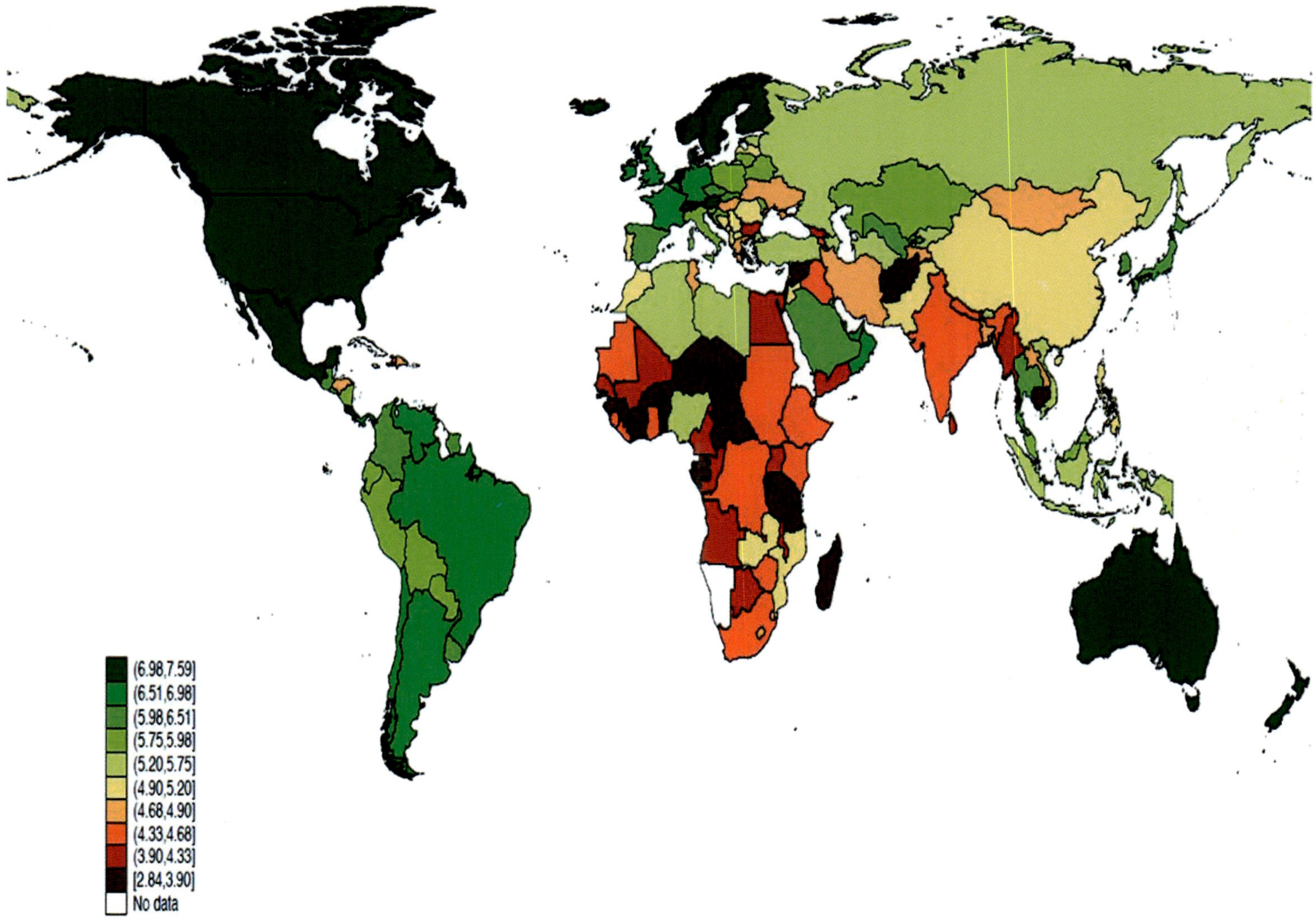

<그림 7.2.1> 세계 행복 순위 2012~2014 (Part 1)

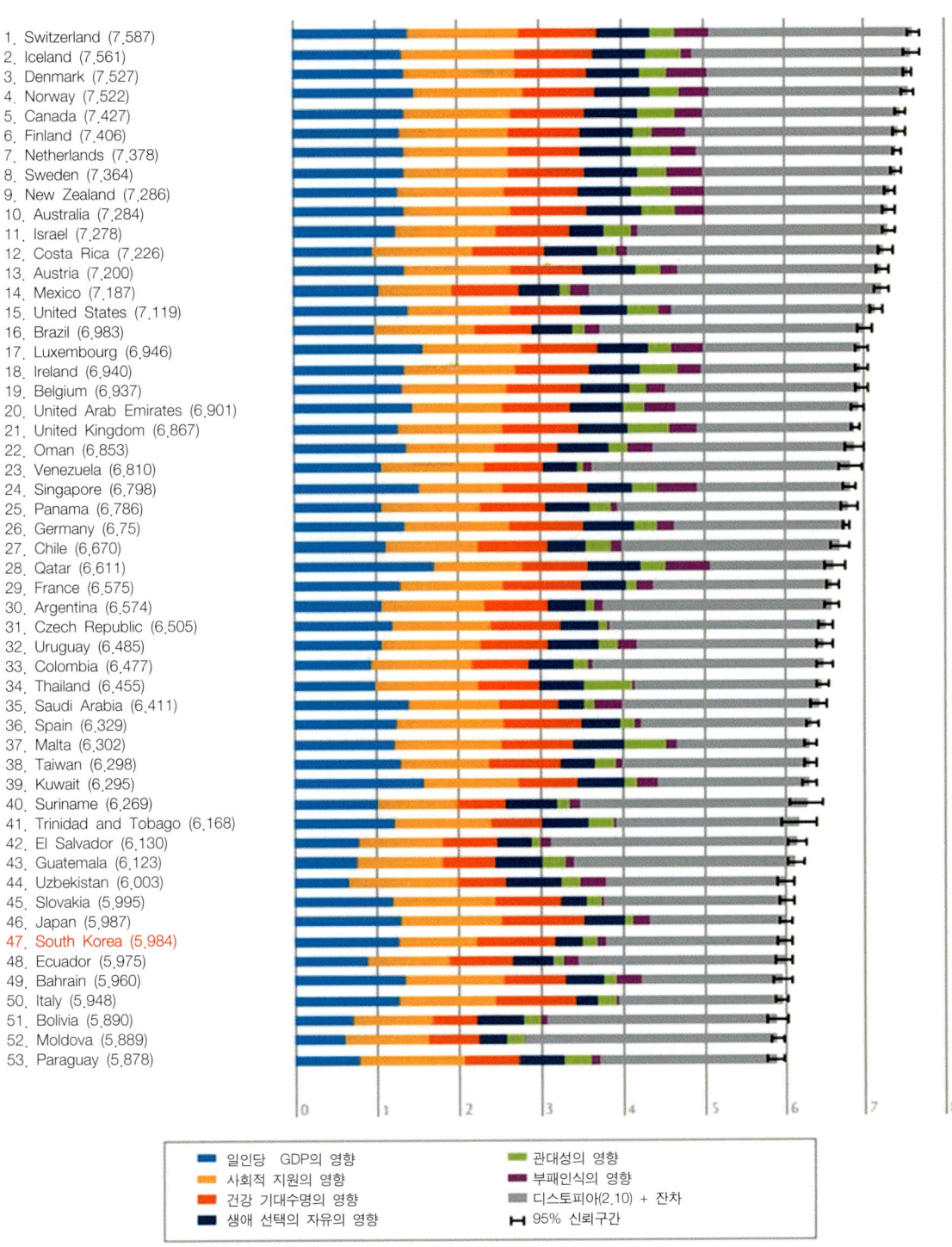

<그림 7.2.2> 세계 행복 순위 2012~2014 (Part 2)

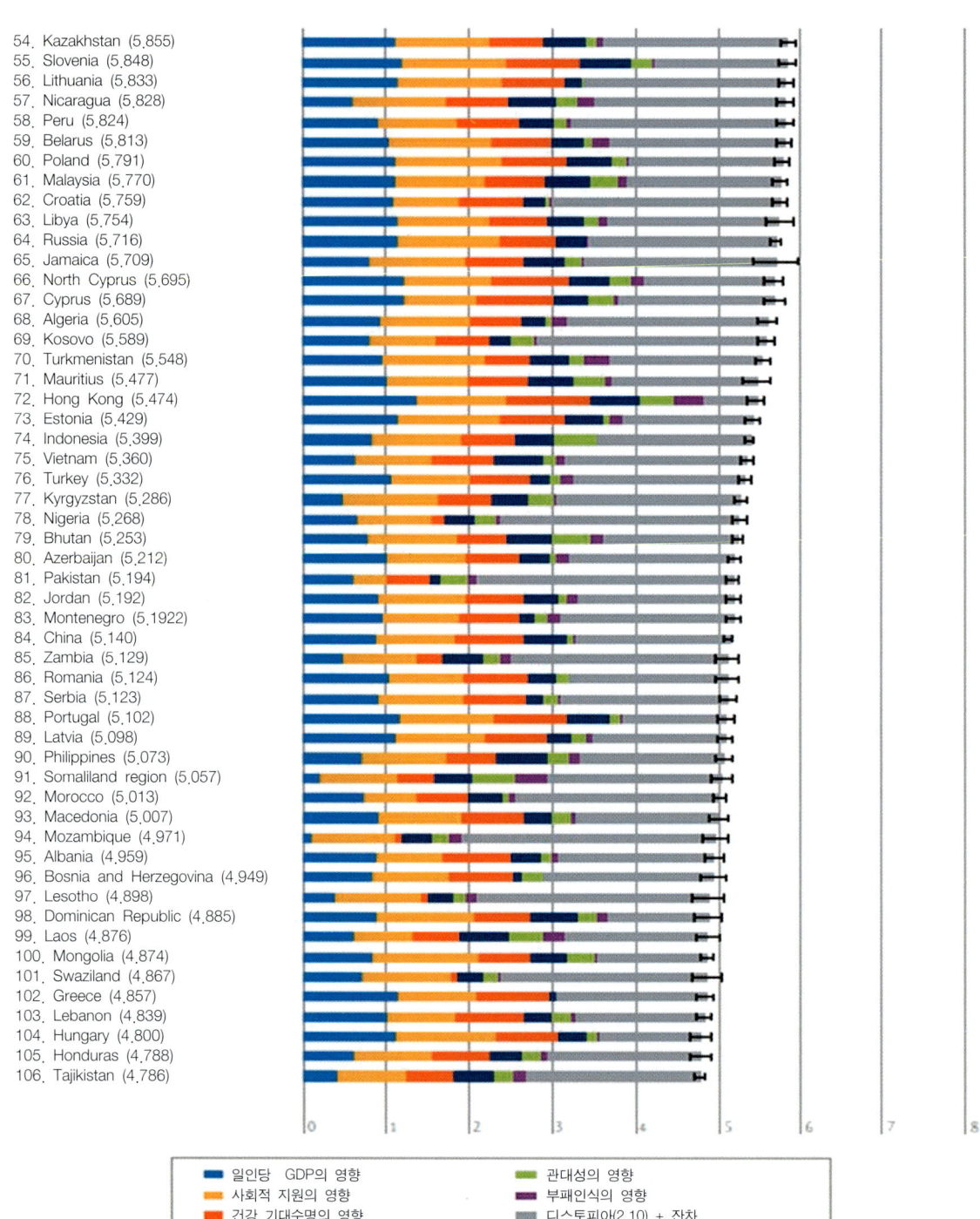

<그림 7.2.3> 세계 행복 순위 2012~2014 (Part 3)

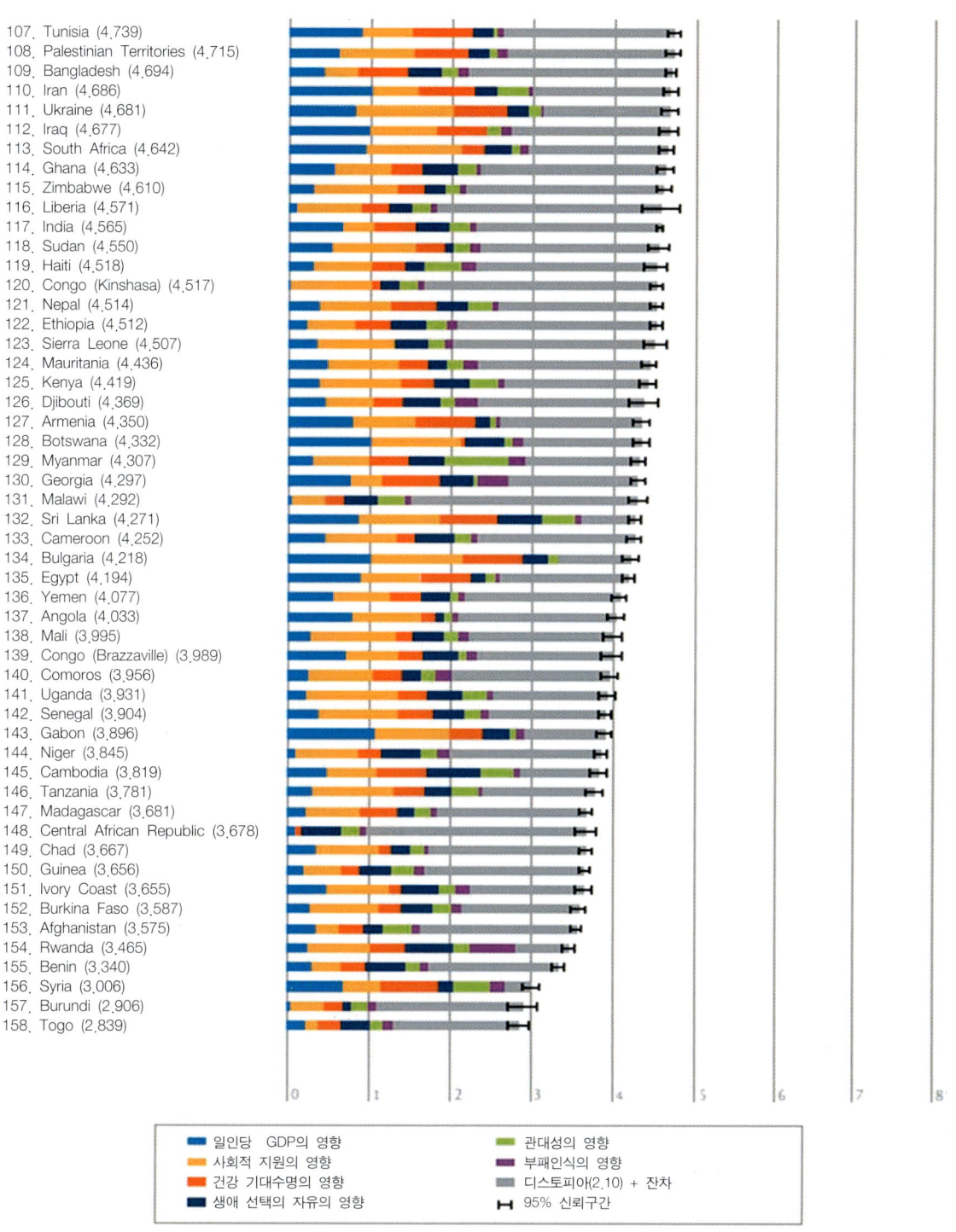

〈그림 8.3〉 행복도의 양성 간 간격(캔트릴 사다리)

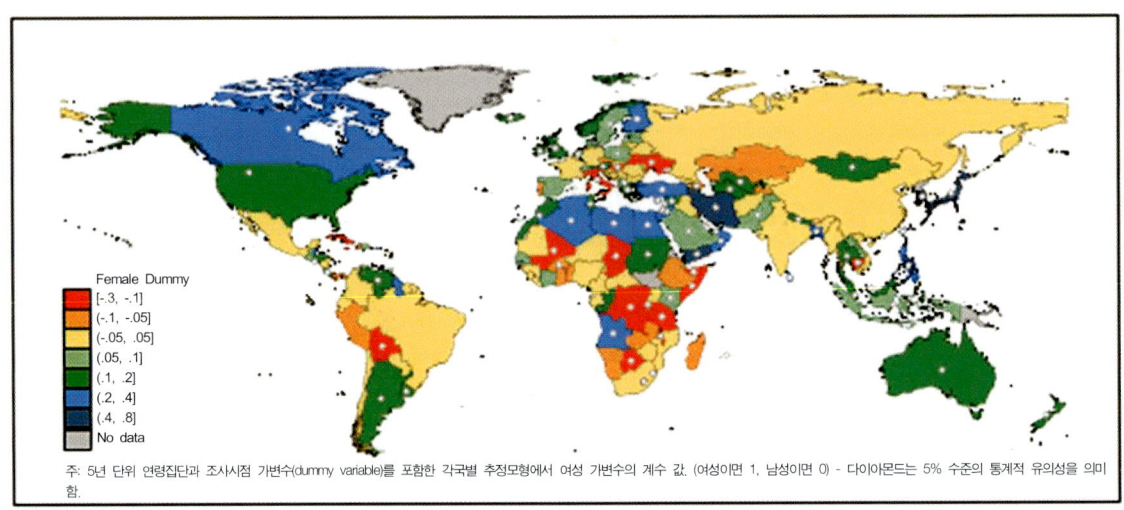

〈그림 8.11〉 국가별 여성의 행복도와 노동참여

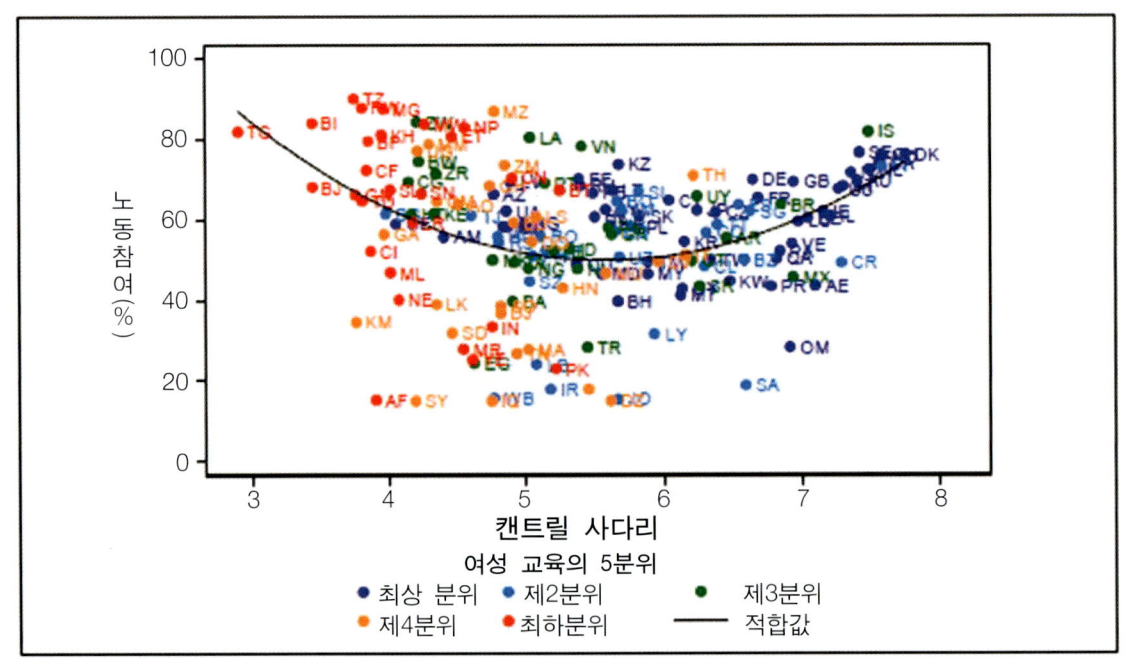

차례

역자 서문　　17

제1편 ≪세계 행복 보고서 2012≫

제1장 입문　　35
제2장 세계 행복의 현황　　51

제2편 ≪세계 행복 보고서 2013≫

제3장 입문　　121
제4장 세계 행복: 추세, 설명, 분포　　127
제5장 주관적 웰빙 측정을 위한 OECD 접근법　　167

제3편 ≪세계 행복 보고서 2015≫

제6장 입문　　195
제7장 세계 행복의 지리학　　207
제8장 젠더와 나이에 따른 주관적 웰빙의 변화　　253

역자 서문

1. UN의 ≪세계 행복 보고서≫와 한국의 행복 현황

2012년, 2013년, 2015년, 2016년 모두 4차례 출간된 바 있는 UN의 ≪세계 행복 보고서≫(World Happiness Report)는 각각 크게 두 부분으로 구성되어 있다. 하나는 행복 데이터를 토대로 최근의 행복 수준 및 추세를 분석한 것이며, 다른 하나는 행복과 연관된 구체적인 이슈들에 대해 보다 심층적으로 분석한 것이다. "세계 행복 지도"라는 제목으로 출간된 본 역서는 이 중 2012년, 2013년, 2015년 보고서의 앞부분만을 번역해서 소개한 것이다. 즉 2012년 보고서의 1장과 2장, 2013년의 1장, 2장과 7장, 그리고 2015년의 1장, 2장과 3장을 모아 차례대로 소개한 것이다. 2012년 보고서는 2005~2011년 중반까지를, 2013년 보고서는 2010~2012의 3년을, 2015년 보고서는 2012~2014의 3년을, 그리고 2016년 보고서는 2013~2015의 3년을 조사 대상 기간으로 하고 있다. 미처 2016년 보고서 부분이 포함되지는 못했지만, 본 역서의 내용을 통해 독자들은 세계의 최근 행복 수준과 추세에 대해 일목요연하게 파악할 기회를 얻게 될 것이며, 또한 한국의 행복 현황과 변화 양상에 대해서도 접할 수 있을 것이다.

그러면 ≪세계 행복 보고서≫의 행복도 순위에 따르면 한국은 세계 몇 위나 될까? 〈그림 2.3〉이 보여주듯이, 2005~2011 중반까지의 기간을 대상으로 측정한 평균 행복도에서 한국은 104개 국 중 56위로 세계 중간 수준에도 못 미치고 있다. 하지만 2010~2012 3년을 측정한 〈그림 4.3〉의 평균 행복도에서 한국은 0~10점 척도에서 6.267점을 기록하여 세계 156개 국가 중 41위로 크게 상승한 바 있다. 이 점수는 2005~2007년의 기간과 비교할 때 0.728점이나 상승한 것으로, 그 상승의 순위가 130개 국가 중에서 9위에 해당할 정도이다. 그런데 〈그림 7.2〉에 의하면, 2012~2014 3년 동안의 평균 행복도에서 한국은 5.984점을 얻어 158개 국가 중 47위를 기록하고 있다. 이는 이전의 3년(2010~12)에 비하면 0.283점 하락한 것으로 국가 순위도 6등 정도 하락한 것이다. 그리고 금년 3월에 발표된 ≪세계 행복 보고서 2016≫에 따르면, 한국은 최근 3년(2013~2015)의 행복도에서 5.835점으로 58위를 기록했는데, 이는 지난 조사보다 11계단이나 하락한 것이다.

이상의 비교를 통해 알 수 있듯이, 2010년대 초까지 한국의 행복도 및 국가 순위가 이전에 비해 크게 상승한 것은 사실이다. 하지만 최근에 와서는 침체 및 하락 추세를 보여주고 있다. 행복도는 6점대에서 5점대로 하락했으며, 또한 국가 순위도 40위대에서 50위대로 밀려났다. 행복의 수준 및 순위가 이처럼 하락 추세를 보이는 것은 우려스런 일이 아닐 수 없다. 그러나 그렇다고 한국의 상황이, 최소한 평균 수준에서 볼 때, '헬조선'이라 불릴 정도로 형편없는 정도는 아니다. 따라서 한국의 상황을 지나치게 비관적으로 보거나 평가 절하할 필요는 없으며, 사실에 입각해 한국의 행복 문제에 보다 객관적이고도 과학적으로 접근할 필요가 있다.

국가 수준의 행복도를 결정하는 요인은 무엇일까? 본 행복 보고서에서는 삶의 평가에서 국가 간 차이의 3/4(75%) 이상이 6개의 핵심 변인들, 즉 일인당 소득, 건강 기대수명, 사회적 지원(필요할 때 의존할만한 사람이 있느냐 여부에 의해 측정됨), 생애 선택의 자유, 관대성, 부패에 의해 설명된다. 이 6개 변인들이 각 국가 행복 수준의 대부분을 결정한다는 말이다. 실업, 불평등 등도 분명히 중요한 변인이지만 국가 비교를 위한 충분한 자료가 없기에 위의 6개 변인들만 활용되고 있다. 이 6개 설명 변인들 중 사회적 지원, 소득, 건강 기대수명이 가장 중요한 3

가지 변인인데, 그 상대적 중요성은 국가 및 시기에 따라 다르다.

본 역서의 〈그림 7.2〉에 따르면, 한국의 행복도에 미치는 영향력의 정도는 일인당 소득, 사회적 지원, 건강 기대수명의 순으로 나타난다. 이처럼 행복도에 미치는 소득의 영향력이 여전히 크다는 점에서 그동안 한국의 행복 순위가 크게 상승한 이유, 그리고 최근의 침체 및 하락 이유의 일정 부분이 설명 가능하다. 즉 한국이 과거의 중하위권에서 2010년대 초반 중상위권(40위권)으로 도약한 이유의 상당 부분은 일인당 GDP의 성장에 의해 설명될 수 있으며, 또한 최근의 침체 및 하락의 이유도 저성장 기조의 영향으로 설명될 수 있다는 말이다. 하지만 한국의 행복 순위가 일인당 GDP 수준에 못 미치는 50위권 후반에 머물고 있는 것은 다른 요인들 탓으로 설명해야 할 것이다. 세계은행(World Bank)의 2014년 자료에 따르면 한국의 일인당 GDP(ppp)는 세계 185개 국가 중 30위(33,140)를 기록하고 있다. 그러면 한국의 행복도 및 그 순위에 부정적으로 작용하는 요인은 무엇인가? 이 요인을 추적하기에는 UN의 행복 보고서 데이터에 한계가 있기에 OECD의 자료를 통해 보완해 보기로 하자.

OECD는 2011년 이후 격년마다 웰빙 보고서를 발간하고 있으며, 또한 매년 '더 나은 삶 지수'(Better Life Index)라는 이름으로 각국의 웰빙 지수를 공표하고 있다. 웰빙에 대한 OECD의 개념적 프레임워크에 따르면, 인간의 웰빙은 11개의 영역으로 구분된다. 그리고 이 영역들은 크게 '삶의 질'과 '물질적 생활조건'이라는 양대 영역으로 대별된다. 여기서 삶의 질은 사회적 연계, 일과 삶의 균형, 건강, 환경, 시민참여, 교육, 주관적 웰빙, 안전 등 8개 세부 영역으로, 그리고 물질적 생활조건은 소득, 일자리, 주거 등 3개 영역으로 구성된다. 36개(OECD 34개국+브라질, 러시아) 국가를 대상으로 조사한 '2015 더 나은 삶 지수'(Better Life Index 2015)에 따르면, 11개 영역을 종합적으로 고려한 웰빙 지수에서 한국은 27위로 중하위권 수준에 머물고 있다. 그런데 웰빙적 삶의 양대 영역 중 물질적 삶의 영역은 20위로 비교적 양호한 편이다. 하지만 삶의 질 영역은 이보다 9계단이나 낮은 29위에 머물고 있으며, 삶의 만족도로 평가한 주관적 웰빙 영역에서도 29위(5.8점)에 그치고 있다. 물질적 삶의 수준에 비해 삶의 질 수준이 크게 떨어지고 있는 것이다. 2014년 세계 국가 중 30위, OECD 국가 중 21위를 차지한 한국의 1인당 GDP(ppp) 수준을 생각할 때, 우리의 삶의 질 수준은 우리 국민의 기대에 미치지 못하고 있다.

한국은 삶의 질을 구성하는 8개 세부 영역 중 절반이 넘는 5개 영역에서 OECD 하위 20%에 들었다. 그 중에서도 환경(30위), 일과 삶의 균형(33위), 사회적 연계(36위) 등이 열악한데, 특히 공동체의 수준을 보여주는 '사회적 연계'(social connections) 부문에서 36개 조사 대상국 중 최하위를 기록해 충격을 주고 있다. '필요할 때 도움을 줄 수 있는 친척이나 친구가 있는지'를 묻는 사회적 지원 관계망에 관한 질문에 긍정적으로 답한 비율이 72%로 OECD 평균 88%보다 16%포인트나 낮았다. 이 질문은, 앞에서도 살펴보았듯이, UN의 행에서 행복에 큰 영향을 미치는 변인으로 주목하는 '사회적 지원'(social support)에 대한 질문 내용과 일치하는 것이다.

웰빙 수준과 행복 수준을 종합적으로 고려할 때 두 가지 특징을 파악할 수 있다. 하나는 경제적 수준이나 물질적 여건에 비해 삶의 질이나 삶의 만족도가 크게 떨어진다는 점이다. 다른 하나는 최근에 웰빙 수준이나 삶의 만족도가 정체 또는 하강 추세를 보이고 있다는 점이다. OECD의 웰빙 순위에서 한국은 2015년 36개국 중 27위로 작년에 비해 두 계단 내려갔으며, 삶의 만족도 조사를 통한 주관적 웰빙 순위도 25위(6.0점)에서 29위(5.8점)로 하락했다. UN의 캔트릴 사다리 조사를 통한 행복(주관적 웰빙) 순위도 2010~2012 기간의 세계 41위에서 2013~2015 기간에는 58위로 하락했다. 웰빙 순위나 주관적 웰빙 순위가 하락한 이유는 한국 경제가 저성장기에 접어들었다는데 부분적인 이유가 있을 것이다. 하지만 삶의 질 영역을 구성하는 세부 영역들의 수준이 악화되는 것이 보다 큰 이유일 것이다. 특히 낮은 성취도를 보여줌으로써 삶의 질에 부정적 영향을 미치는 3가지 약점 영역, 즉 사회안전망과 연관된 '사회적 연계'(36위), 노동시간 및 여가생활과 연관된 '일과 삶의 균형'(33위), 수질 및 대기의 질과 연관된 '환경의 질'(30위) 영역들을 개선하는데 정책적 노력을 보다 집중해야만 하락 추세를 반전시키는 것이 가능할 것이다.

그동안 우리는 국가 정책의 주된 목표로서 GDP(국내총생산)의 성장에 집착해 왔다. 하지만 경제 성장이 더 이상 삶의 질의 개선이나 행복의 증진으로 이어지지는 못하고 있다. 이러한 현실은 우리에게 과연 무엇을 위한 성장인가 하는 심각한 의문을 제기해 주고 있는데, 주목할 만한 것은 이러한 현실이 우리만의 것이 아니라 세계 대다수 선진국들에게도 해당한다는 것이다. 따라서 각 국가들은, 특히 이미 상당한 정도의 성장을 이룬 선진국들은, 새로운 정책적 혁신에 나서고 있는데, 이러한 정책적 혁신의 내용을 가장 잘 요약해서 보여주는 것이 〈경제성과 및 사회진보 측정을 위한 위원회〉(Commission on the Measurement of Economic Performance and Social Progress)의 보고서이다. 위원장의 이름을 따서 흔히 ≪스티글리츠 보고서(2009)≫(Stiglitz Report)로도 불리는 이 보고서가 주장하고자 하는 바는, 우리가 '양적 성장의 문제에서 삶의 질의 문제'로 이론적·정책적 논의의 중심을 이동해야 하며, 삶의 질을 실질적으로 개선하기 위해서는 무엇보다도 GDP의 대안이 될 만한 사회발전 지표를 새롭게 개발해야 한다는 것이다.

≪스티글리츠 보고서≫의 분석과 권고는 이후 OECD와 UN 같은 권위 있는 국제기구에 의해 의미 있는 연구 성과로 이어지고 있다. 2011년 이후 격년마다 발간되는 OECD의 ≪웰빙 보고서≫(How's Life?: Measuring Well-being)와 네 차례 발간된 UN의 ≪세계 행복 보고서≫(World Happiness Report)가 대표적이다. OECD는 '웰빙'(Well-being) 지표에, UN은 '주관적 웰빙'(Subjective Well-being)

또는 '행복'(Happiness) 지표에 집중해 이론적, 정책적 논의를 전개하고 있다. OECD는 2013년 3월 주관적 웰빙을 측정하는 통계기관들에게 도움을 주고자 〈주관적 웰빙 측정을 위한 가이드라인〉(Guidelines on Measuring Subjective Well-being)을 발표한 바 있는데, 그 내용은 본 번역서 5장에 개략적으로 소개되어 있다. UN의 행복 보고서는 기본적으로 OECD의 이 가이드라인에 따라 주관적 웰빙을 측정하고 있다. 하지만 몇 가지 중요한 항목에서 차이점도 발견된다.

'주관적 웰빙'이란 보다 포괄적인 의미인 '웰빙'(well-being: 잘-있음)의 주관적 측면을 지칭하는 것으로서, 우리가 통상적으로 '행복'이라 부르는 개념이 간혹 초래하곤 하는 의미론적 혼란을 벗어나기 위해 행복 과학자들 대다수가 선호하는 개념이다. 확실히 주관적 웰빙은 행복에 비해 보다 분석적인 개념이다. 하지만 "세계 행복 보고서"라는 UN 보고서의 명칭이 잘 보여주듯이, '행복'은 대중적 호소력이라는 측면에서 타의 추종을 불허하는 개념이다. 또한 '행복'은 오랜 전통을 지닌 개념으로서 삶의 질을 구성하는 중심요소로 오랫동안 인정받아 온 개념이기도 하다. 따라서 '행복'을 정책적 목표로 삼아 측정 작업에 나서기에 앞서 이 개념에 대해 보다 분석적으로 접근해야 할 필요가 있다.

행복을 고찰하는 과정에서 당면하는 가장 큰 난관은 이 용어의 의미가 혼란스럽다는 것이다. 우리는 모두 행복이라는 말을 거리낌 없이 사용하지만 행복이 무엇을 의미하는지 따져보면 적잖이 당황하게 된다. 서로 다른 '행복' 정의가 존재하며 심지어는 상충되는 정의도 존재하기 때문이다. 행복은 그와 같이 '본질적으로 논쟁적인 개념' 중 하나이며, 보다 치밀한 분석을 요하는 '철학적 개념'(philosophical concept)이다. ― 이하의 내용은 UN ≪세계 행복 보고서≫의 내용 및 측정방식을 이해하는데 도움을 주고자 역자 나름대로 '행복'의 개념 및 의미를 둘러싼 주요 논쟁을 정리한 것이다.

2. 정서적 행복관과 인지적 행복관

오늘날 행복은 '즐거움'(pleasantness) 또는 '좋은 느낌'(good feeling)으로 정서적 관점에서 이해하는 경향이 있다. 하지만 행복은 인지적 관점에서 '삶에 대한 평가'(life evaluations)를 의미하기도 하는데 이것이 보다 자주 활용되는 관점이다. 때로 전자는 '정서적 행복'(affective happiness)으로, 그리고 후자는 '평가적 행복'(evaluative happiness)으로 지칭된다. "어제 당신은 행복하셨습니까?"(Were you happy yesterday?)와 같은 질문은 전자의 의미를, 그리고 "당신은 당신의 삶에서 전반적으로 행복하십니까?"(Are you happy with your life as a whole?)와 같은 질문은 후자의 의미를 담고 있다. 이 두 가지 질문은 성격이 다르다. 전자가 보다 단기간의 정서적 경험을 묻고 있다면, 후자는 인생 전반에 대한 인지적 평가와 판단에 해당된다. 행복을 측정하려면 이처럼 행복이 서로 다른 두 가지 의미로 사용되고 있다는 점을 고려해서 두 가지 방식으로 측정되는 것이 필요하다. 다행스러운 것은 사람들이 '정서로서의 행복'과 '삶의 평가로서의 행복'의 차이점을 명확히 인식하고 있으며, 따라서 위의 두 질문에 대해 명확히 구별되는 반응을 보인다는 사실이다.

현대 심리학의 분석방식에 따라 정서적 경험은 다시 두 가지 형태로 구분되는데, 긍정적 정서(즐거움, 긍지 등)와 부정적 정서(분노, 슬픔 등)가 그것이다. 긍정적 정서와 부정적 정서는 서로 독립적이며 다른 정보를 제공한다. 그리고 최근의 '긍정 심리학자들'(positive psychologists)이 강조하듯이, 부정적 정서를 제거한다고 해서 자동적으로 긍정적 정서가 생겨나는 것도 아니다. 불행감의 해소가 곧바로 행복감의 획득으로 이어지는 것은 아니라는 말이다. 따라서 긍정적 정서 경험과 부정적 정서 경험에 대해 각자 별개로 측정되어 분석될 필요가 있다.

결국 행복의 실체에 접근하기 위해서는 삶의 평가와 함께 긍정적, 부정적 정서라는 3요소를 모두 고려해야 하며, 이 점에 대해서는 행복 — 또는 주관적 웰빙 — 에 대해 과학적으로 접근하려는 행복 전문가들 대다수가 합의를 이룬 상태이다. 다만 이 3요소를 취합해 '종합 지수'(composite index) 형태로 단일의 '행복 지수'(Happiness Index)를 산출해야 하는가 하는 데 대해서는 다소 이견이 있다. 서로 다른 성격을 지닌 평가적 요소와 두 정서적 요소 — 긍정적 정서와 부정적 정서 — 를 결합하는 방식이 가능한 것인지에 대해 이론(異論)이 있을 수 있기 때문이다. 그런데 UN의 ≪세계 행복 보고서≫는 기존에 개발되어 사용되고 있는 어떤 행복 지수에도 의존하지 않으며, 또한 독자적으로 행복 지수를 구축하지도 않는다. 무엇보다도 이런 일들이 부적절하다는 것인데, 이렇게 주장하는 이유에 대해서는 본 역서 6장의 해당 내용을 참조하기 바란다.

기존의 특정 행복 지수를 따르거나 독자적인 지수를 만드는 대신에, UN의 행복 보고서는 사람들 자신의 '삶에 대한 평가'에 핵심적인 역할을 부여하고 있다. 즉 삶에 대한 각자의 평가를 토대로 평균 행복도를 측정해 국가 간의 행복 수준을 비교하는 것이다. 두 가지의 쌍생아적 사실들 — 즉 평가적 행복이 정서적 행복에 비해 국가 간 차별성이 크다는 것, 그리고 평가적 행복의 차이가 정서적 행복의 차이에 비해 삶의 조건들(life circumstances)에 의해 훨씬 잘 설명된다는 것 — 이 국제적 비교를 위한 핵심적 측정방식으로써 '삶에 대한 평가들'을 활용해야만 하는 충분한 이유를 우리에게 제공해 준다는 설명이다.

평가적 행복을 측정하는 방식은, 앞에서 소개했듯이, 질문지에 직접 행복 개념을 포함시켜 전반적 삶에 대해 묻는 방식이 있지만, 이외에도 널리 사용되는 다른 두 가지 방식이 있다. 하나는 '삶의 만족'(life satisfaction)에 관해 질문하는 것이고, 다른 하나는 개발자의 이름을 빌어 '캔트릴 인생 사다리'(Cantril ladder of life)로 불리는 자아 준거적 성취 척도를 활용하는 것이다. 그래서 평가적 행복은 통상적으로 3가지 방식 — 1) 전반적 삶에 대한 행복감, 2) 삶의 만족감, 3) 캔트릴 사다리 ― 으로 측정된다. 이 3가지 방식 중 어느 것이 가장 적합한 것인지, 그 차별성은 무엇인지 등 여러 학술적 논란이 전개되어 왔다. 하지만 UN 행복 보고서 필자들의 생각은 다음과 같다. 즉 3가지 측정방식이 서로 다른 평균값과 분포도를 갖는 것이 사실이지만, 이들은 모두 개인과 국가 간의 행복도 차이의 원천에 대해, 그리고 훌륭한 삶의 원천에 대해, 같은 정보를 제공해 주기에 이들 사이에 본질적인 차이는 없다는 것이다.

"모든 것을 고려할 때, 요즈음 당신은 당신의 삶에 대해 얼마나 만족하십니까?(0~10점)"라는 질문은 전형적인 '삶의 만족' 질문 유형이다. 이것은 다수의 국내적, 국제적 행복 조사에서 가장 널리 사용되는 삶의 평가 방식이며, 또한 본서 5장에서 소개하고 있듯이 OECD의 〈주관적 웰빙 측정을 위한 가이드라인〉에서 권장되고 있는 핵심적인 삶의 평가 질문이기도 하다. 그리고 인생을 사다리에 비유해서, "최고가 10점이고 바닥이 0점이라면, 당신은 현재 사다리의 몇 번째 계단을 밟고 있다고 생각하는가?"라는 식의 질문을 통해 삶을 평가하는 방식이 캔트릴 사다리 방식인데, 이 방식도 삶의 만족 질문과 함께 삶의 평가 질문으로 폭넓게 사용할 수 있을 정도의 기술적 적합성을 지닌 것으로 인정받고 있다. 그런데 UN의 ≪세계 행복 보고서≫는 바로 이 사다리 방식을 토대로 삶을 평가해 세계의 행복 상태에 대해 논하고 있다.

삶의 만족에 대한 질문은, 캔트릴 사다리와 대조적으로, 단순하고 비교적 직관적이다. 반면에 캔트릴 사다리는 조사에 응답하는 사람에게 사다리 개념에 대한 설명이 필요하기 때문에 상대적으로 그 질문이 길어질 수밖에 없다. 따라서 OECD는 행복의 '우선적 척도'(primary measure)로서 '삶의 만족' 질문 유형을 선택하도록 권장하고 있다. 질문이 단순한 까닭에 응답자의 부담감이 주요한 문제가 될 수밖에 없는 대규모의 가구 설문조사에 이것이 좀 더 쉽게 포함될 수 있을 것으로 생각했기 때문이다. 그러면 UN의 행복 보고서는 왜 보다 일상적으로 사용되는 삶의 만족 질문 대신에 사다리 질문으로 측정한 삶의 평가 방식에 의존하고 있는가? 그 이유는 의외로 단순하다. 가장 많은 데이터를 축적하고 있는 갤럽월드폴(GWP)의 주된 삶의 평가 질문이 캔트릴 사다리 방식이기 때문이다. 조사의 신뢰성은 표본의 질과 양에 의존하기 마련이다. 그런데 가장 많은 국가들을 대상으로 정기적으로 일관성 있게 삶의 평가 자료를 축적해온 조사 기관이 바로 갤럽월드폴이다.

3. 주관적 행복관과 객관적 행복관

행복의 의미를 둘러싼 보다 뿌리 깊은 논쟁은 주관적 행복관과 객관적 행복관의 충돌이다. 주관적 행복관에 따를 경우 행복이란 '즐겁거나 만족스런'(pleasant or contented) 상태, 즉 '주관적으로 좋은 심리상태'(a subjectively agreeable state of mind)를 말한다. 여기서 개인은 각자 자신의 행복에 관한 권위 있는 심판관이다. 따라서 행복의 존재나 정도에 대한 측정은 설문 조사를 통한 자기보고(self-reports) 방식에 근거해야 한다.

하지만 주관적 행복관에 따를 경우 지적 인지능력이 떨어지는 바보라도, 도덕감이 결여된 악당이라도, 그리고 자제력이 결여된 술주정뱅이라도, 비록 그 스스로가 즐겁거나 만족스럽다면 행복할 수 있다는 논리가 성립한다. 객관적 행복관에 따른다면, 즐거움과 만족의 원천이나 대상을 무시해 버리는 이러한 발상은 잘못된 것이다. 행복은 인간이 인간존재로서 마땅히 도달해야 할 어떤 기준을 충족시키는 상태여야 한다. 행복이란 그것이 '합당할'(due) 때에만, 아니면 적어도 부당하지 않을 때에만, 인정될 수 있다는 것이다. 즉 행복이란 단순한 주관적 심리 상태가 아니라 '객관적으로 바람직한 존재 양태'(objectively desirable condition of being)를 말하는 것이다. 이는 개인의 주관적 즐거움이나 만족과는 상관없는 별개의 것이다. 따라서 우리 모두가 우리 자신의 행복 여부를 판단할 적임자는 아니다. 설문조사를 통한 자기보고는 보조적 증거로써는 유용할지라도 행복의 궁극적인 기준은 될 수 없다. 그렇다면 행복 여부를 판정할 객관적 기준은 무엇이며, 누가 자격 있는 행복의 판정자란 말인가?

행복에 관한 서양 고대 사상의 주요 비전은 객관적인 성격의 것이었으며, 이 점에서 이들은 객관적인 행복관에 입각하고 있다 하겠다. 이들이 생각하는 바람직한 존재 상태를 지칭하는 그리스어 용어는 '에우다이모니아'(eudaimonia)인데, 이는 흔히 '행복'으로 번역되기도 한다. 하지만 이는 오해를 부를 수 있다. 따라서 학술적 논의에서는 주관적 성격을 지닌 현대적 의미의 행복과 구별하기 위해 그냥 '에우다이모니아'로 지칭하거나 '에우다이모니아적 행복'(eudaimonic happiness)으로 부른다.

고대 희랍어인 eudaimonia는 본래 '유'(eu: 좋은)와 '다이몬'(daimon: 신)의 합성어로서, 신성의 개념(notion of divinity)을 갖는 동시에, 행운(fortune) – 좋은 신을 만난다는 것은 행운이므로 – 이라는 뜻도 내포한 말이다. 즉 그것은 "복 받았다"는 동양의 표현처럼 '복된 운수'라는 뜻을 지닌 운명론적 개념이었다. 에우다이모니아란 말에서 이러한 운명론적 색채를 거두어내려 시도한 사람들이 소크라테스를 필두로 하는 고대의 철학자들이다. 이들에게 에우다이모니아는 더 이상 신의 선물이 아니며, 또한 우연과 운수의 산물도 아니다. 그것은 인간의 자발적인 노력에 의해 성취가 가능한 인간 존재의 상태를 말한다. 하지만 에우다이모니아적 행복은 아주 드문 것이었으며, 여전히 평범한 사람들에게 해당되는 상태는 아니었다. 에우다이모니아는 빼어난 미덕을 지닌 소수의 사람들에게만 주어지는 것으로, 평범한 사람들을 뛰어넘는 사회적, 지적 엘리트만이 성취 가능한 것이었다. 이성에 따른 덕행을 통해서만 행복을 성취할 수 있다는 아리스토텔레스의 행복관이 그 대표적인 경우라 하겠다. 이후 서구 역사에서 오랜 기간 동안 에우다이모니아적 행복은 인간 완성의 징표로 간주되었다.

계몽사조는 오랫동안 지속되어온 이 개념을 근본적으로 바꾸어, 행복을 이 지상의 삶에서 모든 인간이 열망할 수 있는 무언가로 여기게 만들었다. 그것은 남녀노소 모두 원칙적으로 획득할 수 있는 것으로, 인간에게 부여된 당연한 것이었다. 이제 행복이란 완전성에 대한 이상향이라기보다는 지금 여기, 현세에서 추구하고 달성할 수 있는 세속적 목표이자 자명한 진실이 되었다. 그리고 그 의미도 즐겁고 만족스런 심리상태를 뜻하는 쾌락주의적 색채를 띠게 되었으며, 이제 이러한 심리적, 주관적 행복 개념이 현대 세계의 표준이 되었다.

하지만 주관적 행복이 과연 그 자체로 좋은 것인가 하는 문제는 여전히 남아있다. 행복한 심리상태의 가치가 그 추구 대상과 무관하게 인정될 수 있느냐 하는 것이다. 바보나 악당의 행복처럼 이 세상에는 최소한 정당화되지 않는 행복이 존재한다. 따라서 그 대상과 별개로 행복 그 자체를 추구하고, 더 나아가 이를 극대화하려는 기획은 어딘가 불길한 기운을 띤다. 행복한 소수를 행복한 다수로 대체하려는 포부는 가상하지만, 그 행복이 과연 바람직한 내용을 담지하고 있느냐 하는 의문이 들 수 있는 것이다. 주관적으로 행복한 삶이 반드시 좋은 삶이 아닐 수도 있다. 좋은 삶이란 그저 많은 사람들이 바라는 삶만이 아니라 바람직한 삶, 사람들이 원할 만한 가치가 있는 삶이어야 하기 때문이다. 따라서 이들은 '좋은 삶'(the good life)의 문제를 새롭게 제기하면서, 좋은 삶으로 인정될 만한 기준을 통과한 행복만이 '진정한 행복'(real or authentic happiness)이라고 주장한다. 아리스토텔레스를 대표로 하는 고대 그리스의 행복관을 계승하고 있다는 점에서 이러한 행복관은 '에우다이모니아적 행복관'이라 지칭되면서 오늘날에도 그 생명력을 유지하고 있다.

그러나 객관적 입장의 에우다이모니아적 행복관은 본질적으로 해결되기 어려운

문제를 안고 있다. 만약 행복을 판정할 객관적 기준이 다양하게 제시되고 있다면, 그리고 그 기준들이 서로 충돌한다면 어떻게 해결할 것인가? 인간 모두에게 바람직한 보편적 기준을 내세우는 것은 '도덕적 간섭주의'(moral paternalism)요, 좋음에 대한 독재적 태도는 아닌가? 그것은 현대 자유주의 국가의 토대가 되는 '중립성의 원리'(the principle of neutrality)에 위배되는 것은 아닌가?

행복 개념에 대한 객관적 행복관과 주관적 행복관의 대립은 철학적으로 종결된 것은 아니며, 양자 간의 논쟁은 여전히 진행형이라 할 수 있다. 하지만 현대사회에서 이 대립은 정치적(?)으로는 주관적 행복관의 승리로 종결되었다고 해도 과언이 아니다. 상당수의 사람들이 현세의 삶에서 행복할 수 있다는 — 또는 행복해야만 한다는 — 새로운 기대를 갖게 된 17, 18세기의 계몽 시대를 거치면서 주관적, 심리적 행복 개념이 널리 퍼져나갔다. 따라서 현대 사회의 거의 모든 사람들이 이러한 의미의 행복 용어를 일상적으로 사용하고 있다. 주관적 행복 개념이 헤게모니를 장악하게 된 것이다. 이는 UN의 행복 보고서가 주관적, 심리적 행복관에 입각해 논의를 전개하고 있는데서, 그리고 행복에 대한 주관적 입장을 당연시하고 있는 데서 확인된다. 그리고 이는 어떤 언어든 해당 언어의 사전을 들춰보면 확인이 된다. 즉 현대의 모든 언어 사전에서 행복은 "즐겁거나 만족스런 심리상태"라는 식으로 주관적으로 정의되고 있는데, 이는 한국어사전도 예외가 아니다. 예컨대 한국의 대표적인 검색 엔진인 네이버의 한국어사전에 따르면 행복은 "생활에서 충분한 만족과 기쁨을 느끼어 흐뭇함, 또는 그러한 상태"로 정의되고 있는데, 이 정의는 기본적으로 주관적 행복관에 입각한 것이다.

오늘날 과거와 같은 형태의 객관적 행복관을 고집하는 사람들은 거의 없다. 하지만 행복이 바람직한 삶의 요건을 갖추어야 한다는 아리스토텔레스의 윤리적 문제의식을 계승하고자 하는 사람들은 적지 않은데, 긍정심리학의 창시자이자 『진정한 행복』(Authentic Happiness)의 저자인 마틴 셀리그만(Martin Seligman)이 대표적이다. 이들은 행복한 삶이 단순히 즐거운 삶에 머물러서는 안 된다고 주장한다. 이들은 쾌락추구를 위해 소비되는 '쾌락주의적 삶'(hedonistic life)과 덕성의 성취를 지향하는 '에우다이모니아적 삶'(eudaimonistic life)을 구별한다. 여기서 에우다이모니아적 삶이란 의미와 목적을 지닌 삶, 자아실현적 삶을 의미하는데, 그렇다고 이들이 특정한 삶의 기준을 전제로 내세우는 객관적 행복관에 입각하고 있는 것은 아니다. 가치와 의미를 중시하지만 이들은 오히려 주관적 행복론자라 할 수 있다. 이는 OECD가 주관적 웰빙 측정을 위한 가이드라인에서 핵심 척도들 중 하나로 포함시킬 것으로 권장한 다음의 에우다이모니아적 질문을 보면 확인된다. 즉 "전반적으로, 당신은 당신의 삶에서 하는 일들을 얼마만큼 가치 있게 느끼십니까?(0~10점의 11점 척도에서)"라는 질문이다. 그런데 이는 어디까지나 주관적 웰빙에 대한 측정방식이지 객관적 웰빙에 대한 측정방식은 아니다. 이제 가치 있는 삶, 의미 있는 삶의 판정 기준이 주관화되어 있기 때문이다.

OECD는 삶의 만족 질문과 함께 에우다이모니아적 질문을 평가적 행복의 핵심적인 측정방식 중 하나로 포함시킬 것을 권장했다. 하지만 UN은 삶의 만족 질문 대신에 캔트릴 사다리 질문을 택하고 있으며, 아예 에우다이모니아적 질문은 생략하고 있다. 왜 그런가? UN의 행복 보고서가 세계 행복을 비교 분석하는데 토대로 삼고 있는 평가적 행복은 그 자체로 에우다이모니아적 행복 개념을 내포하고 있다고 보기 때문이다. 즉 평가적 행복을 묻는 질문들은, 현재의 쾌락과 밀접한 연관이 있는 정서적 행복 질문과는 달리, 쾌락과 삶의 목적 양자 모두를 고려하게 되는데, 이는 에우다이모니아가 그러해야 한다고 아리스토텔레스가 제안한 내용과 괴리가 있는 것은 아니라는 것이다. 요컨대 평가적 행복의 경우 삶의 근원적이고도 기본적인 측면을 고려하고 있으며, 현재의 쾌락을 부당하게 강조하는 것도 아니다. 따라서 굳이 에우다이모니아적 질문을 기본 질문 항목에 따로 포함시킬 필요는 없다고 본다.

4. 번역을 마치며…

'성장'이라는 괴물의 질주를 막으려 했던 유력한 최근의 시도 두 가지가 있었다. 하나는 '웰빙' 또는 '행복'의 개념에 대한 호소였고, 다른 하나는 '지속가능성'(sustainability)이라는 개념에 대한 호소였다. 이 책의 내용은 OECD와 UN이 주도하고 있는 위의 첫 번째 시도 중 UN의 연구 성과에 대한 소개이다. 이제 웰빙과 행복은 어느 국가도 외면할 수 없는 21세기의 진지한 정치문제가 되었는바, 이러한 문제를 해결해야만 우리도 비로소 선진국의 문턱을 넘어설 수 있을 것이다. 2012년과 2013년, 그리고 2015년에 발간된 UN의 ≪세계 행복 보고서≫ 중 앞부분을 편집해 번역한 이 책이 이러한 문제를 해결하는데 하나의 디딤돌이 되기를 기대한다. 이 세 행복 보고서의 나머지 부분도 곧이어 출간할 것을 약속드린다. 그리고 UN의 4번째 행복 보고서인 ≪세계 행복 보고서 2016≫을 곧바로 번역하여 소개할 것도 약속드린다.

이 자리를 빌어 번역 과정에 도움을 주신 목포대학교 같은 과 동료 교수님들과 행정학과의 손귀원 교수님께 감사드리며, 고려대 허석재 박사님께도 감사드린다.

역자 우성대

제1편

≪세계 행복 보고서 2012≫

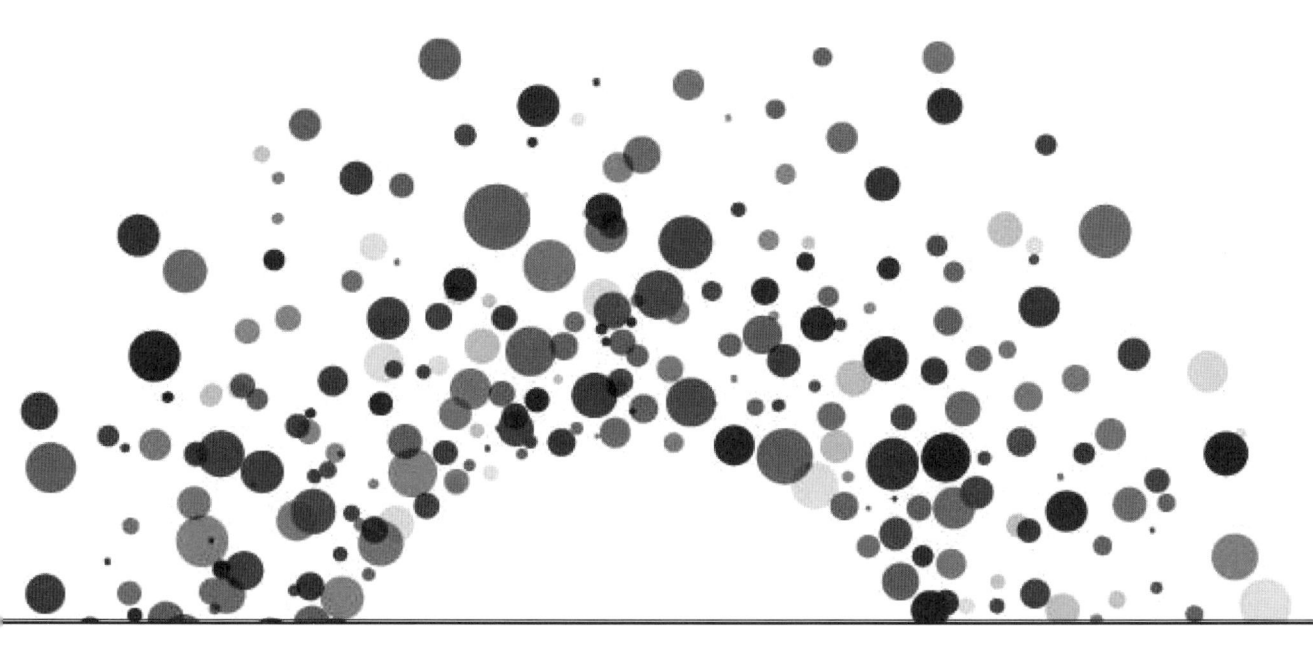

제1장
입문

제프리 삭스(JEFFREY SACHS), 콜롬비아대학교 지구연구소장

우리는 첨예한 모순의 시대에 살고 있다. 세상은 상상을 초월할 정도의 정교한 기술을 향유하고 있음에도 불구하고 아직 10억 이상의 사람이 기아에 허덕이고 있다. 세계경제는 기술적, 조직적 고도화를 통해 높은 생산성을 구가하고 있지만 그 과정에서 자연환경이 무참히 파괴되고 있다. 전통적 측정방식을 따를 때 국가들이 경제적 발전에 있어 대단한 진보를 보여주고 있지만, 이와 동시에 비만과 흡연, 당뇨와 우울증 등 현대사회의 다양한 병리적 현상들이 노정되고 있다.[1]

이러한 모순들이 아리스토텔레스, 석가모니와 같은 위대한 현자들에게는 충격으로 다가오지 않을 것이다. 인류사의 현자들은 물질적 획득만으로는 인간의 심오한 욕구를 충족시키지 못한다는 것을 누차 거듭해서 지적해왔다. 물질적 삶은 오히려 이러한 인간적 욕구를 충족하는데 장애요소로 작용할 수 있으며, 고통의 종식과 사회 정의의 실현 그리고 행복의 획득을 보장해주는 것도 아니다.

---

[1] Claire Bulger가 편집 작업에 도움을 주었다.

그 대표적인 예는 세계의 경제 최강국인 미국이다. 미국은 지난 반세기 동안 놀랄 만한 경제적, 기술적 진보를 성취했지만, '자기보고'(self-report) 형태로 측정된 주관적 행복도 수준에서는 거의 상승하지 않았다. 그 대신에 불안과 고뇌는 높은 수준이며, 사회적 경제적 불평등은 현저하게 심화되고 있다. 게다가 사회적 신뢰 수준도 낮으며, 정부에 대한 믿음 또한 형편없다. 이러한 이유로 지난 수십 년간 일인당 GDP가 지속적으로 상승했음에도 불구하고 미국인들의 '삶의 만족도'(life satisfaction)는 거의 제자리걸음에 머물고 있다.

가난, 고통, 환경악화 그리고 수많은 사람들의 불행은 단순한 호기심의 대상에 머물러서는 안 된다. 우리는 이것들에 대해 시급히 주목할 필요가 있는데, 인간사의 이 지점에서 특히 그러하다. 우리는 이미 지구과학자들이 말하는 새로운 지질의 시대, 즉 '인류세'(Anthropocene)에 진입했다, '인류세'란 새로운 신조어이다. 그것은 인류를 뜻하는 'anthropo'와 지질학적으로 새로운 세기를 뜻하는 'cene'의 합성어이다. 즉 인류세란 지구의 물질적, 생물학적 변화의 주된 원인이 인간의 힘에 기인하는 새로운 지질학적 시대를 지칭하는 개념이다. 이제 기후를 비롯한 생태계의 모든 변화는 기본적으로 새로운 기술력으로 무장한 70억 인류의 장악력하에 놓여 있다.

인류세는 필연적으로 우리의 사회를 변형시킬 것이다. 만약 우리가 현재와 같은 터무니없는 경제방식을 고수한다면, 인간의 건강과 생존에 필수적인 − 음식물과 맑은 물을 공급하고, 안정적인 기후를 보장해 줄 − '지구의 생명유지체계'(Earth's life support systems)는 파괴될 위험에 노출될 수밖에 없을 것이다. 얼마 지나지 않아 지구의 몇몇 취약지역들은 재앙의 구렁텅이에 빠질지도 모른다. 이미 우리는 아프리카의 사막지역과 중앙아시아의 일부지역에서 '생명유지체계'의 악화를 경험하고 있다.

다른 한편, 만약 우리가 현명하게 행동한다면, 우리는 지구를 보호할 수 있을 것이며 또한 대다수 지구인들의 삶의 질도 개선할 수 있을 것이다. 하지만 이는 환경훼손을 줄이면서 행복(또는 삶의 만족)을 증진시킬 수 있는 생활양식과 기술을 채택함으로써만 가능하다. '지속가능한 발전'(Sustainable Development)은 '인간의 웰빙'과 '환경의 지속가능성'을 조합하기 위해 탄생한 용어이다. 행복의 추구는 '지속가능한 발전'과 밀접히 연결된다.

1. 행복을 위한 탐구: 경제 성장과 행복

빈곤한 사회에서 물질적 소득을 올리려 노력하는 것은 꽤나 일리가 있는 일이다. 가계소득(또는 일인당 소득)의 증대가 일반적으로 빈곤계층의 삶의 조건 개선을 의미하기 때문이다. 빈자들은 다양한 종류의 박탈로부터 고통 받고 있다. 즉 적절한 음식물, 일자리, 의료보험, 안전한 가정, 맑은 식수와 위생, 교육의 기회 등 어느 것 하나 쉽게 충족되지 않는다. 하지만 소득이 증가하면 극빈층부터 인간의 웰빙이 개선된다. 조금만 소득이 올라도 삶에 대한 그들의 만족도가 증대한다는 보고가 있는데, 이는 결코 놀랄만한 일이 아니다. 가계소득의 작은 양조차도 이들의 삶의 조건 개선에 다양한 방식으로 기여할 수 있다.

이제 소득 스펙트럼의 반대편을 살펴보자. 대다수 고소득 국가의 경우 기본적 박탈의 문제는 해소되었다. 일상적 필요에 충분한 음식물과 보금자리, 식수와 위생, 옷가지가 제공된다. 사실 기본적 필요 이상의 풍요를 누리고 있다고 말해도 과언이 아니다. 하지만 모든 부자에게 문제가 없는 것은 아니다. 풍요의 조건이 일련의 함정을 스스로 만들어내기 때문이다.

가장 중요한 것은, 부자들의 생활습관 자체가 빈자들의 생존을 위협한다는 사실이다. 인간이 유발해 낸 기후변화가 극빈지역의 삶을 위협하고 있다. 부유한 세계의 풍요로운 주민들은 빈자들과 격리되어 살고 있지만, 그들은 그들의 행위를 통해 거의 생면부지의 사람들에게도 악영향을 미치고 있다.

또한 평균소득의 증대가 반드시 평균적 행복의 증대를 말해주는 것은 아니다. 미국의 경우가 대표적인데, 유명한 리처드 이스털린(Richard Easterlin) 교수가 이에 대해 지적한 바 있다. 미국의 일인당 GNP는 1960년 이래 지속적으로 성장했음에도 불구하고, 평균 행복도는 반세기 이상 기본적으로 변하지 않았다. 그리고 미국에서의 생산량 증가는 대규모의 환경파괴와 기후변화를 초래하면서도 미국인들의 행복을 개선시키지 못했다. 그리하여 단기간의 행복증대와 장기간의 환경비용 사이의 '상쇄관계'(trade-off)가 존재하지 않는다. 행복을 증대시키지도 못한 채 순전히 환경만 파괴하고 있는 셈이다.

'이스털린의 역설'(Easterlin's paradox), 즉 이스털린이 미국의 사례를 통해 언급한 역설적인 내용은 다음과 같다. 즉 어느 특정 시기든 부유한 사람들이 가난한 사람들보다 더 행복한 것은 사실이지만, 시간이 흘러 그 사회가 더 부유해진다고 해서 더 행복한 사회가 되는 것은 아니라는 주장이다. 첫 번째 이유는 '비교'(comparison) 때문이다. 즉 개인들은 항상 타인들과 비교한다. 사람들은 사회적(소득의) 사다리의 높은 자리에 있을수록 행복하다. 하지만 모두가 같이 오른다면 '상대적 지위'(relative status)는 변하지 않는다. 두 번째 이유는 소득의 몫이 평등하지 않기 때문이다. 오히려 소득과 교육의 분배는 정상에 있는 사람들에게 집중되는 경향이 있다. 세 번째는 다른 사회적 요인들, 즉 사회적 불안과 신뢰 상실, 정부에 대한 불신 등이 좀 더 높아진 소득으로 인한 이점들을 상쇄해버리기 때문이다. 네 번째 요인은 '적응'(adaptation)이다. 소득이 오르면 처음에는 행복도 함께 따라 오르지만, 그러한 높은 소득에 적응하면 행복은 다시 이전 수준으로 되돌아가는 경향이 있다.

위의 이유들로 인해 경제 성장이라는 단순한 장치를 통해 행복을 증대시키려는 전략에는, 특히 부유한 국가들의 경우에, 명백한 한계가 있다. 사실 일인당 GNP의 증대가 행복을 가져올 것이라는 공식을 의심케 하는 또 다른 일반적인 이유들이 존재한다. 증대된 소득이 일정 정도의 행복을 증진시키는 반면에, 더욱 높은 소득에의 추구 행위가 실제로 자신의 행복을 감소시킬 수 있다. 바꿔 말해, 더욱 많은 돈을 버는 것은 좋은 일이지만, 많은 돈을 탐하는 것은 현명치 못한 일이다. 심리학자들이 거듭 밝힌 바에 따르면, 소득 증대에 최고의 가치를 부여하는 사람들은 일반적으로 덜 행복한 반면 정신적 질병에는 더 취약하다. 아리스토텔레스와 석가모니는 우리 인간에게 '중용의 길'(a middle path), 즉 금욕의 길과 물질적 탐욕의 길 사이의 중용의 길을 걸으라고 충고한 바 있다.

좀 더 큰 문제도 있다. 즉 강력한 '심상'(imagery)이나 여타 설득 수단들을 활용해 상품을 끊임없이 광고함으로써 사람들로 하여금 새로운 물질적 '욕망'(wants)을 지속적으로 불러일으키는 시장 시스템이다. 심상은 우리의 디지털 장치 어디에나 존재하기 때문에 광고의 힘은 그 어느 때보다 무지막지하다. 광고는 이제 연 500억 불 정도의 사업이다. 광고의 목적은 이전에 존재하지 않았던 욕구와 갈망을 만들어냄으로써 구매자로 하여금 만족을 모르도록 유도하는 것이다. 광고전문가와 홍보업자들은 사람들의 심리적 취약점과 무의식적 충동을 파고들면서 이러한 일을 해낸다. 담배와 카페인, 설탕과 트랜스 지방 등은 모두 중독성 있는 갈망을 유발한다. 패션은 점점 더 노골적이고 섹슈얼한 심상을 통해 팔려나간다. 상품들은 실제적인 필요보다 한층 높은 사회적 지위와 연계되어 생산된다.

마지막으로, 부자가 되어 행복해 지기를 기대하는 사람들에게 한마디 경고를 첨가하고자 한다. 소득의 증대가 행복의 증대로 이어질 수 있다손 치더라도, 특정 시점 이후에는 그 행복의 증가분이 작아진다고 하는 압도적인 증거가 있음을 잊지 말라는 것이다. 그 핵심적인 아이디어는 '소득의 한계효용 체감"(diminishing marginal utility of income)의 원칙이다. 1000불 소득의 빈곤가정에서 삶의 만족도(또는 행복도)를 증진시키기 위해서는 100불이면 족할 것이다. 하지만 이보다 천 배나 많은 소득을 올리는 가정에서 그 만큼의 행복도를 높이려면 천 배 즉 10만 불의 돈이 필요할 것이다. 비례의 원칙이 적용된다는 말이다. 이 원칙은 증가된 액수의 돈이 부자보다는 빈자에게 더욱 큰 혜택이 돌아간다는 것을 의미한다. 이것은 OECD의 고소득 국가들이 왜 '과세를 통한 소득 이전의 체계'(tax and transfer system), 즉 부유한 가계로부터 세금을 거두어 빈곤한 가계로 소득을 이전하는 시스템을 보유하는가 하는 충분한 이유를 설명해주고 있다. 부자에서 빈자로 소득을 이전시킴으로써 가계소득의 불평등을 체계적으로 감소시키고자 시도하는 것이다.[2]

2. '행복에 이르는 열쇠'에 대한 재고

GNP가 지속적으로 성장할 수 있다는 서양경제학자들의 주장은 특정의 인간관에 토대를 두고 있는데, 이는 현자들의 지혜나 심리학자들의 연구결과와 불일치하는 것이며 광고업자들의 관행에도 부합하지 않는다. 경제학자들은, 개인들이 '합리적인 정책 결정자'(rational decision-makers)라고 간주한다. 즉 그들이 '무엇'(what)을 원하는지를, 그리고 원하는 것을 '어떻게'(how) 획득할 수 있는지를 아는 존재로 가정하며, 또한 주어진 예산으로 최대한 자신이 원하는 것을 획득할 수 있는 존재로 가정한다. 사람들은 대체로 자기 자신에만 관심이 있으며, 주로 소비를 통해 즐거움을 얻는다. 소비자로서의 개인의 선호는 이미 주어진 것이며, 그 선호가 변화하더라도 이미 그 개인이 예상한 길을 따른다고 한다.

---

[2] OECD 평균으로 볼 때, 과세와 소득의 이전이 불평등을 1/3 정도 감소시킨다. 과세와 복지가 시행되면 그것이 없을 때에 비해 빈곤률이 약 60%나 줄어든다. 노동인구만을 대상으로 할 때에도, 정부의 재분배가 빈곤율을 50%나 감소시킨다. OECD(2008) 참조.

이와는 매우 다른 인간 모델이 필요하다는 것을 우리는 점점 더 절감하게 된다. 이 새로운 인간모델은 감성과 합리적 사고, 의식적 의사결정과 무의식적 의사결정, '빠른' 사고와 '느린' 사고가 복잡하게 상호작용하는 인간관에 토대를 두어야 한다. 우리들의 결정 중 많은 부분이 감정과 본능에 의해 내려지며, 그 이후 의식적 사고에 의해 정당화된다. 우리의 결정은 연상작용, 이미지, 사회적 맥락, 광고에 의해 쉽게 '틀'(prime)이 지워진다. 우리는 연속적인 결정을 내림에 있어 일관성이 없으며 '불합리'하다. 즉 '합리적 일관성'(rational consistency)이라는 기초적인 기준을 좀처럼 충족시키지 못한다. 우리는 우리 자신의 심리적 장치를 거의 모르고 있으며, 그래서 너무나 쉽게 함정에 빠지고 실수를 범한다. 중독자들은 자신들에게 닥쳐올 미래의 고통을 예상하지 못하는데, 우리는 이들과 다를 바 없다. 우리는 지금 소비할 뿐이며, 파산에 따른 고통은 나중 일에 불과하다. 우리는 그 결과를 명확히 사고하지 못하는 까닭에 지금 애써 하고 있는 다이어트를 쉽게 깨트려 버린다.

우리는 인간이 철저하게 '사회적 동물'(social animal)이라는 것을 다시금 절감하게 된다. 우리는 모방을 통해 배운다. 그리고 사회적 규범에 따르며, 공동체에 귀속감을 지님으로써 행복을 얻는다. 우리는 타인의 고통에 공감하며, 타인들이 슬프거나 고통 받을 때 이에 진심으로 반응한다. 우리는 심지어 일련의 "거울 뉴런"(mirror neurons)을 지니고 있어 이를 통해 타인들의 관점으로부터 사물을 느낄 수 있다. 이것들 모두가, 거의 보상이나 상호성의 기회가 없을 때에도, 낯선 이들과도 협조할 수 있는 놀랄만한 능력을 부여해 준다. 그리고 이것은 비협조자를 처벌할 수 있는 놀라운 능력도 부여하는데, 그것은 비용이 많이 들 뿐 아니라 위험이 수반되는 상황하에서도 그러하다. 물론 이러한 협력과 동료감에는 한계가 있다. 우리는 속이고 기만하며, 허풍떨고 약속을 파기한다. 심지어 우리는 간혹 다른 집단의 구성원을 죽이기도 한다. 우리는 '정체성의 정치'(politics of identity)에 관여하며, 그리하여 우리 자신의 집단을 사랑하면서도 이방인에게는 잔인하게 행동한다.

인간본성에 대한 이러한 모든 교훈들은, 인간의 덧없는 쾌락적 환상에 대해 석가모니가 설파했을 때보다도, 그리고 그리스 현자들이 매혹적인 사이렌 소리에 휘둘리지 말도록 경고했던 시대보다도 더 중요하다. 오늘날 우리는 그 어느 때보다도 더 많은 선택에 직면하고 있다. 과거 세계에서 대다수 인간이 직면해야 했던 선택은 선택지가 제한되어 있기에 진정한 선택이라고 할 수 없다. 그들의 선택은, 생존에 필요한 식량을 확보하는 일, 악천후로 인한 기근과 죽음의 위험에 대처하는 것 정도에 불과했다.

이제 우리는 진정한 선택의 상황에 직면해 있다. GNP의 증대가 행복을 크게(또는 전혀) 증대시키지 않음에도 불구하고, 과연 환경을 파손하는 정도까지 성장 정책을 추구해야 한다는 말인가? 공동체를 훼손하고 사회적 신뢰를 해쳐가면서까지 개인소득의 증대를 꾀해야 하는가? 연간 500억불에 달하는 광고시장의 극히 일부라도 할애해서, 소비자로서 자신들의 동기, 욕구 및 필요를 좀 더 잘 이해할 수 있도록 개인과 가족들을 위한 공익광고에 투자해야 하는 것은 아닌가?

우리는 협조와 신뢰 및 공동체 정신을 함양할 수 있도록 우리 사회의 일정부분을 이윤동기가 배제된 지역으로 만들어야 하는 것은 아닌가? 핀란드의 교육 시스템을 분석한 사람들에 따르면, 성취도에 있어 거의 세계 최고 수준에 이르는 핀란드 학생들의 탁월성이 학교에서 공동체정신과 평등정신을 함양함으로써 성취되었다고 한다.[3] 이것은 미국의 교육개혁 전략과 크게 대조된다. 미국의 경우 시험과 측정에 강조점이 주어지며, 교사들의 봉급 수준은 학생들의 시험성적에 좌우된다.

---

[3] Sahlberg, P.(2007).

행복의 원천으로 경제를 강조하는 주장에 대해 재고해야 할 충분한 근거가 있는데, 그것은 특히 부유한 국가들에서 그러하다. 고소득 국가들은 기근과 질병의 재앙을 대체로 종언시켰다. 하지만 빈곤의 종언 뒤에는 무엇이 오는가? 풍요로운 국가의 경우 기본적인 경제적 필요의 충족이 더 이상 행복한 사회로의 변화를 추동하는 주요인이 아니다. 그렇다면 이들에게 행복에 이르는 길은 무엇인가? 인간이 주인공인 '인간세'(Anthropocene)의 시대에서 무엇이 인간을 이끌어야 하는가? 광고인가, 지속가능성인가, 공동체인가, 아니면 다른 어떤 것인가? 도대체 무엇이 행복에 이르는 길이란 말인가?

3. 행복은 진지한 문제이다.

대다수 사람들은 사회가 시민들의 행복을 증진시켜야 한다는데 동의한다. 미합중국의 헌법제정자들은 불가양도의 행복추구권을 인정했다. 영국의 철학자들은 '최대다수의 최대행복'을 설파했다. 부탄공화국은 국내총생산(GNP) 대신에 국내총행복(GNH : Gross National Happiness)을 국가적 목표로 삼은 것으로 유명하다. 중국은 조화로운 사회를 최고의 가치로 여긴다.

그러나 다른 한편 행복이 보는 관점에 따라 다를 수 있다고 믿는 사람도 많다. 행복은 개인적 선택에 달린 문제이며, 국가정책의 문제라기보다는 개인이 추구해야할 어떤 것이라고 믿는다. 행복은 국가적 목표의 기준으로 삼거나 정책적 내용을 담기에는 지나치게 주관적이며 모호한 것으로 보인다. 하지만 이것은 전통적인 견해에 불과하며, 이제 이러한 견해는 급속도로 변화하고 있다.

지난 한 세대 동안 심리학자, 경제학자, 사회학자, 여론조사자 등이 행복의 문제를 연구해 왔다. 이들의 연구는, 행복이 주관적 경험이기는 하지만 객관적으로 측정되고 평가될 수 있다는 것을 보여주었다. 그리고 행복이 관찰 가능한 뇌기능들과 상호연관성이 있으며, 또한 개인 및 사회의 고유한 특성과도 연관된다는 것을 보여주었다. 사람들에게 그들이 행복한지, 또는 자신들의 삶에 만족하는지를 묻는 것은 그들이 속한 사회에 대해 중요한 정보를 제공해준다. 그것은 저변에 놓인 위기의 신호일 수 있으며, 숨겨진 강점의 신호일 수도 있다. 또한 그것은 사회의 근본적인 변화를 요구하는 조짐일 수도 있다.

새로 부상하고 있는 '행복에 대한 과학적 연구'(scientific study of happiness)는 바로 이러한 점들에 주목하고 있다. 이 장(1장)의 목표는 이러한 과학적인 행복연구가 보여주는 매력적인 스토리를 요약하려는 것이다. 새로운 행복연구는 크게 두 가지 방식으로 행복을 측정한다. 즉 일상적인 감정들의 기복을 측정하며, 또한 자신의 삶에 대한 전반적인 평가를 조사한다. 때로 전자는 '정서적 행복'(affective happiness)으로, 그리고 후자는 '평가적 행복'(evaluative happiness)으로 지칭된다.

중요한 것은 이 두 종류의 행복 각자가 인간과 사회의 다양한 측면들을 예측 가능하게 해주는 원인이라는 점이다. '정서적 행복'은 가족과 동료들 사이에서 느끼는 즐거움과 섹스에서의 환희를 포착해주며, 또한 장시간의 노동이나 직장상사와의 회의 등에서 발생하는 고통을 포착해준다. '평가적 행복'은 이와는 상당히 다른 차원들을 측정하는데, 이것은 자신의 사회적 위치에 대한 전반적인 만족감 또는 좌절감과 연관된다. 소득의 증대, 심신의 건강, 공동체 구성원 간의 강한 신뢰 등은 모두 '삶의 만족감'(life satisfaction)을 높이는데 기여한다. 반면에 빈곤과 질병 그리고 공동체의 분열 등은 모두 낮은 '삶의 만족감'을 초래한다.

앞으로 우리는 사회의 종류 및 시간의 변화에 따라 행복의 수준 및 양태가 다르게 나타나며, 거기에는 그럴만한 이유가 있다는 사실을 파악할 수 있을 것이다.

또한 공공 정책이 어떻게 수립되고 집행되느냐에 따라 행복의 수준 및 양태에도 큰 차이가 날 수 있다는 것도 확인할 수 있을 것이다. 따라서 국민소득을 높이고자 하는 정책이 그러하듯이, 행복을 증진코자 하는 정책도 중요한 의미를 지니게 된다. 부탄공화국은 새로운 돌파구를 열고 있으며 깊은 통찰력을 보여준다. 따라서 전 세계로부터 주목의 대상이 되고 있다.

가계소득은 '삶의 만족감'을 설명해주지만 제한적으로만 그러하다. 다른 요인들, 즉 공동체의 신뢰, 심신의 건강, 통치의 질, 법의 지배 등이 좀 더 중요하다. 소득의 증대가, 특히 궁핍한 사회에서, 행복을 증진시키는 것은 사실이다. 하지만 협력과 공동체 정신을 배양하는 것이 더 중요한데, 이는 소득의 한계효용이 낮은 풍요사회에서 특히 그러하다. 전 세계에서 가장 행복한 국가들은 고소득 국가들이면서 동시에 높은 수준의 사회적 신뢰, 사회적 평등, 통치의 질을 지닌 국가들이라는 사실은 결코 우연이 아니다. 최근에 덴마크는 행복지수 순위에서 줄곧 세계 1위를 기록하고 있다. 반면에 미국은 지난 반세기 동안 삶의 만족도 수준이 상승하지 않고 있는데 이 또한 우연이 아니다. 이 기간 동안 미국의 불평등은 악화되었으며, 사회적 신뢰는 저하되었고, 대중들은 정부에 대한 믿음을 상실했다.

물론 행복의 인과관계를 확인하는 일은, 공공정책을 활용해 사회 저변에 행복(또는 삶의 만족)을 확산시키는 일과 구별되어야 한다. 후자는 부탄공화국의 GNH의 목표이다. 그리고 대다수 정부가 행복과 삶의 만족을 측정하기 위해 노력하는 동기이기도 하다. 이들 정부의 가장 기본적인 목표는 미국에서 보여주는 '행복의 덫'(happiness traps)을 피하려는 것이다. 미국의 경우 지난 수십 년 동안 GNP는 크게 상승했음에도 불구하고 삶의 만족도는 정체되거나 심지어 후퇴하기도 했다.

부탄공화국에 대한 사례연구는, 부탄의 정책목표인 GNH가 성취해 가고 있는 생생한 스토리를 보여준다. 즉 1972년 국왕이 국부(國富) 대신에 '행복'을 국가적 목표로 삼을 것을 선언한 이래, 행복에 대한 탐험과 진보가 엮어내고 있는 모험적인 스토리를 우리에게 말해주고 있다. 부탄에게 행복은 단순한 지침이나 영감 이상의 것이 되었으며, 이미 거버넌스와 정책결정의 구성원리가 되었다. GNH 지수는 지상목표가 되었으며, 공공정책의 방향타가 되고 있다. 부탄의 아름다운 모험은 아직도 진행형이지만, 이미 다른 국가들에게 신선한 영감을 주고 있다.

4. 행복과 '지속가능한 발전 목표들'

세계가 '인간세'의 시대에 접어든 지금 우리는 새로운 진로를 모색해야 한다. 즉 가난한 국가들에게 발전을 보장해주어야 하며, 더 나아가 모든 국가들에게 행복권을 보장해 주어야 한다. 동시에 인간으로 인한 환경파괴에 재갈을 물려야 한다. 기후변화나 생물학적 재난에 완전하게 대처하기에는 늦은 감이 있다. 하지만 그 폐해를 경감시키고 변화에 탄력적으로 대처할 수 있는 시간은 아직 남아있다. 행복의 추구는 점증하고 있는 환경적 위기를 염두에 두고 실행되어야 한다.

UN 산하의 지속가능위원회의 권고안에 따르면, 2015년에 끝나는 MDGs, 즉 '새천년 발전 목표'(Millenium Devellopment Goals)는 새로운 SDG 즉 '지속가능한 발전 목표'(Sustainable Development Goals)로 이어져야 한다. SDG의 개념은 2012년 6월 리오데자네이로에서 열릴 예정인 '리오(Rio)+20 정상회의'에서 UN 회원국들에 의해 채택될 것이다.

'지속가능한 발전목표'는 4개의 기둥에 의해 지탱되어야 한다. 첫째 기둥은, 무엇보다도 '극빈의 종언'(the end of extreme poverty)이어야 한다. 우리는 2030년까지 극심한 빈곤상태를 끝낼 수 있는 결정적인 작업을 수행해야 한다. 발전도상

국들의 경우 전반적으로 상당한 진전이 있기는 했다. 1990년과 2010년을 비교할 때 빈곤율이 44%에서 22%로 절반이나 줄었다. 가장 큰 소득은 중국에서 이루어졌다. 하지만 아프리카에서는 큰 진전이 없었다. 2030년 이전에 극심한 빈곤과 기아는 반드시 해소되어야 한다. 극빈 국가들에서의 행복은 그와 같은 역사적 돌파에 의해서만 증진될 수 있을 것이다.

두 번째 기둥은 '환경의 지속가능성'(environmental sustainability)이어야 한다. 지속가능한 환경이 없다면 빈곤, 기아, 질병에 대항하여 이룬 성취가 오래 지속될 수 없다. SDGs의 이러한 환경적 기둥은 '지구 한계선'(planetary boundaries) 개념에 의해 인도될 것이다. 여기서 '지구 한계선'이란 인류가 지구상에서 안전하게 지속적으로 살 수 있는 환경영역을 말하는 것이다. 인간이 지구와 미래세대에게 회복 불가능한 피해를 줄 수 있는 그러한 문턱을 결코 넘어서는 안 된다는 것이다.

세 번째 기둥은 '사회적 포용'(social inclusion)이 되어야 한다. 즉 기술과 경제적 발전, 좋은 통치의 혜택이 남자와 여자, 다수 그룹과 소수 그룹 할 것 없이 전 사회 구성원에게 골고루 돌아가야 한다. 행복은 지배계급의 전유물이 되어서는 안 되며 구성원 모두의 것이 되어야 한다.

네 번째 기둥은 '좋은 거버넌스'(good governance)가 되어야 한다. 즉 참여적인 정치제도를 통해 사회의 역량이 집단적으로 행사되어야 한다. 좋은 거버넌스는 수단이 아니라 그 자체가 목적이어야 한다. 좋은 거버넌스는 스스로가 자신의 삶의 형태를 모양 짓는 시민들의 주체적인 역량을 의미하며, 또한 행복 — 정치적 참여 및 자유와 함께 모습을 드러내는 행복 — 을 성취할 수 있는 시민들의 자발적인 역량을 의미하기 때문이다.

하지만 이러한 목표들로 진전하고 있는지를 어떻게 판단할 것인가? 바로 여기서 새로운 행복의 측정방식이 결정적인 역할을 수행할 수 있을 것이다. 지속가능한 발전의 4기둥을 평가하려면, 전통적인 GNP를 넘어서는 일련의 새로운 지표체계가 필요하다. UN 회의의 참석자들은 '리오(Rio)+20 정상회의'를 위한 초안의 제3항에서 이미 이러한 필요성을 예측한 바 있다.

제3항. 우리는 또한 웰빙의 척도로서 GDP가 지닌 한계를 잘 인식하고 있다. 우리는 GDP를 보완해줄 지표들, 즉 경제, 사회 및 환경의 차원들을 균형 있게 통합한 지표들을 더 개발하고 보강해야 한다는데 동의한다. 이를 위해 우리는 UN 사무총장에게 UN 및 기타 관련기구들이 협의할 수 있는 조직을 설치할 것을 요구한다.[4]

부탄 공화국의 GNH 위원회는 자신들의 GNH 지수를 창출하기 위해 이러한 경제적, 사회적, 환경적 지표들을 수집하고 있다.

경제, 사회, 환경의 각 분야별 성취도의 측정 방식을 개발하는 것이 필요하지만 이와 동시에 정서적, 평가적 차원의 행복 그 자체를 측정하기 위한 체계적인 방식도 모색해야 한다. 즉 SDGs는 행복을 측정할 수 있는 방식을 포함해야 하며, 그럼으로써 '지속가능한 발전'의 진전과정을 관찰할 수 있도록 해야 하고, 그 성취도를 서로 비교 가능할 수 있도록 해야 한다. 데이터를 축적하고자 하는 거대한 노력이 이미 시작되었다. 행복에 대한 조사를 위한 데이터가 다양한 방식으로 집계되고 있다. 즉 65개 국가를 조사한 세계가치조사(World Values Survey)와 155개 국가를 다룬 갤럽월드폴(Gallup World Poll)이 있다. 그리고 기타 국제적, 국내적 조사결과도 2장과 3장에서 소개할 것이다. OECD는 자신의 사례연구를 통해 행복의 국제적 기준을 수립하기 위한 중대 제안을 개발하고 있는 중이다.

---

4 '지속 발전에 관한 리오(Rio)+20 UN회의'(2012).

≪세계 행복 보고서 2012≫ 2장 요약

행복을 증진코자 할 때 가장 중요한 것이 '측정'(measurement)이다. 사람들의 행복을 정확히 측정할 수 있는 방식이 있는가? 2장에서는, 갤럽월드폴(GWP: Gallup World Poll), 세계가치조사(WVS: World Values Surveys), 유럽사회조사(ESS: European Social Survey) 등을 중심으로 오늘날 널리 사용되고 있는 행복의 측정방식에 대해 논의한다. 그리고 과연 이러한 측정방식이 정책결정을 선도할 수 있을 정도까지 삶의 질에 관해 타당한 정보를 제공하는가 하는 문제를 다룬다. 또한 2장은 행복의 계측방식들이 과연 타당성과 신뢰성을 지니는가 하는 문제를 다룬다. 그리고 어떻게 행복의 상호 비교가 가능한가?, 과연 행복에 '고정점'(set-point)은 존재하는가?, 진지하게 다루어야 할 정도로 과연 행복은 '진지한'(serious) 주제인가? 등의 문제를 다룬다. 또한 2장에서는, 행복에 대한 데이터가 광범위하게 수집된다면 이를 토대로 각 정책들이 그 사회의 행복에 얼마만큼의 영향을 미치는지를 분석할 수 있다고 주장할 것이다. 자료의 수집이 정기적이고도 폭넓게 이루어진다면 이를 통해 거시경제적 정책결정을 개선할 수 있는 기반이 마련될 수 있을 것이며, 행복을 위한 서비스의 전달체계에 더욱 유익한 정보를 제공받을 수 있을 것이다.

제2장
세계 행복 현황

존 헬리웰(John F. Helliwell): 캐나다 브리티쉬콜롬비아대학교
경제학과 명예교수
슌 왕(Shun Wang): 한국 KDI 국제정책대학원 조교수

1. 입문

2장은 현재 사용되고 있는 다양한 형태의 행복 측정방식을 제공하고 설명한다. 그중 일부의 조사 데이터는 거의 모든 국가를 포괄하고 있으며, 그럼으로써 21세기 초 세계 행복의 전반적인 모습을 묘사하는 데 활용될 수 있다.1 행복의 측정을 위해 우리는 '주관적 웰빙'(subjective well-being)을 측정 대상으로 삼을 것이다. 주관적 웰빙 측정치들을 통해 사람들이 어떻게 자신의 삶의 질을 저울질하는지를 가장 잘 포착할 수 있다고 보기 때문이다. 여기서 "주관적 웰빙"이란 용어는 개인들의 '삶에 대한 평가 및 정서적 자기보고'를 지칭하는 일반적인 표현이다. '행복'(happiness)이란 단어 역시, ≪세계 행복 보고서 2012≫라는 이 보고서의 제목

---

1 2장을 준비하고 수정함에 있어, 우리는 Rafael Di Tella, Paul Dolan, Richard Easterlin, Richard Layard, Ron Inglehart, Daniel Kahneman을 비롯한 여러 전문가들의 친절한 충고로부터 큰 도움을 받았다.

이 보여주듯이, 자주 사용되는 일반적인 용어이다. 그리고 "주관적 웰빙"보다 훨씬 대중적이고 매력적인 용어이기도 하다. 하지만 개념적 혼란의 위험이 있다. 따라서 개념과 관련된 문제를 좀 더 명료화할 필요가 있다.

'주관적 웰빙'(SWB)의 측정방식에서 사용되고 있는 1차적인 구별은, '인지적 삶의 평가'(cognitive life evaluations)와 '정서적 보고'(emotional reports)의 구별이다.[2] 여기서 '인지적 삶의 평가'는 자신의 삶에 대해 '전반적으로'(as a whole) 얼마나 만족하는지 — 또는 행복해 하는지 — 에 대한 질문의 답변을 통해 얻어진다. '정서적 보고'는 현대 심리학의 분석방식에 따라 두 가지 형태로 다시 구분되는데, '긍정적 정서'(positive affect)와 '부정적 정서'(negative affect)가 그것이다.[3] 삶의 평가와 정서적 보고 사이의 1차적인 구별은 오늘날 널리 인정되고 있다. 또한 긍정적 정서와 부정적 정서가 서로 다른 정보를 제공한다는 것도 — 비록 덜 일반적이기는 하지만[4] — 인정되고 있으며,[5] 따라서 각자 별개로 측정되어 분석되고 있다. 이 보고서에서 우리는 이 3가지 측정방식 모두를 사용할 것이다.

행복이 어떻게 해서 이런 식으로 구분되게 되었을까? 좋든 싫든, '행복' 개념은 세 가지 방식으로 사용되어 왔다. 때로 그것은 "현재 얼마나 행복하십니까?"의 경우처럼 현재의 정서에 대한 보고로 사용되었으며, 또한 "어제는 얼마나 행복하셨습니까?"의 경우처럼 기억된 정서에 대한 보고로 사용되었다. 그리고 "요즈음 당신은 당신의 삶에 대해 전반적으로 얼마나 행복해 하십니까?"(How happy are you with your life as a whole these days?)의 경우처럼, 행복 개념은 삶에 대한 평가의 형태로써 좀 더 자주 사용되었다. 사람들은 이 3가지 형태의 질문에 대해

---

[2] Kahneman, Diener, & Schwarz, eds.(1999).
[3] 대표적인 예는 Andrew & Withey(1976), Diener(1984).
[4] Russel & Carroll(1999).
[5] Cohen et al.(2003), Lyubomirsky et al.(2005), Schimmack(2003), Wiest et al.(2011).

서로 다르게 대답한다. 따라서 어떤 질문에 대한 대답인지를 추적하는 것이 중요하다. 세 가지 질문에 대해 대답이 다르다는 것은 좋은 소식이다. 사람들이 주어진 세 가지 질문의 차이를 이해하고, 각각의 질문에 대해 적절하게 응답하고 있다는 것을 시사하기 때문이다. 그래서 현재와 어제의 행복에 대해 질문 받을 때, 그 대답은 현재와 어제 당일의 행위와 사건들에 밀접히 연관된다. 이와 대조적으로 '요즈음 자신들의 삶에 전반적으로 얼마나 행복해 하십니까?'와 같은 질문에 대한 그들의 응답은, 자신의 삶에 대해 총체적으로 평가할 것을 요구하는 것으로, 여타의 평가적 질문들에 대한 답변과 유사한 성격을 지니게 된다.[6]

우리는 행복에 대한 3가지 서로 다른 척도 또는 측정방식이 어떤 의미를 지니며, 어느 정도의 타당성을 지니는지 나중에 더욱 상세하게 논의할 예정이다. 이상의 간략한 입문은 세계 행복 현황을 묘사하기 위한 구름판을 제공하려는 목적이었다. 구체적인 자료들은 갤럽월드폴(Gallup World Poll), 세계가치조사(World Values Survey), 유럽가치조사(Europe Values Survey), 유럽사회조사(Europe Social Survey)에서 구할 것이다. 세계의 행복을 살펴봄에 있어 우리는 갤럽월드폴(GWP)의 데이터로부터 출발할 것이다. 이 갤럽월드폴의 데이터가 가장 많은 국가들을 포괄하고 있기 때문이다. 게다가 이 데이터는 삶에 대한 평가와 함께(어제의) 긍정적, 부정적 정서에 대한 측정도 포함하고 있다. 행복에 대한 세 가지 측정방식 모두를 포함하고 있다는 말이다. 하지만 이중에서 우리는 삶에 대한 평가에서 시작할 것인데, 그 이유는 다음과 같다. 즉 삶에 대한 평가는 정서 측정에 비해 '삶의 조건들'(life circumstances)에 좀 더 많이 의존한다. 그리고 국가별 차별성을 좀 더 안정적으로 보여주며, 또한 훨씬 체계적인 설명도 가능하다. 삶의 평가에 대한 검토가 끝나면, 그 이후 정서적 측정방식들에 대해서도 살펴볼 것이

---

[6] 이러한 유사성은, 유럽사회조사의 〈그림 2.7〉과 〈그림 2.8〉이 보여주듯이, '행복'과 '삶의 만족' 데이터 양자 사이에서도 확인된다. 그리고 Diener et al., eds.(2010)의 〈표 10.1〉이 보여주듯이, 갤럽월드폴 조사의 '삶의 만족'과 '캔트릴 사다리' 양자 사이에서도 확인된다.

다. 또한 갤럽월드폴 이외의 다른 조사 자료들을 통해 정서 측정방식과 삶의 평가 방식을 비교 검토하는 일도 수행할 것이다.

2. 세계의 행복 현황

갤럽월드폴은 150개 이상의 국가를 대상으로 하며, 통상 15세 이상의 1000명을 표본으로 한다. 이 조사는 0에서 10에 이르는 11점 '사다리 척도'(ladder scale)로 삶의 질을 평가하는데, 여기서 0점은 가능한 최악의 상황을 그리고 10점은 가능한 최선의 상황을 나타낸다. 개발자의 이름을 따서 '캔트릴 사다리'(Cantril ladder)[7]로 불리는 이 사다리 측정방식으로 우리는 출발할 것이다. 현재 사용되고 있는 조사방식 중 갤럽의 이 조사방식이 전 세계의 가장 많은 국가들을 포괄하고 있기 때문이다. 〈그림 2.1〉은 행복의 세계적인 현황을 보여준다. 이 그림은 2005년부터 2011년 중반까지의 자료를 토대로 한 것이며, 각 국가의 인구수에 따라 가중치를 부여해 합산한 것이다. 답변지는 11점 척도임을 반영하여 11개의 열(column)로 나뉘는데, 각 질문에 대해 0점부터 10점까지 응답할 수 있다. 각 막대의 높이는 해당 점수의 인구수를 나타낸다. 광범위한 국가들을 조사대상으로 했다는 점에서, 〈그림 2.1〉은 세계행복의 수준과 분포에 대한 21세기 초반의 포괄적인 측정치라 할 만하다.

이 데이터는 무엇을 보여주고 있는가? 세계인구의 1/4 이상이 5점의 대답을 하고 있는데, 이 점수는 정확히 중간점을 나타낸다. 어떤 국가든 삶의 평가 점수는 0점에서 10점에 이르는 분포를 보이고 있다. 그러면 국가 내에서의 점수 차이는 무엇을 반영하고 있는가? 그것은 삶의 조건의 차이, 인성의 차이 등을 반영하고

---

[7] Cantril(1965)은 이 사다리를 'self-anchoring striving scale'(자아준거적 성취 척도)로 부르고 있다.

있다.

일부 학자는, 사람들 각자가 자신의 '인성'(personality)에 의해 결정된 행복의 '고정점'(set point)을 지니고 있다는 주장을 펴기도 했다. 이 견해에 따르면, 좋고 나쁜 새로운 경험을 통해 사람들이 이 고정점을 벗어날 수도 있지만, 결국에는 그 상황에 '적응'하게 되어 본래의 고정점으로 되돌아가게 된다고 한다. 만약 이것이 일반적인 사실이라면, 〈그림 2.1〉에 나타난 분포도는 삶에 대한 경제적, 사회적 조건들에 대해 거의 말해주는 바가 없을 것이다. 대신에 그것은 행복에 영향을 미치는 '인성 유형'(personality types)의 분포 상황만을 반영할 것이다.

이와 반대되는 증거가 있다. 〈그림 2.2〉는 세계의 모든 국가를 9개의 국가집단으로 나누었을 때 각 집단별로 나타나는 응답의 분포를 보여주는데, 여기서 평균적인 삶의 평가 점수는 대륙별로 상당한 차이를 나타낸다. 이것은 삶에 대한 평가가 개인 간의 인성의 차이보다 더 많은 것을 반영하고 있다는 것을 말해준다. 그리고 〈그림 2.3〉의 국가 순위가 보여주듯이, 국가별 차이는 지역별 차이보다 더 크게 나타난다. 지역별로 보았을 때에도 삶의 평가 평균 점수는 상당한 차이를 보이는데, 산업화된 국가들과 사하라 이남의 국가들 사이에는 11점 척도에서 3점 이상이나 차이가 난다. 더 인상적인 것도 있다. 즉 삶의 조건들, 즉 일인당 소득, 기대수명, 필요시 의존할 친구들, 자유의식, 부패인식 등에서 나타나는 차이들이 지역 간 삶의 평가 차이의 거의 대부분(95% 이상)을 설명해준다는 점이다.

행복은, 소득과 마찬가지로, 국가 사이에 불평등하게 배분되어 있다. 〈표 2.1〉이 보여주듯이, 국가들 사이에는 행복의 차별성이 적지 않게 나타난다. 하지만 국가 간 행복의 차이는 소득의 차이보다는 훨씬 적다. 가계소득 로그값에서의 세계적 분산 중 42%가 국가 간에 나타나는데, 이는 갤럽월드폴에서 나타난 주관적 웰빙의 22%, 행복정서(어제)의 7%보다 훨씬 높은 비율이다. 국가 간에 소득의 차이보다 행복의 차이가 적게 나는 주된 이유는, 소득이 행복의 여러 요인들 중 하나에 불과하기 때문이다. 물론 소득과 달리 다른 요인들은 국가들 간에 훨씬 평등하게 분배되어 있다. 하지만 일부 경제적 극빈 지역의 국가들은 또한 낮은 신뢰와 허약한 사회적 관계라는 두 특징도 보여주는데, 이 두 가지 특징은 행복과 강한 상관관계를 갖는 것들이다. 따라서 이 지역의 국가들은 행복 수준에서도 최악의 상황을 보일 수밖에 없다.

〈그림 2.1〉과 〈그림 2.2〉에서 분명하게 드러나는 것은, 세계의 어느 지역에서든 '삶의 평가'로 측정한 행복 점수가 상당한 차이를 보여준다는 사실이다. 어느 정도는 이러한 차이가 '인성 유형'에 있어서의 차이를 반영할 것이다.[8] 하지만 이러한 차이는 '삶의 조건들'의 차이를 훨씬 크게 반영하는 것이며, 그리하여 이웃 국가 간에도 서로 다른 인생 여정이 펼쳐질 것임을 예측케 해준다.

3. 국가별 평균 행복도

〈그림 2.3〉은 국가별 평균 행복도의 순위를 보여주는데, 여기서 각 패널 오른편 끝부분의 수평선들은 95% 신뢰구간을 나타낸다. 여러 해에 걸친 데이터가 조합됨으로써, 대부분의 국가에서 표본 규모가 수천 명에 이르게 되었다. 이처럼 표본 규모가 크게 확대됨으로써 우리는 국가 간에 나타나는 의미 있는 차별성을 좀 더 잘 포착할 수 있게 되었다. 매년 평균 행복도는 변화하지만, 연도별 행복도의 변화 정도는 국가 간의 행복도 차이에 비하면 상대적으로 작게 나타난다.

국가별 경험의 다양성 때문에 국가들의 평균 행복도의 분포 범위는 상당히 넓

---

[8] 대표적인 예는 De Neve et al.(2011).

게 나타난다. 북유럽에 위치하고 있는 최정상의 4개 국가들의 행복도는 평균 7.6으로 사하라 이남의 최하위 4개 국가들의 3.4와 대조된다. 3장에서 좀 더 자세하게 서술되겠지만, 국가 간 행복도 차이의 80% 정도는 소수의 변수들(variables) 탓인데, 이것들은 '좋은 삶'(good life)을 이루는데 필요한 물질적, 사회적, 제도적 요인들을 대변하는 변수들이기도 하다. 좋은 삶을 구성하는 이러한 요인들은 모두 높은 순위의 행복한 국가들에서 강하게 나타난다. 최정상의 4개국을 최하위의 4개국과 비교하자면, 평균소득은 40배나 높고 건강 기대수명은 28년이나 길다. 그리고 곤경 시 의지할 사람이 있는 비율이 95% 대 48%의 차이를 보이며, 자유의식은 94% 대 63%, 사업 및 통치에서의 부패 인식도는 33%와 85%의 차이를 보인다.

국가 내 '주관적 웰빙'의 배분 문제로 들어가 보자. 〈그림 2.4〉의 패널들은 각 국가의 삶의 만족도 분배에서의 '표준편차'를 보여준다. 여기서 국가들은 〈그림 2.3〉에서와 같은 순서로 배치되어 있는데, 이는 행복의 불평등 정도가 국가마다 얼마나 차이가 날 수 있는지를 보여주기 위한 것이다. 만약 행복 배분에 있어 국가 안의 불평등 정도 — 분산의 상관계수에 의해 측정된 — 가 모든 국가에서 같다면, 〈그림 2.4〉에 나타난 표준편차는 〈그림 2.3〉의 국가별 평균 만족도 순위에 의해 나타난 하강선과 같은 기울기를 따를 것이다. 하지만 두 그림을 비교해 보면, 이러한 가정이 실제와는 상당히 거리가 있다는 것을 알 수 있다. 일반적으로, 전 세계적 차원에서 국가평균과 표준편차 간에 의미 있는 상관관계는 존재하지 않는다. OECD 국가들에서는 평균과 표준편차 사이의 상관관계가 의미 있게 음(negative)의 관계를 보이지만, 나머지 국가들에서의 상관관계는 보통 양(positive)의 관계로 나타난다. 높은 순위를 기록한 국가들 중 일부는 높은 평등도를 보여준다. 예컨대 덴마크와 뉴질랜드의 경우가 그러하다. 반면에 코스타리카나 미국의 경우는 상황이 다른데, 이들은 꽤나 높은 평균 만족도 순위를 보이지만 훨씬 분산도가 높고, 인구 중 상당히 높은 비율이 낮은 삶의 만족도를 보여준다. 최근의 보고에 따르면, 지난 20여 년 동안 OECD 국가들 대다수에서 소득의 불평등도가 증대하고 있다고 한다.[9] 하지만 아직까지는 소득의 점증하는 불평등이 행복의 점증하는 불평등에 상응하는지의 여부를 가릴 수 있게 해줄 정도로 충분한 데이터 샘플이 존재하는 것은 아니다.

4. 다른 측정 방식들과의 비교

우리는 사다리를 통한 삶의 평가에서 출발한 바 있는데, 이외에도 '삶의 만족'과 '전반적 행복'에 대해 측정하는 삶의 평가 방식도 존재한다. 그러면 '인생사다리'(ladder of life), '삶의 만족'(life satisfaction), '전반적 행복'(overall happiness)을 통한 삶의 평가 방식은 긍정적, 부정적 정서를 다루는 정서 측정 방식들과 어떤 차이점이 있는가? 만약 측정값들 모두가 같은 조사에서 비교 가능한 방식으로 같은 응답자들로부터 구해진 것이라면, 그것들이 평균값에서 왜 차이가 나는지, 그리고 왜 행복한 삶의 모습이 서로 다른지 등의 이유를 파악하기가 상대적으로 쉬울 것이다. 그러나 대부분의 조사는 주관적 웰빙에 대해 한두 개의 질문만을 던진다. 따라서 다수의 '쌍 비교'(pair-wise comparisons) 방식을 활용하는 것이 불가피하다. 하지만 그전에 우선 개인들이 자신의 웰빙 상태에 대해 보고하는 여러 방식들의 차이점을 구별해 둘 필요가 있다.

첫째는, '경험중인' 웰빙과 '기억된' 웰빙의 구별이다. 경험중인 웰빙은 쾌락과 고통에 대한 매순간의 보고에 의존한다. 하지만 기억된 웰빙은 기억을 토대로 추후에 보고한 것이다. 두 번째는, 경험하고 기억되는 정서와 사건의 '기간'(time span)과 관련된 구별이다. 경험중인 웰빙의 경우 그 기간은 순간적이다. 하지만

---

[9] OECD(2011b).

기억된 웰빙의 경우, 그 보고는 과거의 순간일 수 있지만 또한 특정한 기간의 평균에 관한 것일 수도 있다. 세 번째는, '평가'(evaluations)와 '정서적 보고'(emotional reports)의 구별이다. 평가는 본질적으로 그 무엇에 대한 판단이지만, 정서적 보고는 정서 상태에 대해 더욱 단순하게 묘사한 것이다.

위의 세 가지 구별 모두가 잠재적으로 중요하다. 우선, 경험중인 웰빙과 기억된 웰빙이 구별되어야 한다. 대장내시경과 관련된 흥미로운 보고가 있다. 한 유명한 연구에 따르면,[10] 대장내시경 환자에게 두 가지를 요구했다. 하나는 매순간에 고통 수준을 보고하는 것이고, 다른 하나는 같은 척도를 이용하되 이후에 회고적 방식으로 보고하는 것이다. '순간적 측정'과 '회고적 평가'는 체계적인 차이가 있었다. 순간적 측정과 달리 회고적 평가는 '절정과 말미'(the peak and final)의 양 순간에 체감하는 고통수준의 평균을 따르는 경향이 있었다. 그런데 이처럼 순간적 보고와 회고적 보고라는 두 보고형태에서의 대답이 다르다면, 과연 어느 쪽이 진정한 고통 수준이란 말인가? 어떤 이는 진정한 고통의 합은 매순간 측정값의 합이라고 주장한다. 따라서 이들에게 회고적 보고는 잘못된 것이다.[11] 하지만 이와 다른 견해를 가진 이들도 있다. 이들은 일련의 경험을 요약된 기억으로 '틀지우는'(frame) 능력이, 인간본성의 잘못된 부분이라기보다는 필수적인 부분이라고 주장한다.[12] 요약된 기억들이야말로 미래의 판단에 도움이 되는 정보를 제공해 준다는 것이다. 그리고 위장내시경을 받을지 결정한다든지, 봄 휴가를 어느 곳으로 가야할지 선택한다든지, 아이를 하나 더 가질지 결정한다든지 하는 미래적 결정을 내릴 때, 그러한 결정을 지배하는 것은 바로 회고적 평가라고 주장한다.[13] 그러나 대다수 사람들은, "경험적 자아와 기억적 자아 양자 모두를 고려해야 한다. 왜냐

---

[10] Redelmeier & Kahnemean(1996).
[11] Kahneman et al.(1997)은 이러한 벤담식 견해를 취한다.
[12] 대표적인 예는 Helliwell(2008)과 Helliwell & Barrington-Leigh(2010).
[13] Wirtz et al.(2003).

하면 그들의 관심이 항상 일치하는 것은 아니기 때문이다"[14]라는 주장에 동의한다. 여하튼 순간적 보고와 회고적 보고 사이의 구별이 필요하다는 데 우리는 동의한다. 하지만, 이러한 구별이 세계 행복의 측정 방식과 관련해 지금 우리가 수행 중인 분석에 직접적으로 부정적인 영향을 미치는 것은 아니다. 왜냐하면 현재 이용가능한 정서적 보고는 경험적 정서라기보다는 기억된 정서에 해당하기 때문이다. 갤럽월드폴의 정서 측정 방식도 여기에 해당되는데, 이것은 '어제'의 정서적 기억에만 관련된 것이다.

두 번째와 세 번째의 구별, 즉 기간과 관련된 구별과 삶에 대한 평가인지 정서적 보고인지의 구별도 중요하게 취급되어야 한다. 이미 언급했듯이, 갤럽(GWP)의 정서 측정치는 모두 '어제'와 관련된 것이다. 그러면 갤럽의 삶의 평가 측정치는 어떠한가? 대부분의 삶에 대한 전반적인 측정, 즉 자신의 전반적인 삶에 대해 스스로 어떻게 생각하는지에 대한 측정은 명확히 평가적인 것이다. 그런데 평가적인 삶의 조사도 시점을 달리하여 '요즈음'의 삶, 어떤 '과거'의 삶, 또는 '미래'의 삶에 대해 물을 수 있다. 그래서 갤럽조사의 '캔트릴 사다리'(Cantril ladder) 질문은 세 가지 방식으로, 즉 "현재"와 "5년 전", 그리고 "5년 후"의 자신의 삶에 대해 응답자에게 평가해주기를 요청한다. 하지만 이 ≪세계 행복 보고서≫에서 사용하는 삶의 평가 데이터는 모두 '현재의 삶'에 대한 질문의 응답에만 토대를 둔 것임을 밝혀둔다.

유럽사회조사(ESS)에서의 삶의 평가는 '삶의 만족'(life satisfaction) 질문을 통해 측정된다. 즉, "모든 것을 고려할 때, 요즈음 대체로 당신은 당신의 삶에 대해 얼마나 만족하십니까?"(0~10점의 척도에서)라고 묻는다. 세계가치조사(WVS)는 '요즈음'(nowadays)을 '요사이'(these days)로 대체한 것 외에는 같은 질문을 던지고

---

[14] Kahnemean(2011), p.410.

있다. 다만 그 대답은, 유럽사회조사와 달리, 1~10점의 척도를 따른다.

한편 직접 '행복'에 대해 질문하는 조사 방식도 있다. 이 조사 중 일부는 특정한 순간이나 특정한 날과 관련되기도 하는데, 이 경우는 '정서적 보고'에 해당한다. 영국통계청(ONS)에서 사용하고 있는 긍정적 정서에 관한 질문, 즉 "전반적으로 '어제' 얼마나 행복했습니까?"라는 질문이 대표적인 경우이다.[15] 이와 대조적으로 유럽사회조사(ESS)와 세계가치조사(WVS)의 행복에 관한 질문은 모두 본질적으로 평가적이며, 좀 더 긴 기간과 관련된다. 예건대 유럽사회조사는 "모든 것을 고려할 때, 당신은 얼마나 행복하다고 말씀하시겠습니까?"(0~10점의 척도에서)라고 묻는다. 그리고 세계가치조사는, "모든 것을 고려할 때, 당신은 어떤 상태에 있다고 말하시겠습니까? 1) 매우 행복하다, 2) 꽤 행복하다, 3) 그다지 행복하지 않다, 4) 전혀 행복하지 않다."라고 묻는다.

그러면 삶의 평가 측정치들을 서로 비교해보자. 우선, '삶의 만족'과 '사다리' 양 평가방식을 통한 측정치들은 어떤 관계에 있는가? 〈그림 2.5〉는 갤럽월드폴(GWP)을 토대로 한 국가별 삶의 만족도 순위를 보여준다. 〈그림 2.6〉은 세계가치조사와 유럽가치조사가 결합된 모습인데, 여기서의 순위는 〈그림 2.3〉에서의 사다리 순위와 매우 흡사하다. 〈그림 2.5〉의 국가별 삶의 만족도 순위를, 갤럽 사다리에서와 같은 응답자에게 물어서 구해진 순위와 비교하자면, 양자 간의 상관관계(r=0.94)는 매우 높게 나타난다. 조사결과로 나온 데이터를 분석하자면, 평균 점수에서 의미 있는 차이를 보이는 것이 사실이다. 즉 11점 척도에서 삶의 만족도의 평균값(mean)이 0.5점 정도 높게 나타난다. 하지만, 사다리와 삶의 만족은 같은 요인들에 의해 설명될 뿐만 아니라 소득의 효과도 같게 나타난다.[16]

---

[15] Dolan et al.(2011).
[16] Helliwell et al.(2010), 〈표 10.1〉.

그러면 '행복'과 '삶의 만족'을 토대로 한 삶의 평가로부터 얻은 두 측정치는 어떤 관계에 있는가? 이에 대한 최선의 대답은 유럽사회조사(ESS)의 데이터를 활용해서 얻을 수 있다. 유럽사회조사는 유사한 평가방식으로 행복과 삶의 만족에 대해 질문하고 있으며, 답변의 척도도 같다. 그리고 29개 국가를 포괄하는 대규모 응답자들이 표본이 되고 있다. 〈그림 2.7〉과 〈그림 2.8〉은 각각 삶의 만족과 행복에 대한 측정값의 국가 평균을 나타낸다. 두 조사의 평균값이 의미 있는 차이를 보이는 것은 사실이다. 즉 일반적으로 삶의 만족이 행복보다 11점 척도에서 0.4점 높게 나타난다. 하지만 설명 방정식(explanatory equations)을 통한 검증 결과에 따르면, 같은 변수들이 삶의 만족과 행복을 설명해주는 것으로 나타나며, 양자는 일반적으로 유사한 상관계수(coefficient)를 가진다. 이들에 미치는 소득의 효과도 거의 같다. 게다가 행복과 삶의 만족에 대한 유럽사회조사(ESS)의 국가 순위도 '거의 같게'(r=0.987) 나타나고 있다. 따라서 '행복'이 삶에 대한 평가의 양식으로 질문 받을 경우, 그 대답은 개인이건 국가건 '삶의 만족'에 대한 대답과 같은 구조를 지닌다. 사실상 이 두 구조들은 매우 유사하다. 그런 까닭에, 각 개인들의 삶의 만족에 대한 대답과 행복에 대한 대답의 평균값을 취하는 식으로 양자를 결합하여 삶에 대해 평가하는 쪽이, 각각의 측정치를 별개로 구하는 것보다 훨씬 정확한 설명을 해준다. 갤럽조사에서의 삶의 만족과 캔트릴 사다리 양자에 대한 응답자들의 반응도 이와 마찬가지이다.[17]

삶의 평가를 통한 부탄 공화국의 주관적 웰빙 수준은 어떠한가? 부탄은 갤럽조사에는 포함되지 않았다. 하지만, 유럽사회조사(ESS)의 행복질문지로 최근에 광범위한(약 7000명) 조사를 벌여 0~10점 척도에서 6.05에 상응하는 점수를 보였는데, 이를 통해 유럽사회조사의 대상 국가들과 비교가 가능하다. 이 6.05의 점수는 최근 유럽사회조사의 평균인 7.01보다는 낮은 점수이지만 러시아, 우크라이나, 불가

---

[17] Helliwell et al.(2010), 〈표 10.1〉.

리아보다는 높은 점수이다. 그리고 이웃 국가들과 비교해볼 때, 인도보다는 약간 위의 수준이지만 네팔이나 중국, 방글라데시보다는 훨씬 상위에 있다.[18]

삶의 평가 방식들에 대한 비교작업을 통해 내린 최종 결론은 다음과 같다. 즉 전반적인 삶에 관해서 '삶의 만족'과 '행복', 그리고 '사다리'의 세 질문이 주어질 경우, 그것들은 '좋은 삶'(good life)의 원천들에 대해 매우 유사한 스토리를 말해준다는 것이다. 그러나 비교를 위한 정보의 토대가 계속 커가고 있기 때문에, 좀 더 큰 샘플을 토대로 할 경우에는 혹시 어떠한 체계적인 차별성이 드러날지도 모를 일이다.

그러나 '행복'이 삶의 평가가 아닌 '정서적 보고'로 해석될 때, 그리고 긴 기간이 아닌 특정한 때에 측정될 때 상황은 일변한다. 이때 행복의 측정값은 긍정적 정서에 대한 측정값들과 매우 유사해질 것이다. 그래서 "어제의 행복"(happiness yesterday)이 영국통계청(ONS)의 경우처럼 0~10점의 척도에 의해 측정된다면, 같은 응답자라 하더라도 그 측정값은 삶의 만족도와는 매우 다른 특성을 지니게 된다. 즉 행복의 정서적 측정값은 삶의 만족에 비해 '삶의 조건들'(life circumstances)과는 훨씬 덜 상관관계를 지닌다. 그리고 행복에 미치는 소득의 효과도 훨씬 적으며, 대체로 통계적으로는 무의미하다. 이것은 갤럽 사다리 질문들이 "어제"의 정서적 질문들과 비교될 때 발견되었던 것들과 유사하다.[19] ONS와 갤럽의 데이터

---

[18] 이웃 국가들과의 비교는 간접적인 것이다. 갤럽월드폴(GWP) 조사의 삶의 만족에 대한 대답들이 부탄에서의 행복에 대한 대답들과 비교될 필요가 있기 때문에 간접적인 비교 방식을 취했다. 두 질문 모두 0~10의 척도를 사용하고 있다. 비교 작업은 같은 두 질문에 대한 유럽사회조사(ESS) 대답들의 평균값을 활용해서 이루어졌다. 유럽사회조사에서 삶의 만족에 대한 대답은 행복에 대한 대답에 비해 평균 0.40점이 낮다. 부탄의 평균 행복도 6.05는 따라서 갤럽의 주관적 웰빙 지수로는 5.65점으로 환산되며, 이 점수는 인도의 5.51, 네팔의 5.32, 방글라데시 5.25, 중국 5.24와 비교된다. 부탄의 추산값은 네팔, 방글라데쉬, 중국에 비해 통계적으로 의미 있을 정도로 높은 수치이다.

[19] Kahneman & Deaton(2010).

양자는 모두 '삶의 평가'가 정서적 측정값보다 삶의 조건들과 훨씬 더 밀접하게 관련된다는 것을 보여준다. 그리고 정서적 측정치 중에는 부정적 정서보다 긍정적 정서가 삶의 조건들에 의해서 더욱 쉽게 설명된다.

〈그림 2.9〉는 세계가치조사/유럽가치조사에 나타난 국가 순위를 보여주는데, 4점 척도의 평가적 행복에 토대를 둔 것이다. 그 반면에 〈그림 2.10〉은 "yes/no"의 2점 응답 척도로 '어제'의 행복에 대해 조사한 갤럽의 평균치를 토대로 한 순위이다. 우리는 이러한 국가 순위들이 매우 유사하리라고 기대할 수 없다. 실제로 그들은 유럽사회조사에서의 평가적 행복 순위 및 삶의 만족도 순위보다 훨씬 적은 상관관계를 갖는다. 그렇게 차이가 나는 이유 중 일부는 응답 척도(갤럽 행복의 이분법적 질문지와 세계가치조사/세계가치조사의 4점 척도 질문지)의 차이 때문이다. 그리고 기간의 차이 즉 '어제' 당일과 이보다는 더 긴 기간 간의 차이 때문이기도 하다. 하지만 양자가 차별성을 갖는 이유는 이보다 더 근본적인 구별 때문이다. 즉 '삶의 평가'와 '정서적 보고'의 구별이 그것이다.

단기간의 정서적 보고가 삶의 평가보다는 삶의 조건에 관한 정보를 덜 제공하는 것은 사실이다. 하지만, 정서적 보고들은 매시간과 매일의 기분 변화가 어떤 본성을 지니며, 그 원인은 무엇인지를 밝히는 데에는 매우 유용한 토대가 된다. 정서적 보고들은 '생활시간 조사'(time-use surveys)의 맥락 속에서 질문되었을 때 가장 유용성이 높다. 어떤 일에 얼마만큼의 시간을 소비하는가를 측정하는 생활시간 조사는, 기분의 단기적 변화를 설명해줄 영역을 제공해준다는 점에서 매우 유용성이 큰 것이다.[20]

인지적인 삶의 평가와 비교해볼 때, 정서적 측정치에 있어서의 국제적 차이는

---

20 Krueger et al.(2009).

어느 정도인가? 〈그림 2.11〉은 긍정적 정서값(어제의 즐거움, 행복, 웃음의 빈도에 대한 yes/no 응답의 평균치)에 기반한 갤럽조사의 국가별 순위를 보여준다. 〈그림 2.12〉는 부정적 정서(근심, 슬픔, 분노, 우울의 평균치)의 순위를, 〈그림 2.13〉은 '순 정서'(net affect)의 순위, 즉 긍정적 정서에서 부정적 정서를 뺀 정서 측정값의 순위를 보여준다.[21] 우리는 국가별 평균 점수의 비례적 차이가 정서보다는 삶의 평가에서 더 크게 나타날 것으로 예상해야 한다. 왜냐하면, 소득의 효과는 삶의 평가에서 상대적으로 더 크게 작용하며, 소득의 국제적 차이는 행복한 삶에 기여하는 비경제적 요인들의 국제적 차이보다 훨씬 크기 때문이다. 이는 〈그림 2.11〉과 〈그림 2.13〉의 결과에서도 일관되게 나타난다. 이 그림들은 평가와 정서 사이의, 그리고 긍정적 정서와 부정적 정서 사이의 국가 순위에서 나타나는 흥미로운 차별성을 잘 보여준다. 한편 세계의 모든 지역에서 긍정적 정서의 빈도는 부정적 정서의 빈도보다 두세 배 크게 나타난다. 그리고 라틴 아메리카와 카리브해 국가들의 경우, 사다리와 긍정적 정서의 순위가 세계 평균의 순위보다 높게 나타나고 있는데, 긍정적 정서의 순위가 사다리 순위보다 약간 더 높게 나타나고 있다.

요약하자면, '삶의 만족'에 관한 일반적인 질문이든, 갤럽조사의 '사다리' 질문이든, 그리고 유럽사회조사에서 사용되는 '전반적 행복'에 대한 질문이든, 삶의 평가(life evaluations) 성격의 질문들은 모두 행복한 삶에 대한 경제적, 사회적 요인들의 상대적 중요성에 대해 유사한 답변을 해주고 있다. 전반적 행복과 삶의 만족에 대한 질문들이 같은 척도로 같은 응답자에게 주어질 경우, 〈그림 2.14〉의 두 패널이 보여주듯이, 그 대답이 매우 유사한 분포를 보인다. 비록 유럽사회조사의 행복에 대한 응답의 평균값이 0.4점 크지만, 두 측정치는 개인(r=0.67)과 국가(r=0.96) 수준 양자 모두에서 매우 높은 상관관계를 보여주며, 또한 같은 변수들에 의해 같

---

21 정확한 질문 내용에 대해서는 〈그림 2.11〉~〈그림 2.13〉의 주해를 참조.

〈표 2.1〉 총 분산 중 국가 간에 나타나는 부분

데이터 원천	웰빙 측정방식	총 분산 중 국가 간의 몫
GWP 05-11	캔트릴 사다리(삶의 평가)	0.222
GWP 07-10	삶의 만족(삶의 평가)	0.327
GWP 05-11	행복(어제)	0.068
GWP 05-11	긍정적 정서(어제)	0.072
GWP 05-11	부정적 정서(어제)	0.042
GWP 05-11	순정서(어제)	0.061
GWP 05-11	소득의 로그값	0.422
ESS 4회차	삶의 만족(삶의 평가)	0.172
ESS 4회차	행복(삶의 평가)	0.146
ESS 4회차	소득의 로그값	0.384
WVS 3-5	삶의 만족(삶의 평가)	0.143
WVS 3-5	행복(4점 척도)	0.115

은 방식으로 설명된다.

긍정적, 부정적 정서에 대한 측정값은, 〈표 2.1〉이 보여주듯이, 삶의 평가에 대한 측정값에 비해 국가나 공동체 사이에 그 차이가 크지 않다. 하지만 정서적 측정값들이 적절한 방식으로 잘 취합된다면, 실제 삶의 중요한 측면들을 생생하게 밝혀줄 수 있을 것이다.

결국 '행복'에 대해 직접 묻는 조사는 이중의 역할을 수행하며 나타난다. 때로는 정서적 보고의 형태로 나타나며, 다른 때는 평가적 역할을 한다. 이와 달리 '삶의 만족'과 '사다리'는 삶에 대한 평가적 역할만을 수행한다. 삶의 평가들은 정서적 보고와 대조적으로 항상 전체적인 삶과 연관되며, 단기간의 변량을 좀 더 적게 보여준다. 하지만 삶의 조건들과의 연관은 훨씬 크게 나타난다. 이상에서 우리는 주관적 웰빙의 측정방식들에 대해 살펴보았는데, 이제부터는 그것들이 과연 삶의 질에 대한 정책적 안내자의 역할을 잘 수행할 수 있을지 검토해 보겠다.

5. '주관적 웰빙'(SWB)의 측정에 대한 옹호론

리처드 이스털린(Richard Easterlin)이 국민들의 삶의 질을 평가하기 위해 '행복'을 지표로 사용할 것을 주창한 이래 40여 년이 지났다.[22] 하지만 주관적 웰빙에 대한 데이터를 체계적으로 축적하고 사용하는 방식은 더디게 발전했다. 그러는 사이 주로 심리학 분야에서 상당한 양의 연구가 진행되었다. 심리학자들은 주관적 웰빙에 대한 다양한 척도가 지닌 의미와 신뢰성 및 타당성에 대해 깊이 탐구해왔다. 그리고 자신들의 학문적인 연구성과를 토대로 주관적 웰빙에 관한 데이터의 광범위한 축적과 활용이 필요하다는 주장을 강력히 피력해 왔다.[23]

주관적 웰빙이 공적 정보와 정책 결정의 통계적 토대로써 좀 더 널리 그리고 일상적으로 측정되기 위해 왜 그렇게도 오랜 시간이 걸려야만 했을까? 한 가지 이유는, 정보를 축적하고 활용하는 기존의 방식들에 어떤 결정적 위기가 도래하지 않았기 때문이다. 일반적으로 사람들은 과거에 잘 통용되던 정보와 정책결정 방식들을 계속 그대로 무의식적으로[24] 적용하고 활용하는 경향이 있다.[25] 소득과 소비의 체계적인 국가계정을 수립하는데 수십년이 걸렸다는 사실이 이 점을 잘 말해준다. 국가계정의 발전은 전쟁과 공황이라는 절대명령에 의해 반복적으로 강요된 결과였다. 그럼에도 불구하고, 그 데이터의 의미와 활용에 대해 자주 논쟁이 벌어졌을 정도이다. 따라서 주관적 웰빙에 관한 데이터의 광범위한 공적, 사적 축적이 시작될 만큼 의식 수준이 고양되기까지 상당한 시간이 필요했다고 해서 결코 놀랄만한 일도 아니다. 그리고 주관적 웰빙에 관한 데이터가 무엇을 의미하며, 그것

---

[22] Easterlin(1974). 행복 데이터에 기반을 둔 경험적인 복지 함수들은, van Praag(1971)의 경우가 보여주듯이, 유럽에서 훨씬 전에 측정되고 있었다.
[23] 대표적인 조사 및 사례에 대해서는 다음을 참조할 것. Stiglitz et al.(2009), Diener et al.(2009), Krueger et al.(2009), 그리고 Layard(2010).
[24] Bilalic et al.(2008).
[25] Nickerson(1998).

들이 과연 유용한 것인지에 관해 많은 회의적인 의문이 제기되고 있다고 해서 이 또한 결코 놀랄만한 일은 아니다. 이하에서 살펴볼 내용은 주관적 웰빙과 관련하여 그간 제기되어 온 몇 가지 의문들이며, 또한 이에 대한 옹호론적 답변들이다.

(1) 주관적 웰빙 측정치는 신뢰할 만한가?

심리학에서 '신뢰도'(reliability)는, 같은 조건에서 시행될 때, 같은 질문이 어느 정도의 동일한 대답을 제공하느냐에 의해 계측된다. 주관적 웰빙 측정치의 '반복가능성'(reciplicability)은 다양한 방식으로 검증되었으며, 이를 통해 다음과 같은 사실을 확인할 수 있었다.[26] 즉, 동일한 사람에 대한 일련의 조사에서 삶의 평가 측정치들 사이의 상관성은 높게 출발하며, 시간 간격이 늘어날수록 상관성은 줄어든다.[27] 이것은 예상과 정확히 일치한다. 왜냐하면 삶의 평가에 영향을 미치는 기본적인 삶의 조건들이 시간이 길어질수록 더 변화하기 쉽기 때문이다. 그리고 다수의 측정치들을 평균하면 무작위 오차(random errors)를 넘어서게 되며, 그리하여 개인적 수준에서도 더 높은 신뢰도를 산출할 수 있다는 것도 확인할 수 있었다.

집단이나 국가 수준에서의 신뢰도는 매우 높게 나타난다. 왜냐하면 개인적 수준의 무작위적 변량과 성격적 차별성이 평균화되는 반면에, 평균적인 삶의 조건에 있어서의 변화는 집단이나 국가의 경우 상대적으로 크지 않기 때문이다. 따라서 갤럽조사에서의 국가별 사다리 순위의 연차별 상관계수는 매우 높게 나타나 평균 0.88에서 0.95 사이를 보여준다. 마찬가지로 유럽사회조사(ESS)의 반복되는 조사에서, 행복과 삶의 만족도의 국가순위 상관계수는 양자 모두 0.92와 0.98 사이를 나타내고 있다. 이러한 상관계수는 비교의 시간적 간격이 벌어질수록 점차 낮아

---

[26] Diener(2011), Diener et al.(2009).
[27] 예컨대 한 해의 r=0.56이지만, 16년이 흐르면 r=0.24로 떨어진다. Fujita and Diener(2005).

지며, 또한 당연히 낮아져야 한다.

(2) 주관적 웰빙에 대한 응답들은 타당한가?

행복 측정방식에 대한 '타당도'(validity)를 판단하는 3가지의 방식이 존재한다. 첫째는, 행복의 측정값들이 삶의 조건 및 여타 변인들의 관점에서 어느 정도나 그럴듯하게 설명되느냐 하는 것이다. 둘째는, 행복의 주관적 측정값들이 행복과 관련된 여타의 객관적 측정치들과 어느 정도의 상관관계를 갖느냐 하는 것이다. 셋째는, 행복 측정값들이 이후의 결과나 행위를 예측할 수 있는지, 그리고 예측할 수 있다면 얼마나 예측할 수 있는지 그 예측능력을 살펴보는 것이다. 많은 연구들이 주관적 웰빙에 대한 측정치들이 타당도가 높다는 것을 입증해 주었다.

우선, 다음 장에서 살펴보겠지만, 평균 행복도에서 국가별 차이의 3/4 이상이 이미 중요성이 입증된 변인들에 의해 설명이 가능하다. 주관적 웰빙 측정값들의 차이가 변인들이 지닌 패턴들의 차이에 의해 설명된다는 사실은 약점이라기보다는 강점을 나타낸다. 왜냐하면, 만약 측정치들이 타당하다면, 일반적으로 색다른 패턴들은 각자 그들이 가져야만 하는 형태를 정확히 취할 것이기 때문이다. 예컨대, 매슬로우(Maslow)의 '욕구 단계론'은 소득 요인과 사회적 요인의 상대적 중요성이 부유한 국가와 가난한 국가 사이에 차별적일 것으로 가정한다.[28] 갤럽조사의 데이터를 사용한 연구는 정확히 이러한 종류의 국가별 차이를 보여준다. 즉, 비록 사회적, 경제적 조건 양자 모두가 모든 국가의 삶의 평가에서 중요한 요인이기는 하지만, 소득 요인보다는 사회적 요인의 상대적 중요성이 OECD 국가들에서 더 높게 나타나고 있다.[29]

---

[28] Maslow(1943).
[29] 국가별 상관계수의 분포에 대해서는 Diener et al., eds.(2010) 참조. OECD 회원국과 비회원국 간의 상관계수 차이에 대해서는 Helliwell & Barrington-Leigh(2010) 참조.

둘째로, 주관적 웰빙의 측정값은 다양한 객관적 측정치들과 상관관계를 지닌다. 즉 주관적 웰빙 측정치는 얼굴 표정, 뇌파 유형, 코르티솔(스트레스 호르몬) 측정치와 같은 개인적 차원의 객관적 측정치들과 상관관계를 지니며, 또한 공동체 및 국가별 자살 유형과 같은 집단적 측정치들과도 상관관계를 지닌다. 일부 사람들은 이러한 상관관계를 주관적 측정치를 좀 더 진지하게 받아들이기 위한 필수적인 전제조건으로 간주해왔다. 하지만 왜 이것이 필요한가? 행복의 경우 주관적 측정치 자체가 우선적인 중요성을 지니며, 육체적 측정치와의 일치가 주관적 측정치를 강화시키기는 하지만 덜 중요한 것이 아닌가? 그렇지만 특정 패턴의 뇌파가 이미 행복의 측정 방식으로 설정되기 시작했다. 특정의 뇌파 패턴이 사람들이 행복하다고 스스로 보고할 때 나타나는 경향이 있기 때문이다.[30] 분명히 행복에 있어 중요한 것은 주관적 경험이지 이와 연관된 어떠한 전자파적 패턴은 아닐 것이다. 그렇지만 행복에 대해 보고할 때 사람들이 단어들과 척도들을 사용함에 있어 개인적, 문화적 차이가 있을 수 있다고 우려하는 사람들이 있는데, 이들에게는 이러한 인과관계가 이들을 안심시키는 역할을 해주고 있다.

셋째로, 후속 사건들과 행위에 대한 주관적 웰빙의 예측능력을 살펴보는 것도 필요하다. 그것은 두 가지 주된 이유 때문이다. 우선, 예측력은 타당도에 대한 직접적인 검증수단이다. 예컨대 삶의 평가가 자살률에 대한 예측 능력을 지닌다면, 그것은 삶의 평가가 인간의 행위에 있어 중요하다는 강한 증거를 제공해줄 것이다.[31] 이점은 긍정적 정서가 여러 좋은 결과들을 예측하는 능력,[32] 특히 건강[33]과 수명[34]을 예측하는 능력의 경우에도 해당한다. 둘째로, 만약 행복의 측정치들이 질병과 죽음을 예측해 준다면, 그 사실은 건강의 유지와 건강 증진을 위한 정책적

---

30 Gilbert(2006), p.66.
31 대표적인 예는 Koivumaa-Honkanen et al.(2000) 참조.
32 Lyubomirsky et al.(2005).
33 Cohen & Pressman(2006).
34 Danner et al.(2001), Chida & Steptoe(2008) and Diener & Chan(2011) 참조.

조치들의 시행을 위해서는 행복 측정치들이 더 많이 축적될 필요가 있다는 논리를 강화시켜 줄 것이다.

(3) '단어선택과 배열' (wording and ordering)이 질문의 결과들에 얼마나 민감하게 작용하는가?

한 유명한 연구는,[35] 대화의 논리에 관해 영향력이 큰 철학적 저술의 주장을 빌어, 다음과 같이 가정하고 있다. 즉 만약 일반적인 질문이 구체적인 질문에 이어지면, 구체적인 질문에 대한 대답이 일반적인 질문에 대한 맥락을 결정짓는데 영향을 주어 그 대답에도 영향을 미친다는 것이다.[36] 그래서 연구자들은 다음과 같이 가정했으며, 또한 이를 사실로 확인한 바 있다. 일리노이의 학생들에게, 최근의 데이트 경험에서 얼마나 행복했는지를 그리고 그들의 전반적인 삶에서 얼마나 행복한지를 묻는다면, 데이트 질문이 일반적인 질문에 앞서서 이루어졌을 때 그 두 대답이 더 밀접한 상관계수를 지니게 된다. 그러나 두 개의 질문이 반대로 주어질 경우 배열의 효과는 무의미할 정도로 줄어든다. 첫 번째 결과는 일부에 의해 주관적 평가의 신뢰성에 대해 의문을 제기하는데 활용되기도 한다. 하지만, 위의 두 결과 모두 동등하게 다음의 사실을 보여주는 것으로 추정할 수 있을 것이다. 즉 응답자들은 대화적 맥락을 파악하는데 능숙하며, 그러한 맥락 속에서 가장 유용한 응답을 하고 있다는 것이다.[37]

두 개의 또 다른 조사결과가 있는데, 이들은 응답자들이 일반적으로 주어진 질문을 잘 이해하며, 또한 질문이 요구하는 적절한 답변을 하고 있다는 사실을 보여준다. 첫째는 주관적인 건강평가와 관련된 것이다. 많은 조사가 자신의 육체적 건

---

[35] Strack, Martin & Schwarz(1988).
[36] Grice(1975).
[37] As argued by Grice(1975).

강상태에 대해 5점 척도로 응답할 것을 응답자에게 요구한다. 여기서 0점은 최악의, 5점은 최선의 건강상태를 말한다. 이 질문에 대한 답변의 측정값은 항상 나이가 증가할수록 의미 있게 감소하는 경향을 보여준다. 한편 대규모의 캐나다인을 조사한 한 연구자는 좀 더 정밀한 조사를 위해, 똑같은 5점 척도를 사용하되, 자신의 건강상태를 같은 나이의 타인과 비교해서 답변할 것을 요구했다. 이번에 그 답변들은 나이에 따른 경향을 전혀 보이지 않았다. 이것은 다음과 같은 사실을 강하게 암시한다. 즉 응답자들은 자기 자신의 건강상태에 대한 평가 능력이 있으며, 만약 필요하다면 '나이가 조정된'(age-adjusted) 타인의 건강상태와 적절히 비교할 수 있다는 것을 보여준다는 것이다. 두 번째 예는 갤럽 데일리 폴(Gallup Daily Poll)의 사례이다. 이 조사에 따르면 특히 "어제"(yesterday)의 경험을 묻는 정서적 질문에는 강한 '요일 효과'(day-of-week effects)가 나타난다. 하지만 삶의 평가에 있어서는 요일별 패턴이 나타나지 않는다.[38]

'배열효과'(order effects)를 검증해주고 평가해주는 실질적인 문헌들 또한 존재해왔다. 16개의 연구를 메타분석한 한 연구 결과에 따르면, 배열효과의 영향력이 작게 나타난다.[39] 그러나 '분할표본들'(split samples)을 활용한 갤럽-헬스웨이스 U.S. 데일리 폴(Gallup-Healthways U.S. Daily Poll)의 최근 조사[40]에 따르면, 배열 효과의 영향력은 엄청나게 클 수도 있다고 한다. 즉 인생사다리 질문 바로 앞에(당시에 매우 부정적이던) 정부에 대한 태도를 물으면, 응답자들은 정치적 질문들이 없을 때보다 상당히 낮은(거의 5% 적은) 대답이 나오는데, 이러한 배열 효과는 국가의 평균 행복도가 완만하게 변화한다는 사실과 비교해볼 때 상대적으로 매우 큰 것이라 할 수 있다. 이러한 결과들은, 우리가 제공한 바 있는 데이터가 이미 암시하고 있는 세 가지 점을 강조하는데 매우 유용한 토대가 된다. 첫째로,

---

[38] Helliwell & Wang(2011b).
[39] Schimmack & Oishi(2005).
[40] Deaton(2011) and Agrawal & Harter(2011) 참조.

주관적 웰빙의 국가평균에 있어서의 매일의 그리고 매년의 변화 정도는 개인 사이, 공동체 사이, 그리고 국가 사이의 차이에 비해 상대적으로 매우 작을 것이다. 둘째로, 3장에서 더 상세하게 설명될 예정이지만, 비록 소득이 중요한 요인이기는 하지만 그러한 소득의 효과는 다른 요인들의 효과에 비해 상대적으로 작을 것이다. 셋째로, 질문의 배열에 따른 것이든 주식시장의 변화에 따른 것이든, 사람들의 감정이 변화한다면 그것이 평균 점수에 중대한 영향을 미칠 수 있다. 분할표본들을 활용한 갤럽 조사와 갤럽-헬스웨이스 폴의 조사는 이러한 문제를 확인하고 시정하는 작업을 수월하게 만들었으며, 질문의 배열이 '프레이밍 효과'가 있다는 사실을 확신시켰다. 이러한 모든 이유들 때문에, 주관적 웰빙 데이터는 단기간의 거시경제 정책을 위한 안내자로 활용하기에는 적합지 않다. 단기간의 거시정책에는 좀 더 적실성 있는 다른 자료들이 많이 존재한다.

'프레이밍 효과'(framing effects)는 중요하다. 그것은 위에서 살펴본 것처럼 조사 응답에 작동하지만, 또한 이에 못지않게 인간의 행위에도 작동한다. 예컨대, 실험결과에 따르면 학생들은 자신의 점수를 매길 경우 어느 정도(7%보다는 적지만 5%보다는 높게) 제멋대로 하는 경향이 있었지만, 그들에게 기억나는 만큼 십계명을 적으라고 한 다음에 점수를 매기게 하면 기만하는 경향이 사라졌다.[41] 모든 인간의 행위는 그들이 사는 사회의 규범과 맥락에 의해 영향을 받기 마련이다. 그렇다고 이러한 사실이 주관적 응답의 타당도를 감소시키는 것은 아니다. 하지만 이는 실험을 거치면서 조심스럽게 데이터를 축적해야 할 필요가 있다는 것을 말해주며, 또한 표본의 규모가 커지고 조사가 반복될수록 이점(利點)이 늘어난다는 것을 입증해 준다.

---

[41] Mazar et al.(2008), experiment I.

(4) 개인들과 국가들, 그리고 문화들 간의 행복을 어떻게 비교할 것인가?

사회적, 제도적 맥락이 행복의 중요한 요인이기 때문에 공동체와 국가, 그리고 문화 간에 이에 상응하는 차이가 있을 것으로 기대된다. 하지만 응답의 양식에 있어서 문화적 차이가 존재한다면, 그래서 서로 다른 문화에 속하는 사람들이 삶의 질이 같음에도 불구하고 같은 질문에 달리 응답한다면 어찌할 것인가? 만약 질문의 해석에 있어서, 그리고 응답 척도의 활용과 의미에 있어서 차별성이 매우 크다면, 그것들은 어떤 이유로 그리고 어느 지역에서 주관적 만족도가 좀 더 높게 나타나는가 하는 이유를 판단하는데 영향을 미칠 것이다.[42]

보다 일반적으로, 심리학적 연구 결과들을 토대로 널리 주장되어 온 것이 있다. 그것은 바로 WEIRD 주제들, 즉 서양의(Western), 교육받은(Educated), 산업화된(Industrialized), 부유한 민주국가들(Rich Democracies)의 연구 주제들이 보편타당성을 지니지 못한다는 것이다. 즉, 이 주제들을 활용한 실험들을 통해 얻은 결론들은 이들 국가들에 비해 더 많은 인구를 보유한 여타의 국가들 및 여타의 문화들에서 일어나는 일들을 잘 대변하지는 못한다는 주장이다.[43]

이러한 두 이유로 인해서, 다양한 문화와 국가에서 수집된 자료들을 취합해 행복을 비교해야 하는 연구자들에게는 어느 정도의 난관이 존재할 수밖에 없다는 것을 인정해야 한다. 그렇지만 일단 비교 가능한 데이터가 수집되면 기본적으로 살펴봐야 할 것이 하나 있다. 그것은 다양한 문화와 국가들에서 얻어진 답변들이 어느 정도까지 같은 요인에 의해서 영향을 받는지를 살펴보는 일이다. 만약 그것이 들어난다면, 삶의 평가의 인과관계에 작용하는 국가 간의 공통성은 실질적인 의미를 갖게 될 것이다.[44]

---

42 Oishi(2010).
43 Henrich et al.(2010).

(5) 행복의 기준과 열망은 얼마나 변화하는가?

'소유 효과'(endowment effect), 열망의 변화, 적응, 상대성 등은 행복의 데이터를 삶의 질 척도로 활용하는데 있어 장애물은 아니지만, 복잡한 문제를 야기하는 것은 사실이다. 지구에서의 삶은, 최소한 평균적인 수준에서 볼 때, 500여년 동안 더 길어졌고, 덜 잔인해졌으며, 덜 위험해졌다. 이러한 증거들은 살인율의 하락에서부터 기대수명의 상승에 이르기까지 광범위하게 펼쳐있다. 물론 이러한 삶의 개선을 추적할 만큼 장기적인 행복 측정치들이 존재하는 것은 아니다. 하지만, 개인과 공동체 수준의 열망과 행복의 기준이 같은 세기 내에도, 비록 낮은 비율이라 할지라도, 상승해온 것은 사실이며, 이는 결코 놀랄만한 일은 아니다. 적응과 상대성의 경험적 토대는 다음 장에서 논의될 것이다. 우리가 기존의 연구로부터 얻을 수 있는 요약한 견해는 다음과 같다. 첫째로, 적응과 상대성은 인간의 진보에 따라오는 평균적인 행복도의 증진을 축소시킬 수 있다. 둘째로, 어떤 비교효과는 평균 행복도에 도움이 되지만, 다른 비교효과는 해가 된다. 셋째로, 행복은 시간과 공간의 제약을 받지만 그럼에도 불구하고 양자 모두를 가로지르며 유효한 이야기를 말해주고 있다.

(6) 행복의 '고정점' (set-point)은 존재하는가?

인간의 적응능력이 매우 강하기 때문에, 삶의 조건에서의 주요 변화라 하더라도 주관적 웰빙에 지속적인 영향을 미치지는 못할 것이라는 주장이 때로 제기되곤 했다. 이러한 '적응효과'(adaptation effect)에 대해 가장 자주 인용되는 논거는 사고 피해자와 복권 당첨자에 대한 주관적 웰빙 연구이다.[45] 하지만, 그 논문들에서 분석된 소수의 사례에 토대를 둔다 하더라도, 사고 피해자들은 여타 집단에 비해

---

44 Diener et al., eds.(2010)의 〈그림 10.3〉이 이를 보여주고 있다.
45 Brickman et al.(1978).

분명히 덜 행복한 것이 사실이다. 후속 연구들의 일관된 보고에 따르면, 장기간의 불능상태에 빠진 사람들은 낮은 수준의 주관적 웰빙에 처해 있으며, 그 정도는 장애가 얼마나 심각하느냐에 따라 다르다.[46] 그리고 3장에서 보고되는 여타 연구들에 의해 예측할 수 있듯이, 장애가 이후의 행복에 미치는 영향은 장애의 심각성에 의존할 뿐만 아니라 환자들의 사회적 연결망 유지 정도에도 의존한다.[47]

만약 각 개인들이 안정적인 성격적 특성들에 기초한 고정점을 가지고 있다면, 그래서 어떠한 조건의 변화 이후에도 결국에는 고정점으로 되돌아온다면, 주관적 웰빙에 있어서 2장에서 살펴본 바 있는 거대하고 지속적인 국가 간의 차이는 존재할 수 없을 것이다. 예컨대 〈그림 2.3〉의 정상에 있는 10개 국가의 평균적인 삶의 평가 점수는 최하 10개 국가의 두 배에 해당한다. 그리고 이러한 차이는 3장에서 설명되듯이 삶의 조건의 차이에 의해 대부분 설명된다. 또한 고정점이 존재한다면, 3장에서 설명되듯이, 개인의 인생행로에서 체계적인 U자형과 같은 것이 존재할 수도 없을 것이다.

일란성과 이란성 쌍생아 연구 역시 행복이 환경의 차이보다는 유전에 토대를 둔 성격의 차이에 얼마나 의존하는가를 측정하는데 활용되어 왔다. 예컨대 미국의 쌍생아 연구들은 국가 내 행복 변량의 1/3에서 1/2 정도가 개인 간의 유전적 차이에 의해 설명될 수 있다고 추정했다.[48] 그렇더라도 세계적 수준에서 본다면, 삶의 만족도에 미치는 유전적 영향력의 몫은 당연히 훨씬 더 줄어들 것이다. 왜냐하면 삶의 조건에 있어서의 차이 정도는, 같은 국가 내의 사람들보다는 전 지구에 퍼져있는 사람들에게 좀 더 클 것이기 때문이다.

---

[46] Lucas(2007).
[47] Haslam et al.(2008).
[48] 대표적인 예는 Lykken(1999)과 De Neve al.(2011)이다. 이들이 제시한 몫에는 특정의 환경적 요인들의 역할, 즉 유전적 차이와 상관관계를 가질 수 있는 환경적 요인들의 역할도 포함된 것이다. De Neve et al.(2011)도 이를 인정하고 있다.

마지막으로, 대부분의 개인 간의 행복도 차이가 '인성'(personality)에 의존한다면, 그리고 삶의 평가 점수가 일정한 적응기간 이후에 고정수준으로 되돌아간다면, 거대한 인구 내의 다양한 집단 사이의 상대적인 행복도 차이는 지속적인 경향을 보이지 않을 것이다. 그러나 캐나다의 거의 25년에 걸친 일련의 캐나다 총사회조사(CGSS)의 데이터에 따르면, 퀘벡 주에 거주하는 주민들, 특히 프랑스어권의 주민들은, 퀘벡의 '조용한 혁명'(Quiet Revolution) 이후의 수십 년 동안 캐나다의 여타 주민들에 비해 삶의 만족도에서 꾸준한 증가세를 보여왔으며,49 그 축적된 추세의 차이는 매우 클 뿐만 아니라 통계적으로도 의미심장하다. 삶의 만족도 증가가 가계소득 차이의 두 배 이상이나 되는 것으로 나타났던 것이다. 이러한 발견은 다음 사실들을 말해준다. 즉 삶의 만족도는 인성이 주도하는 고정점으로부터의 잠정적인 이탈 이상의 것을 포착하게 해준다. 또한 사회적 변화들은 행복에서의 지속적인 추세를 야기할 수 있으며, 그 추세는 전통적인 경제적 지표들이 설명해 주는 것을 훨씬 넘어설 수도 있다.

(7) 행복은 진지하게 다루어야할 만큼 심각한 주제인가?

대부분의 사회과학에서 논의의 초점은 질병과 범죄의 축소, 그리고 빈곤과 전쟁의 타파에 모아진다. 하지만 이 세계는 아직도 이러한 곤경에서 헤어나지 못하고 있다. 이러한 상태에서 행복을 측정하고 증진하는데 관심을 갖는 것은 과도한 사치가 아니겠는가? 물론 이 세계에는 여러 형태의 악이 범람하고 있다. 하지만 그럼에도 불구하고 행복 문제를 진지하게 다루어야 할 이유가 존재한다. 여러 증거를 통해 좀 더 강화되고 있는 다음과 같은 신념 때문이다. 즉 행복 연구는 더 나은 세계를 구축하는데 더 광범위한 해결방식을 제공해줄 수 있다는 것이다. 행복 연구는 빈곤, 질병, 전쟁 등의 문제에 대해 더욱 효율적인 해결책을 제시해 준다.

---

49 Barrington-Leigh(2011).

행복연구는 때때로 가벼운 농담거리로 간주된다. 행복은 진지한 연구대상으로 삼기에는 너무 가벼운 주제라는 것이다. 긍정적인 정신상태를 유지하는 것이 무병장수에 이르는 새로운 길이며, 이 새로운 길이 전통적인 의학적 치료를 능가하는 효과를 발휘한다는 확실한 증거가 구축되기까지 실로 오랜 시간이 걸렸다. 하지만 이제 그러한 증거가 구축되었다.[50]

보다 깊은 철학적 뿌리를 가진 또 하나의 문제가 있다. 그것은 쾌락추구를 위해 소비되는 '쾌락주의적 삶'(hedonistic life)과 탁월성의 성취를 지향하는 '에우다이모니아적 삶'(eudaimonistic life)의 대조에 관한 것이다.[51] 이러한 구분은 '쾌락주의적 웰빙'과 '에우다이모니아적 웰빙'의 차별성에 주목하는 현대 심리학에서 포착된 것인데, 여기서 쾌락주의적 접근은 긍정적 정서에 초점을 두는 것이며, 에우다이모니아적 접근은 '번영'(flourishing)과 삶의 의미 및 목적을 강조하는 것이다.[52] 그러면 이렇게 구별했다고 해서 행복을 너무 사소한 것으로 치부하는 회의적인 행복관으로 나아가야만 하는가? 행복이 현재의 쾌락을 부당하게 강조하는가? 그럼으로써 행복이 삶의 좀 더 근원적이고도 기본적인 측면들을 무시하는가? 이러한 의문들에 어떻게 대답해야 하는가? 이러한 의문들에 적절히 대답하기 위해서는, 정서적 보고와 삶의 평가 사이에 우리가 나누었던 구별을 새롭게 상기할 필요가 있다. '삶의 만족'에 대한 질문이 주어질 경우, 그리고 행복을 묻는 질문이 '삶의 평가'로 해석될 경우, 우리는 쾌락과 목표 양자 모두를 고려하게 되는데, 이는 행복이나 삶의 만족이 그러해야 한다고 아리스토텔레스가 제안한 내용과 일치하는 것이다. 하지만 '정서적 보고'는 이와 다소 다르며, 행복에 대한 질문이 정서적 의미로 이해될 때도 그러하다. 이러한 차별성은 2011년 영국통계청(ONS)의 웰빙

---

[50] 이러한 결과에 대한 대표적인 조사는 Steptoe et al.(2005)와 Diener & Chan(2011).
[51] 행복연구의 철학적 토대에 대해서는 Bok(2010), Kenny & Kenny(2006), Nussbaum & Sen, eds.(1999) 그리고 Graham(2011, 2장) 참조.
[52] 대표적인 예는 Ryan & Deci(2001).

조사 첫 번째 데이터에서도 확인할 수 있다. 이 조사에서는 4개의 질문이 주어졌다. 첫째는 '삶의 만족'에 대한 것이다. 둘째는 응답자의 '삶의 목표 의식'(sense of life purpose)에 대한 것인데, 이는 에우다이모니아적 질문에 해당한다. 나머지 두 개는 '어제의 정서' 상태에 관한 것인데, 이 중 하나는 행복에 대한 것이고, 다른 하나는 불안에 대한 것이다. 그 결과는 다음과 같다. 즉 에우다이모니아적 질문은 두 개의 정서적 측정치와 상관관계를 갖기는 하지만, 정서적 질문보다는 삶의 만족감(즉 삶의 평가)과 훨씬 더 밀접한 상관관계를 지닌다는 것이다.[53] 정서적 보고는 삶의 평가에 비해 현재의 쾌락에 훨씬 더 의존하는 경향이 있기 때문이다. 하지만 삶에 대한 평가가 내려질 때, 삶의 만족에 기초한 것이든 캔트릴 사다리에 기초한 것이든, 그것은 '훌륭한 삶'(good life)을 이루는 근원적인 특징들에 훨씬 더 큰 비중을 두고 있는 것이다.

6. 행복의 측정은 '웰빙'(well-being)을 이해하려는 좀 더 큰 노력의 일환이다

사람들이 얼마나 행복한지 알아내려는 본원적인 관심이 항상 존재해 왔다. 하지만, 행복의 측정방식들은 '무엇이 좀 더 나은 삶을 만드는지'(what makes for better lives)에 관한 충분한 정보와 결합되지 않는다면 그다지 도움이 되지는 않을 것이다. 행복은 더 넓은 의미의 '웰빙' 개념과 연관 지어 이해되어야 한다는 말이다. 그래서 행복을 측정하고 증진하려는 국가적, 국제적 노력들은 웰빙의 지표로 사용되어 온 여러 변수들에 대한 조사 내용이 포함된 좀 더 광의의 프레임워크 내에 자리 잡아왔다.[54] 부탄의 사례연구는, 행복의 측정치들이 더 광범위한 GNH

---

[53] 삶의 목적의식과 삶의 만족 간의 상관은 r=0.67(n=4200)인데, 이는 삶의 목적과 어제의 행복 간의 상관 r=0.54, 삶의 목적과 어제의 불안 간의 상관 r=0.16과 비교된다.
[54] 대표적인 조사의 사례에 대해서는 Moller et al., eds.(2008) 참조.

(Gross National Happiness) 프레임워크의 일부분으로써 어떻게 작용하는지를 잘 보여준다. 부탄의 GNH 프레임워크는 개인과 공동체의 삶의 질 증진에 기여하는 것으로 밝혀진 다양한 변수들을 모두 포괄하고 있다. 이와 마찬가지로 OECD 국가들의 웰빙에 대한 최근의 연구 역시 주관적 웰빙 이외의 많은 변수를 포함하고 있다.[55] 그리고 영국의 경우도, 비록 주관적 웰빙에 가장 큰 관심을 기울이고 있지만, 웰빙의 이해 및 증진과 관련된 더 광범위한 일련의 정보를 축적해야할 필요성을 인정하고 있다.

그러면 웰빙의 측정과 관련된 더 광범위한 프레임워크 내에서 행복과 주관적 웰빙 지표들의 특이점은 무엇인가? 행복과 주관적 웰빙 지표들의 두드러진 특징은, 이것들이 개성과 개인적 선호를 반영하는 자신만의 삶의 질 상태에 대해 스스로 보고할 수 있는 기회를 제공해준다는 것이다. 이것들은 웰빙의 여러 지표들 중에서 가장 민주적인 것임에 틀림이 없다. 이것들은 특정의 전문가나 정부가 훌륭한 삶이라고 정의하는 것을 단순히 반영하는 것이 아니며, 그 대신에 직접적인 개인의 평가를 대변하는 것이기 때문이다. 이러한 관점에서 볼 때, 행복의 주관성은 약점이라기보다는 강점이라고 할 수 있다. 즉 당신의 행복에 대한 가장 중요한 지표는, 바로 "당신"(YOU)이 얼마나 행복한지 스스로 느끼고 생각하는지에 달려있다. 다른 사람들이 당신이 미소를 짓는지 확인하는 것, 너의 가족이 네가 행복하다고 생각하는 것 따위는 중요치 않다. 그리고 당신이 훌륭한 삶에 필요하다고 간주되는 여러 물질적 이점들을 지니고 있는지의 여부 또한 중요한 것이 아니다. 여기서는 오직 당신만이 주인이다.

공동체 및 국가의 관점에서 볼 때, 주관적 웰빙 점수는 공동체와 국가의 삶의 질에 대한 직접적이고도 민주적인 측정치로 볼 수 있다. 웰빙에 대한 여타의 측정

---

[55] OECD(2011a).

치들은, 왜 어떤 삶이 더 행복한 삶인지, 그리고 왜 어떤 공동체가 더 행복한 공동체인지를 설명하는데 필요한 간접적 증거만을 제공해 줄 뿐이다.

　강력한 정보적 기반을 마련하기 위해서는 주관적 웰빙 측정치들이 광범위하고도 빈번하게 축적되어야 한다. 공동체적 삶의 어떤 특징들이 행복의 가장 중요한 요인인지를 좀 더 잘 이해하기 위해서는 세밀한 지리적 조사가 요구된다. 그리고 유용성을 제고하기 위해서는, 행복에 대한 측정이 인간 삶에 대한 다양한 조사들 내에서 이루어져야 한다. 그러한 조사들이 사람들의 삶에 대한 사회적, 경제적 맥락들을 묘사해줄 적절한 영역을 자동적으로 제공해 줄 것이기 때문이다. 인간 삶에 대한 다양한 조사들은 역으로 무엇이 행복한 공동체를 만드는지에 대해 더 정밀한 측정을 가능케 해줄 것이다.

　지속적이고도 빈번한 조사와 광범위한 데이터 축적은 행복도 변화의 원천들을 정확히 찾아내고 이해하는데 큰 도움을 줄 것이다. 평균적인 행복도는 일반적으로 느리게 이동한다. 그리고 시간에 따른 행복도의 변화 정도는 도시 및 국가들 사이의 행복도 차이에 비해 적게 마련이다. 이러한 사실은 빈번한 측정의 가치를 증대시켜 주는데, 특히 지리적으로 세밀한 측정이 필요하다는 것을 말해준다. 측정의 빈도가 늘어난다면 그것은 그만큼 행복도 변화의 추세를 파악하고 이해하는 것을 용이하게 해줄 것이다.

7. 일상적인 행복 경험 측정하기

　다양한 일상시간의 척도 상에서 행복을 측정하고 추적함으로써 우리는 무엇을 배울 수 있을까? 일기장 기반의 '일과 재구성법'(daily-reconstruction method)[56]과 무선호출기에 근거한 '경험 표출법'(experience sampling methods)은 대표적인 두 가지의 '생활시간 조사'(time use survey)이다.[57] 이 두 가지 방식은 각자 나름의 적합한 쓰임새를 가지고 있다. 경험표출 방식과 일기 방식, 이 두 방식은 서로 차별성을 지니고 있지만, 양자는 일상적 삶의 맥락 속에서 행복과 그 상관요인들을 추적하는데 상호 보완적인 방식으로 활용될 수 있다.[58]

2장에서 우리는 '삶의 평가'(사다리 측정법이든, 삶의 만족 측정법이든, 아니면 전반적 행복도 측정법이든)와 '정서적 보고'를 구별했다. 그리고 정서적 보고를 다시 긍정적 정서와 부정적 정서로 구분했다. 삶의 평가와 긍정적/부정적 정서는, 앞으로 더욱 자세하게 살펴보겠지만, 삶의 조건들이 행복에 미치는 상대적 중요성이라는 측면에서 볼 때 위의 열거 순서, 즉 1) 삶의 평가, 2) 긍정적 정서, 3) 부정적 정서의 순서를 따른다. 그러나 일상적 삶의 기본 구조를 분석함에 있어서는 그 우선성이 역전된다. 즉 가장 가치 있는 정보는 일상적으로 경험하는 행위와 사건들 중에서 순간적이면서도 기억에 남는 정서와 반응에 의해 제공되는 법이다.[59]

---

56 Kruger et al.(2009).
57 Csikszentmihalyi & Larson(1987).
58 Kahneman(2011), Stone et al.(2002).
59 Krueger, ed.(2009).

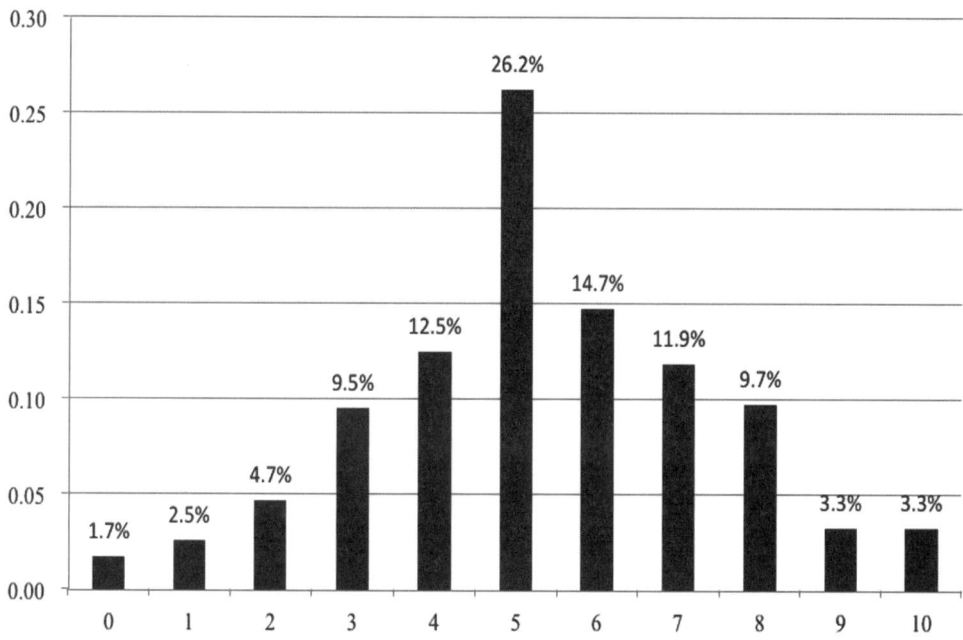

〈그림 2.1〉 캔트릴 사다리의 세계적 분포(갤럽월드폴 2005-11, 15세 이상 48억 2천만 명)

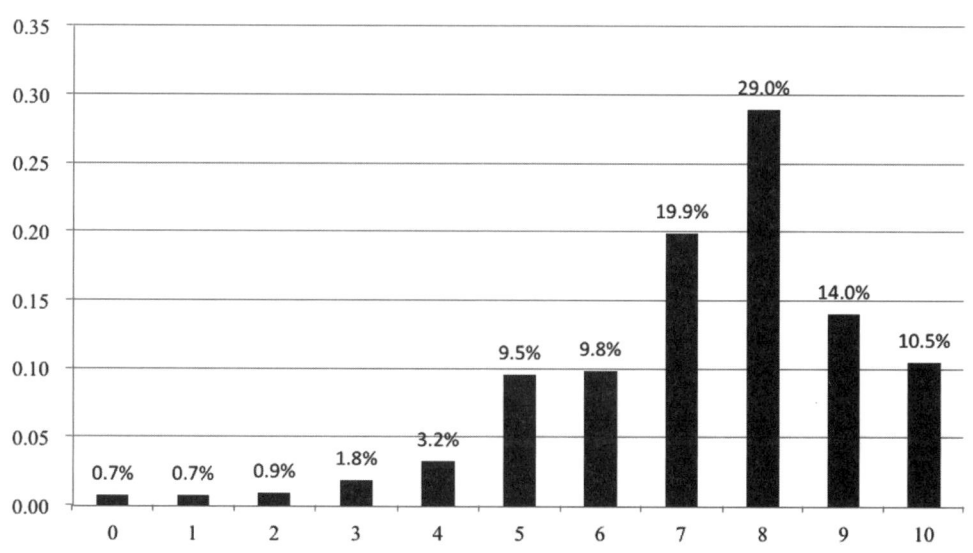

〈그림 2.2.1〉 캔트릴 사다리의 분포: 북미와 호주-뉴질랜드 지역
            (갤럽월드폴 2005-11, 15세 이상 2억 9천 1백만 명)

〈그림 2.2.2〉 캔트릴 사다리의 분포: 유럽 지역(갤럽월드폴 2005-11, 15세 이상 4억 5천만 명)

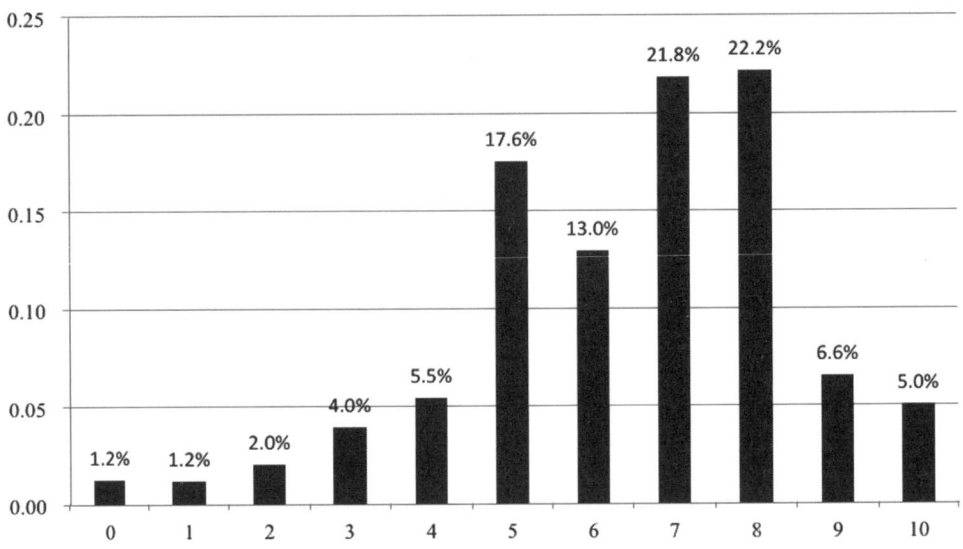

〈그림 2.2.3〉 캔트릴 사다리의 분포: 남미와 카리브해 지역
(갤럽월드폴 2005-11, 15세 이상 4억 9백만 명)

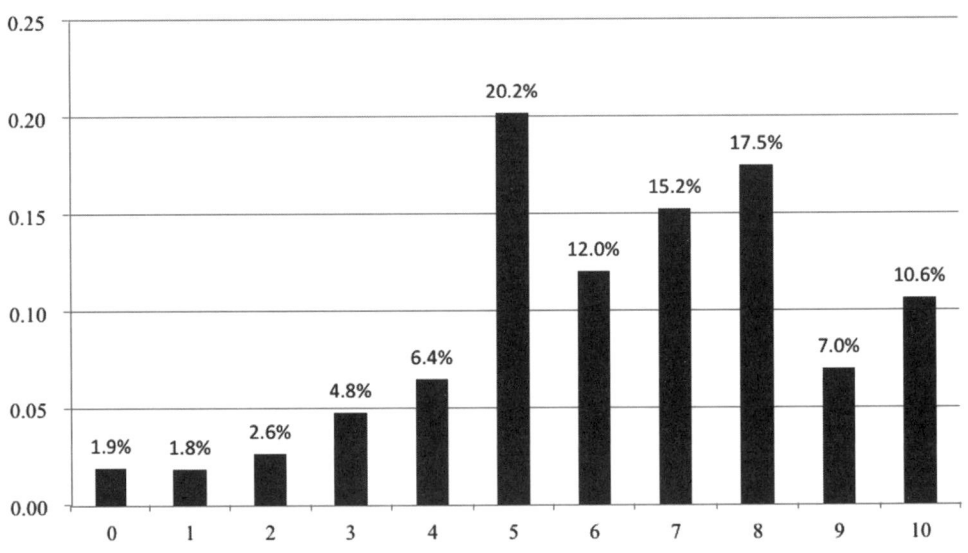

〈그림 2.2.4〉 캔트릴 사다리 분포: 동남아시아 지역(갤럽월드폴 2005-11, 4억 1천 6백만 명)

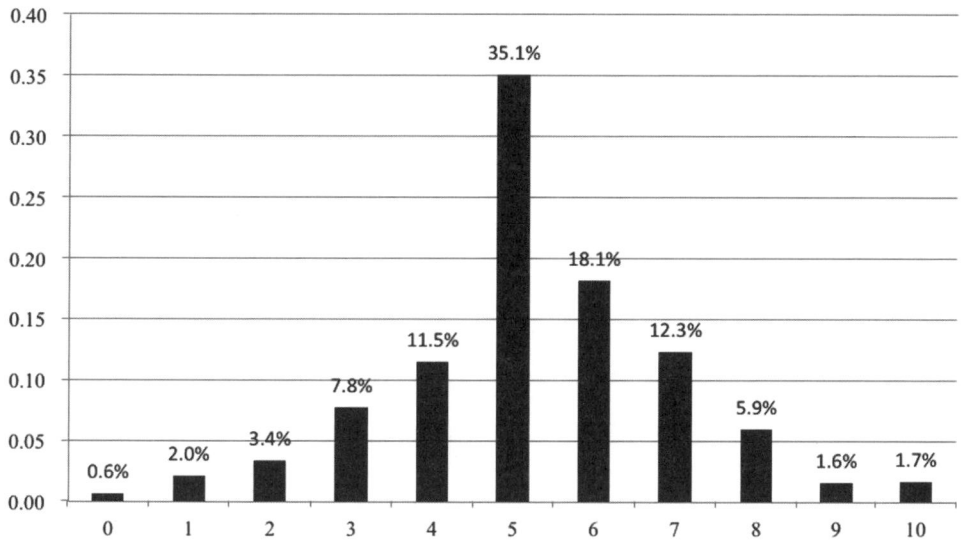

〈그림 2.2.5〉 캔트릴 사다리 분포: 중동과 아프리카 지역(갤럽월드폴 2005-11, 3억 2백만 명)

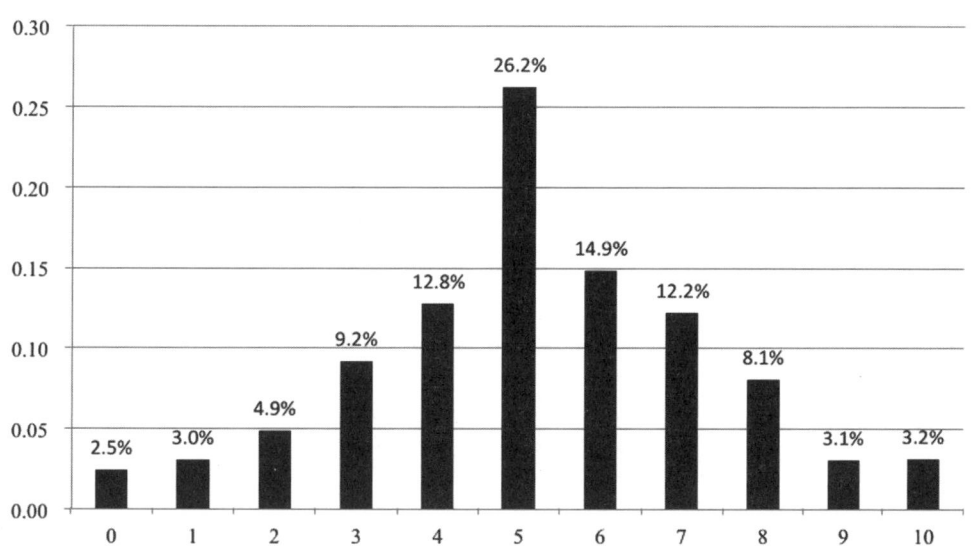

〈그림 2.2.6〉 캔트릴 사다리 분포: 동아시아 지역(갤럽월드폴 2005-11, 12억 3천 4백만 명)

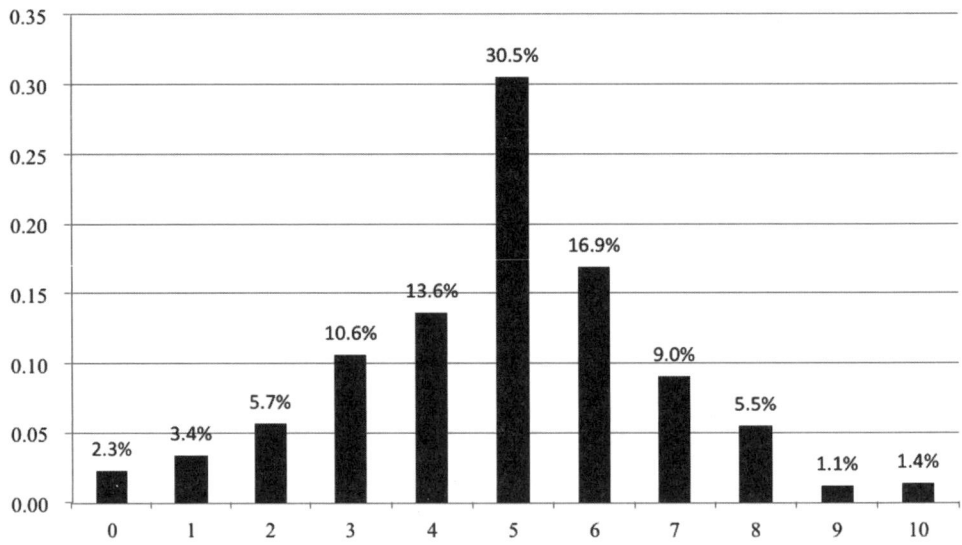

〈그림 2.2.7〉 캔트릴 사다리 분포: 독립국가연합 지역(갤럽월드폴 2005-11, 2억 2천 7백만 명)

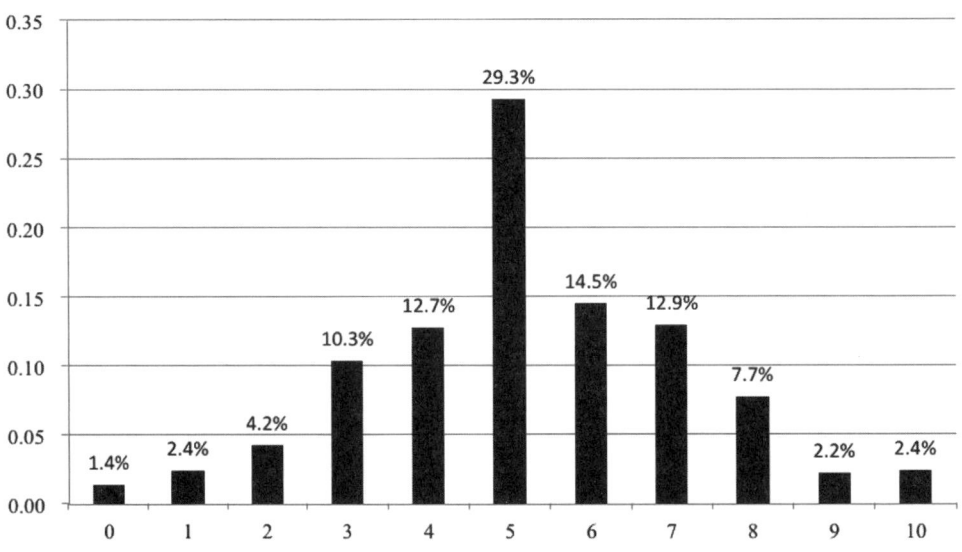

〈그림 2.2.8〉 캔트릴 사다리 분포: 남아시아 지역(갤럽월드폴 2005-11, 10억 3천 8백만 명)

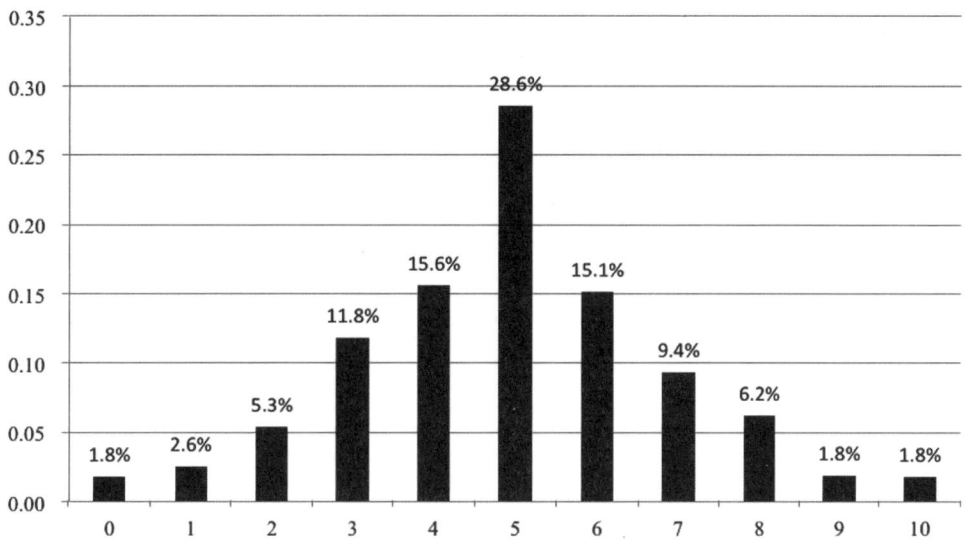

〈그림 2.2.9〉 캔트릴 사다리 분포: 사하라 이남 아프리카 지역(갤럽월드폴 2005-11, 4억 5천 3백만 명)

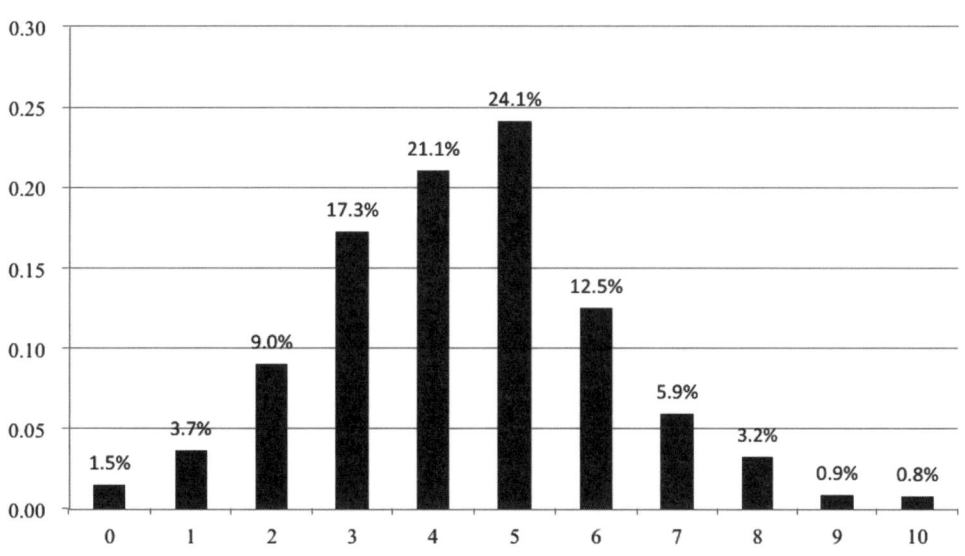

〈그림 2.3.1〉 국가별 캔트릴 사다리 평균 점수(갤럽월드폴 2005-11)

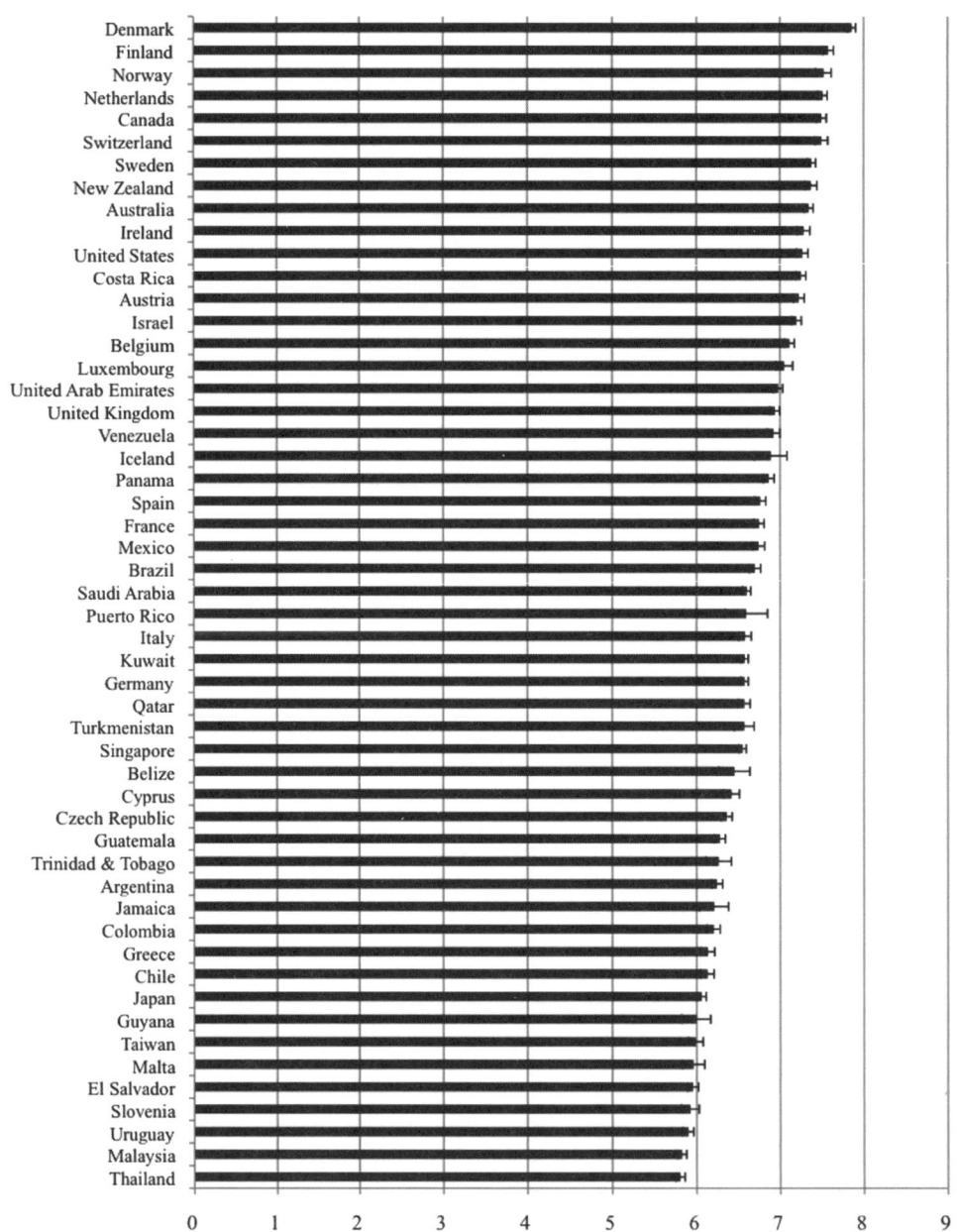

〈그림 2.3.2〉 국가별 캔트릴 사다리 평균 점수(갤럽월드폴 2005-11)

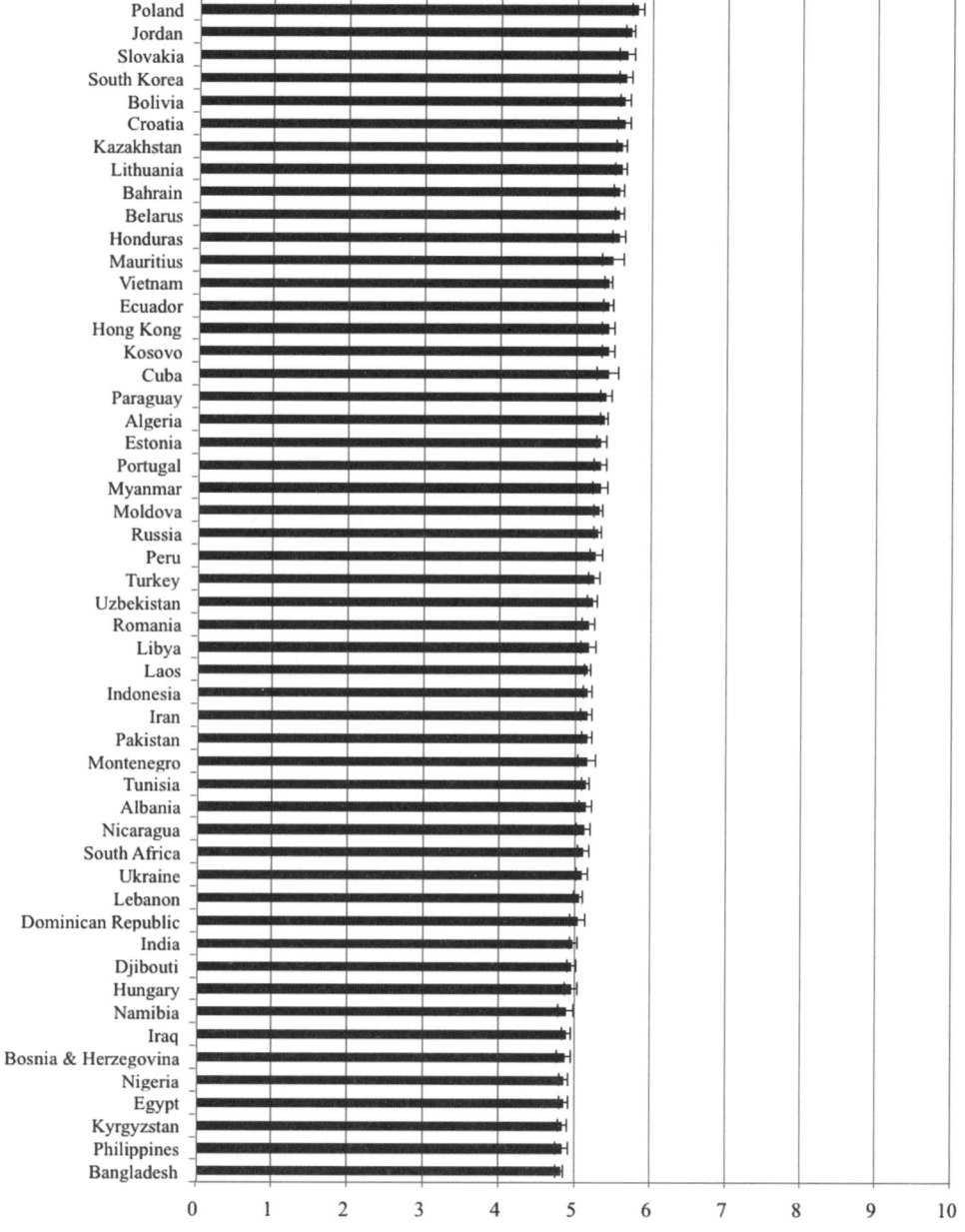

〈그림 2.3.3〉 국가별 캔트릴 사다리 평균 점수(갤럽월드폴 2005-11)

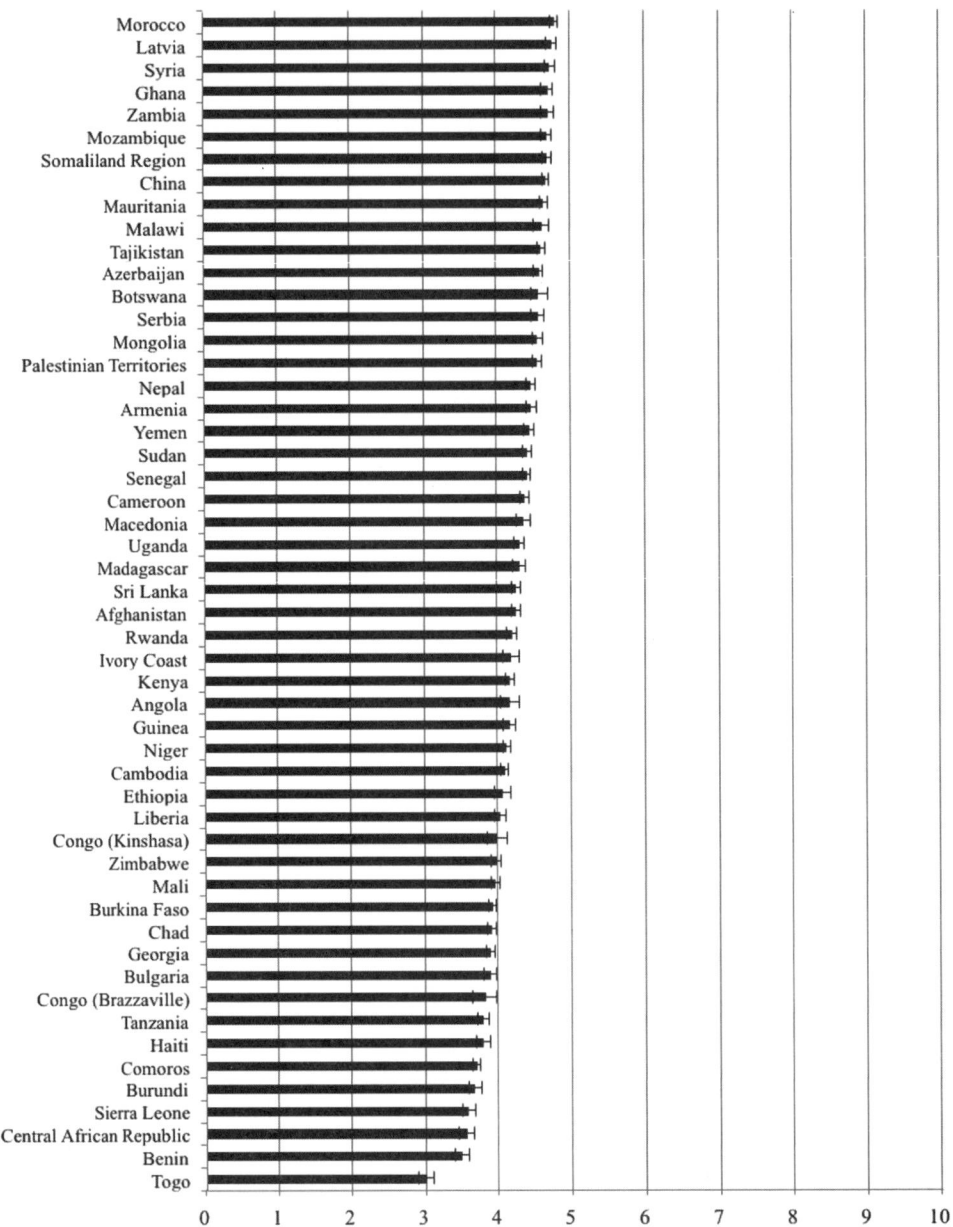

<그림 2.4.1> 국가별 캔트릴 사다리 표준편차(갤럽월드폴 2005-11)

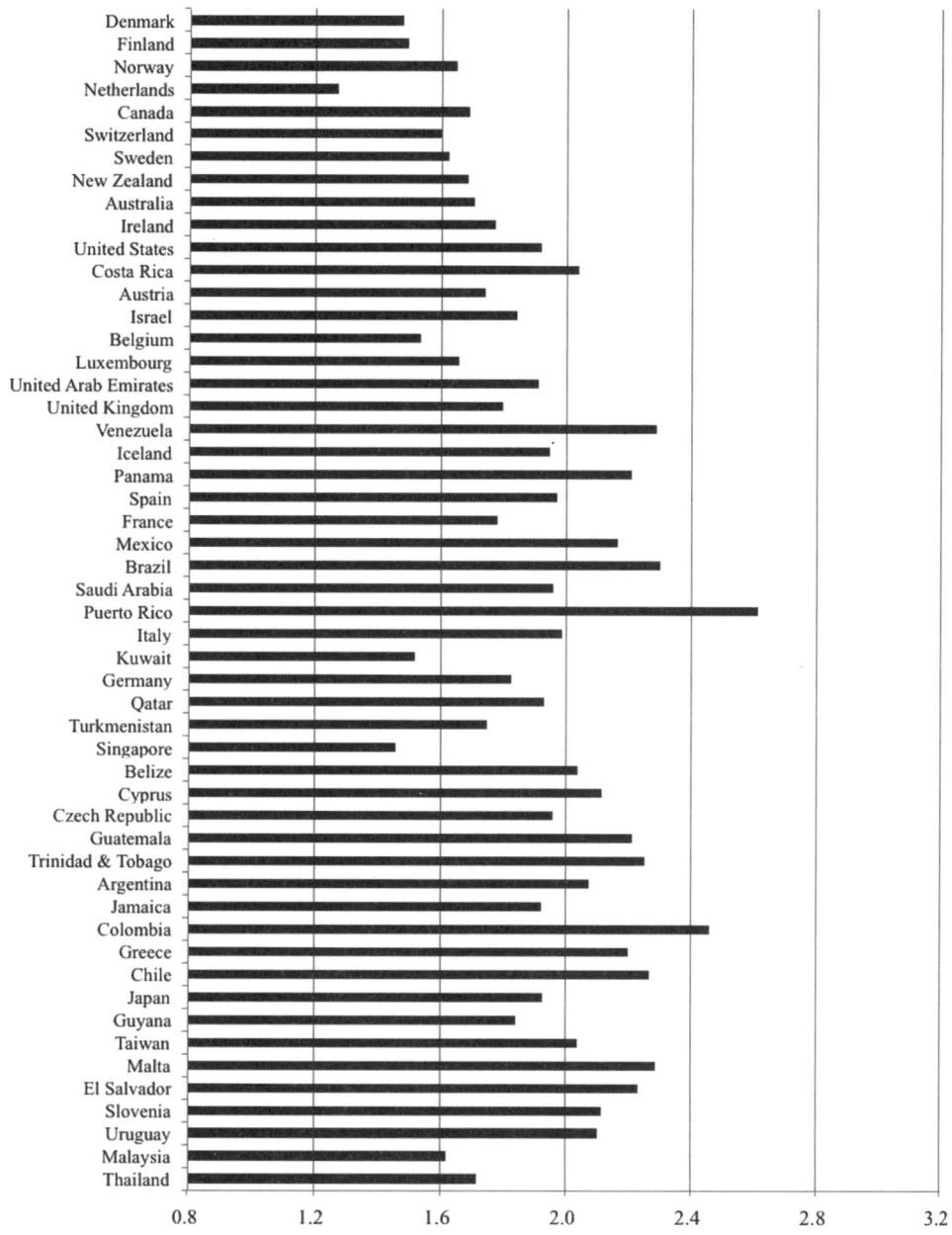

⟨그림 2.4.2⟩ 국가별 캔트릴 사다리 표준편차(갤럽월드폴 2005-11)

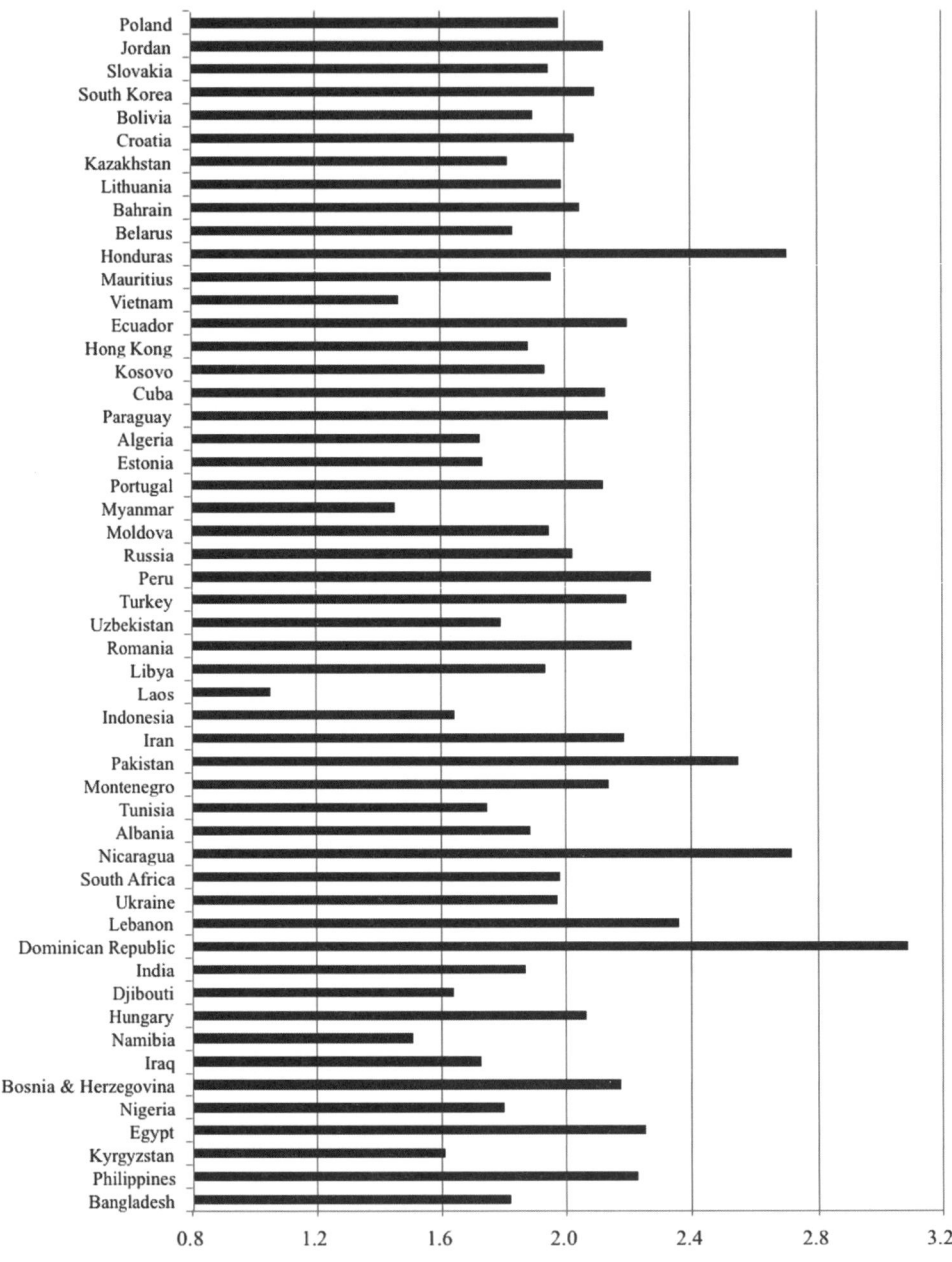

〈그림 2.4.3〉 국가별 캔트릴 사다리 표준편차(갤럽월드폴 2005-11)

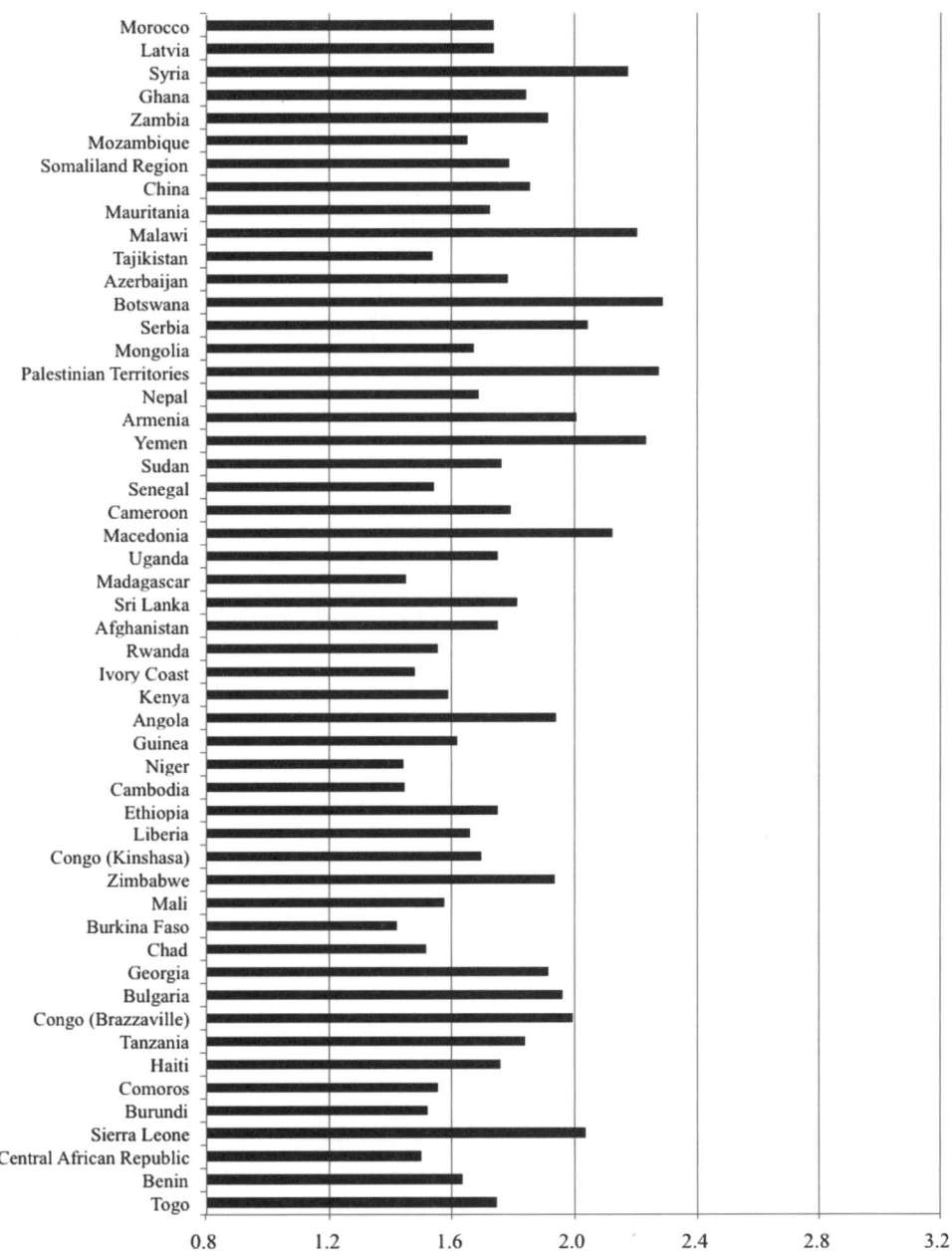

〈그림 2.5.1〉 국가별 삶의 만족도 평균 점수(갤럽월드폴 2007-11)

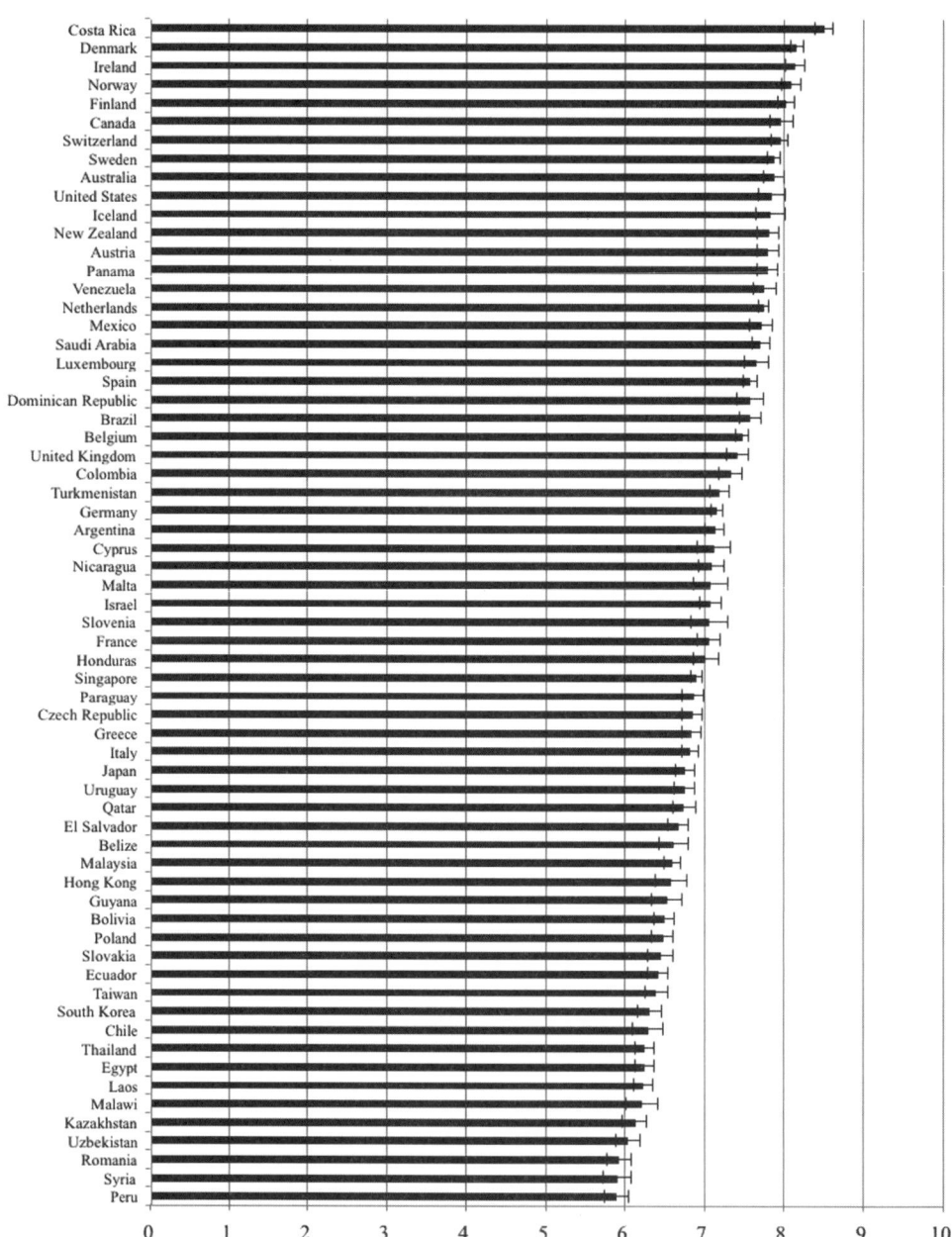

〈그림 2.5.2〉 국가별 삶의 만족도 평균 점수(갤럽월드폴 2007-11)

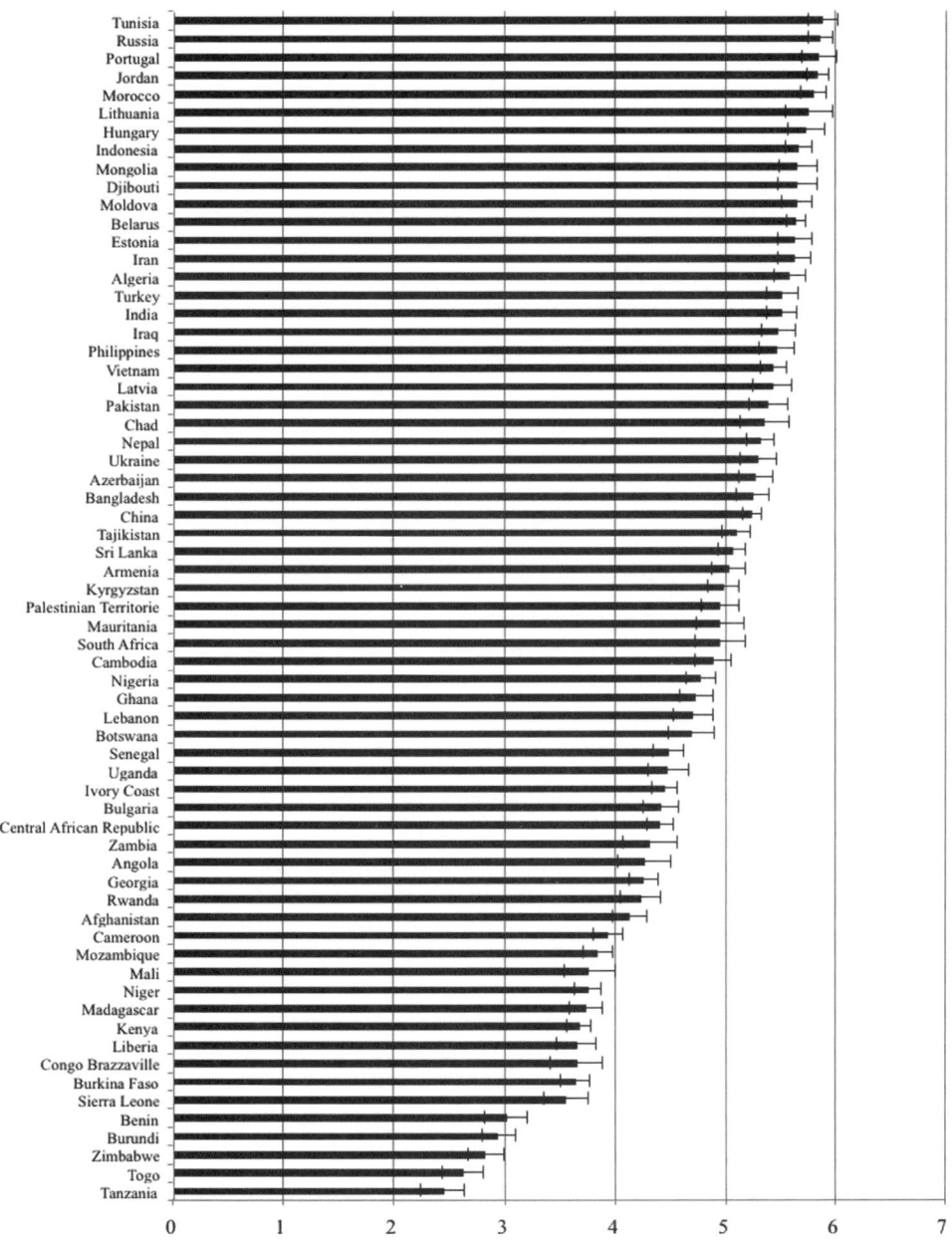

제2장 세계 행복 현황 95

〈그림 2.6.1〉 국가별 삶의 만족도 평균 점수(세계가치조사 4-5차, 유럽가치조사 3-4차)

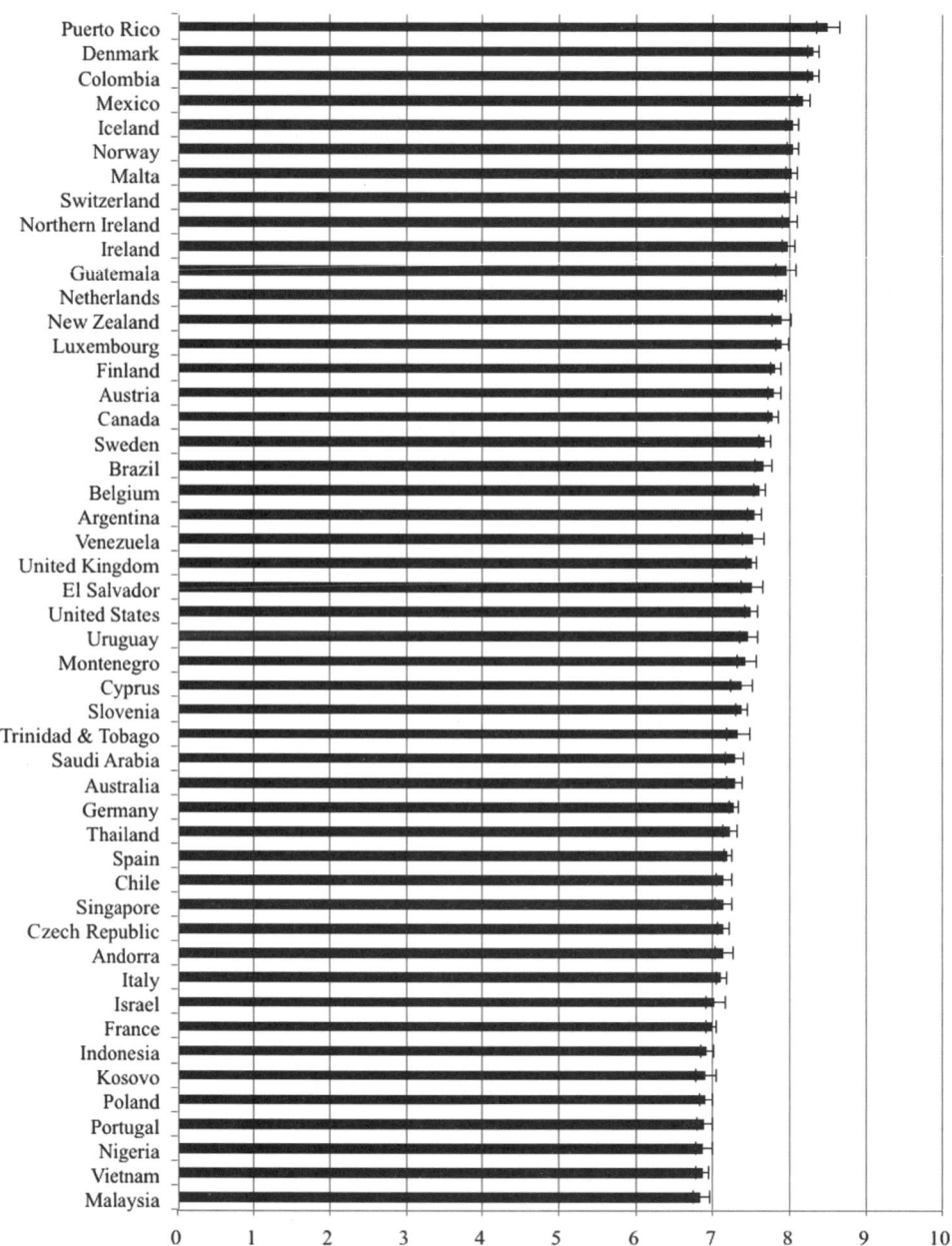

〈그림 2.6.2〉 국가별 삶의 만족도 평균 점수(세계가치조사 4-5차, 유럽가치조사 3-4차)

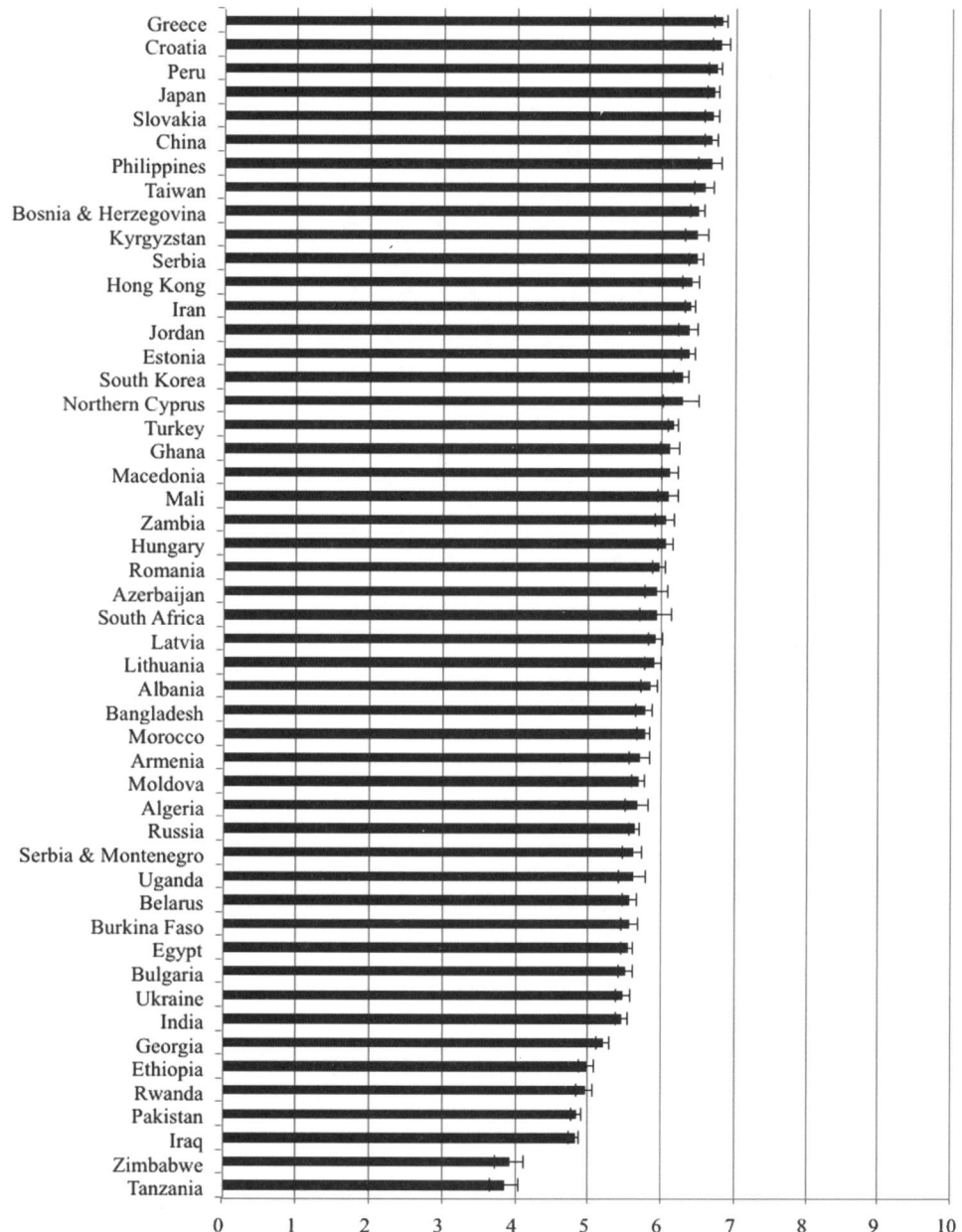

제2장 세계 행복 현황 97

〈그림 2.7〉 삶의 만족도, 국가별 평균(유럽사회조사 4차)

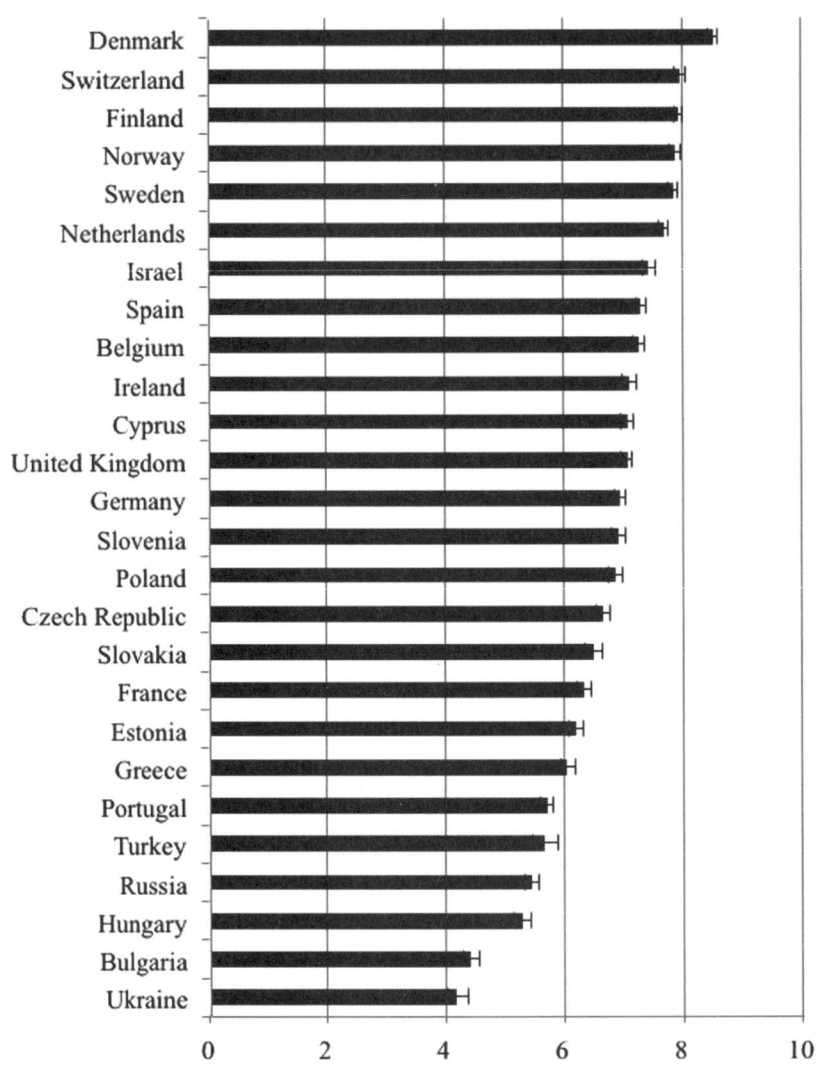

〈그림 2.8〉 (삶 전반에 대한) 행복도(유럽사회조사 4차)

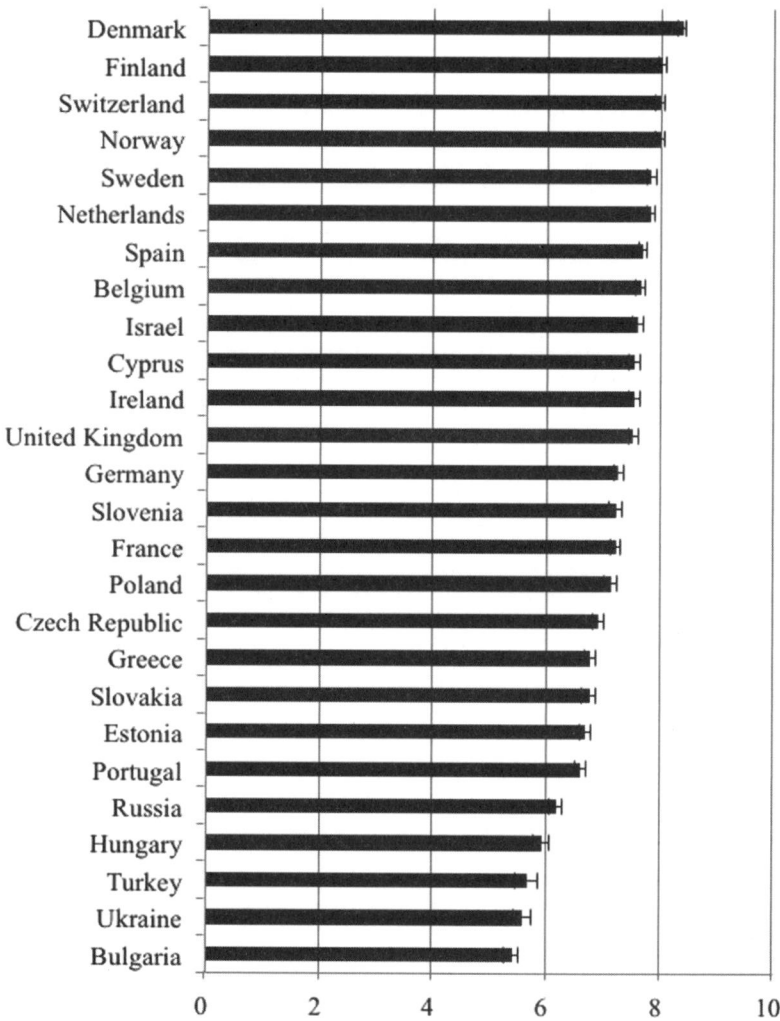

〈그림 2.9.1〉 국가별 행복지수(세계가치조사 4-5차, 유럽가치조사 3-4차)

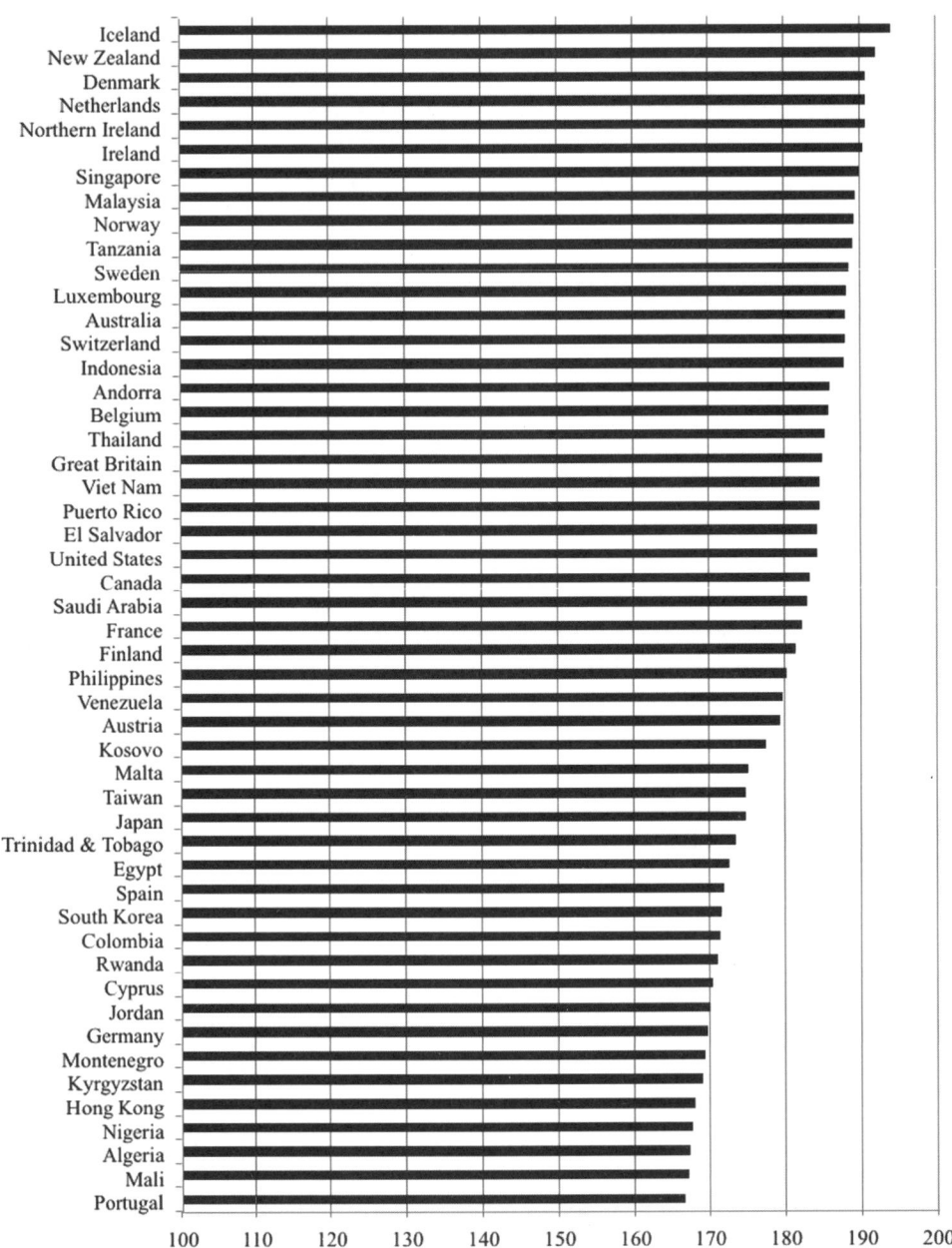

〈그림 2.9.2〉 국가별 행복지수(세계가치조사 4-5차, 유럽가치조사 3-4차)

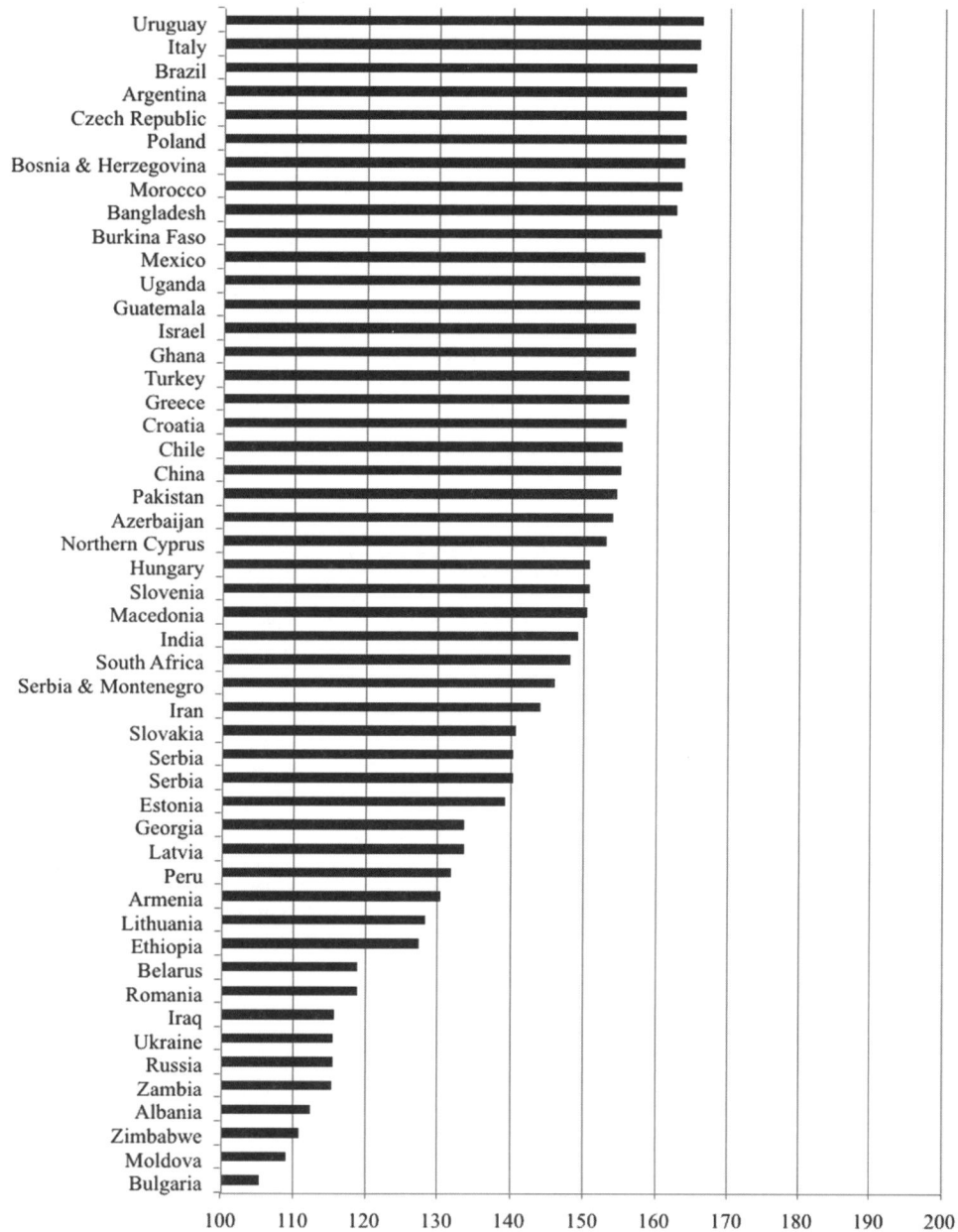

제2장 세계 행복 현황

〈그림 2.10.1〉 국가별 (어제) 행복도 평균(갤럽월드폴 2008-11)

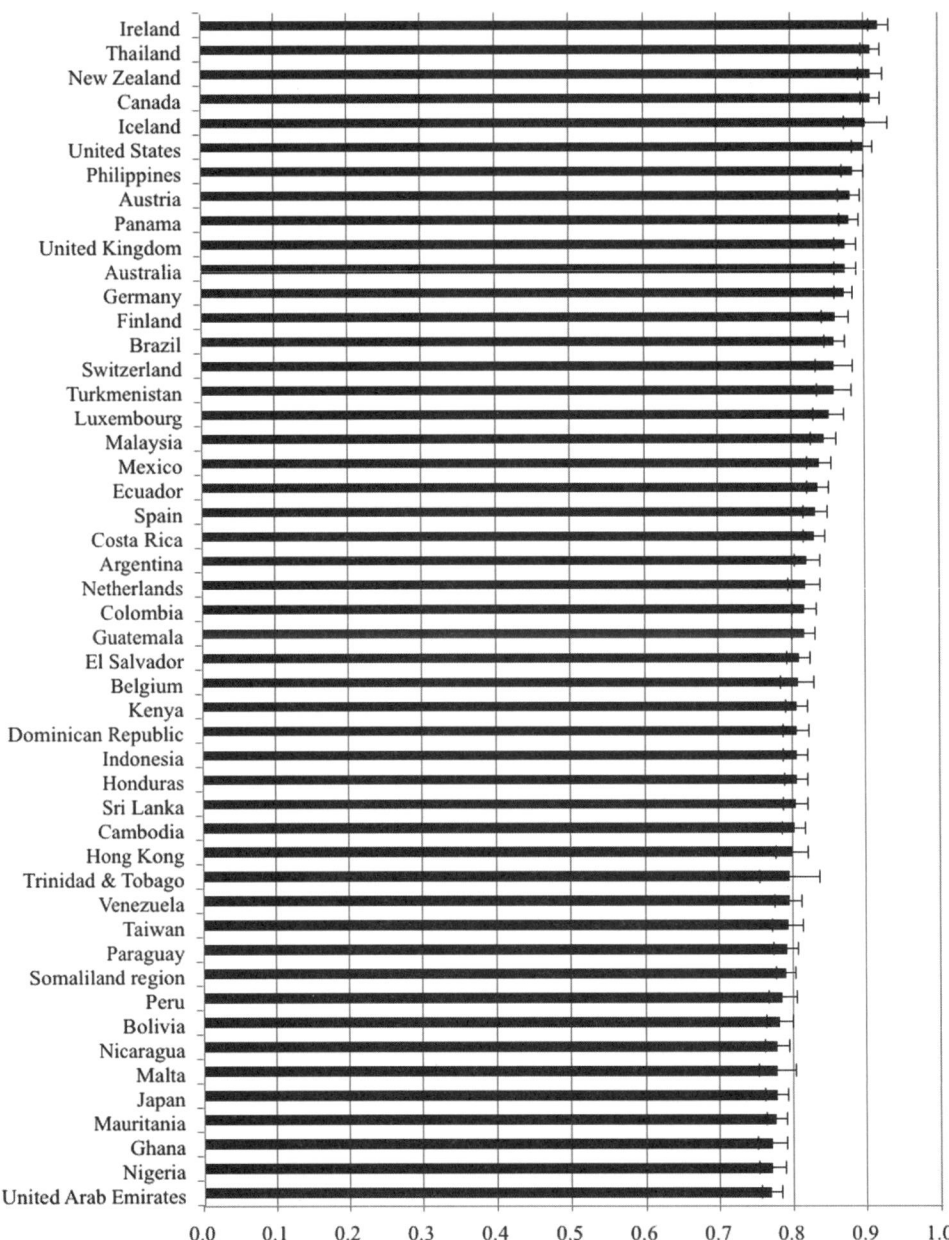

〈그림 2.10.2〉 국가별 (어제) 행복도 평균(갤럽월드폴 2008-11)

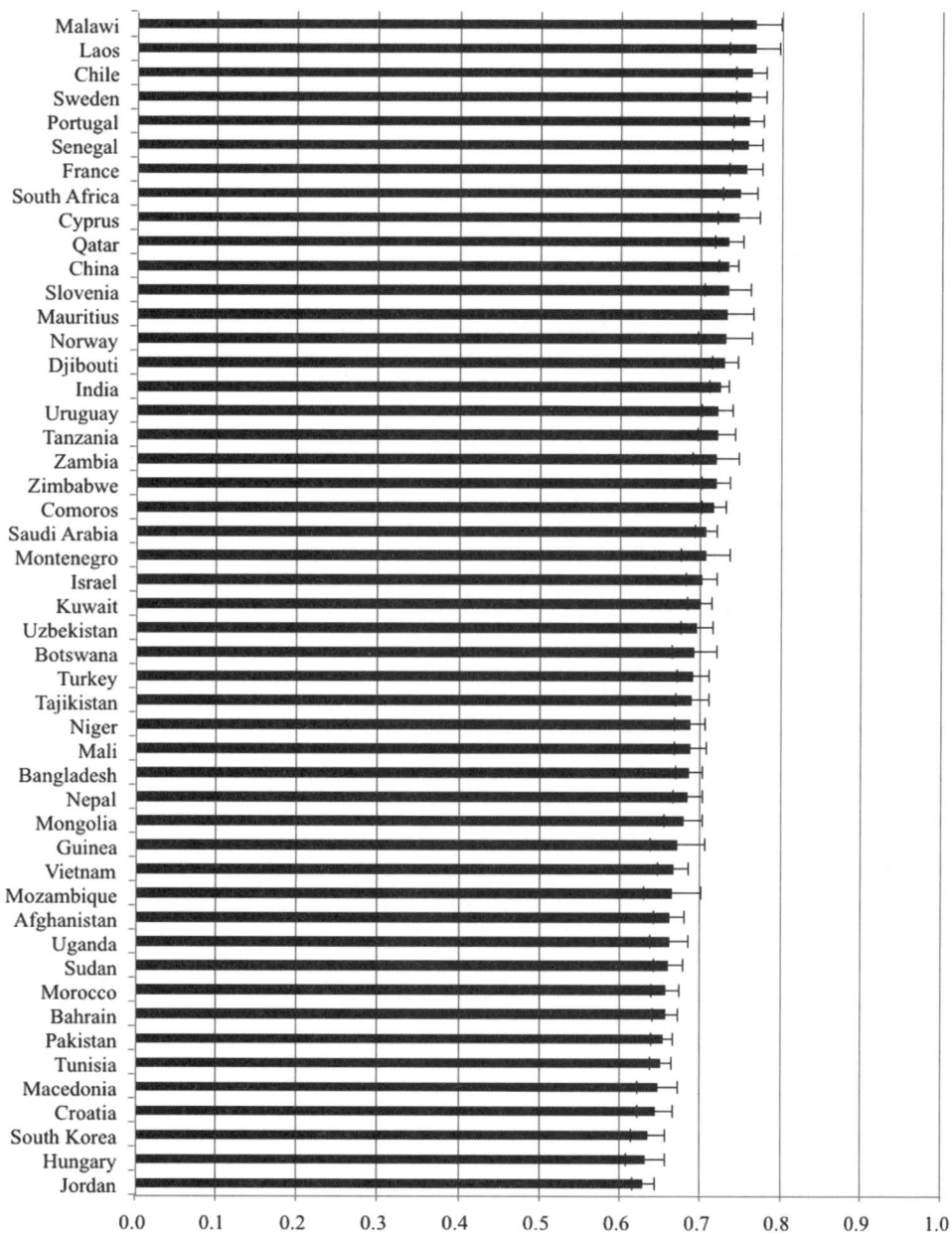

제2장 세계 행복 현황

〈그림 2.10.3〉 국가별 (어제) 행복도 평균(갤럽월드폴 2008-11)

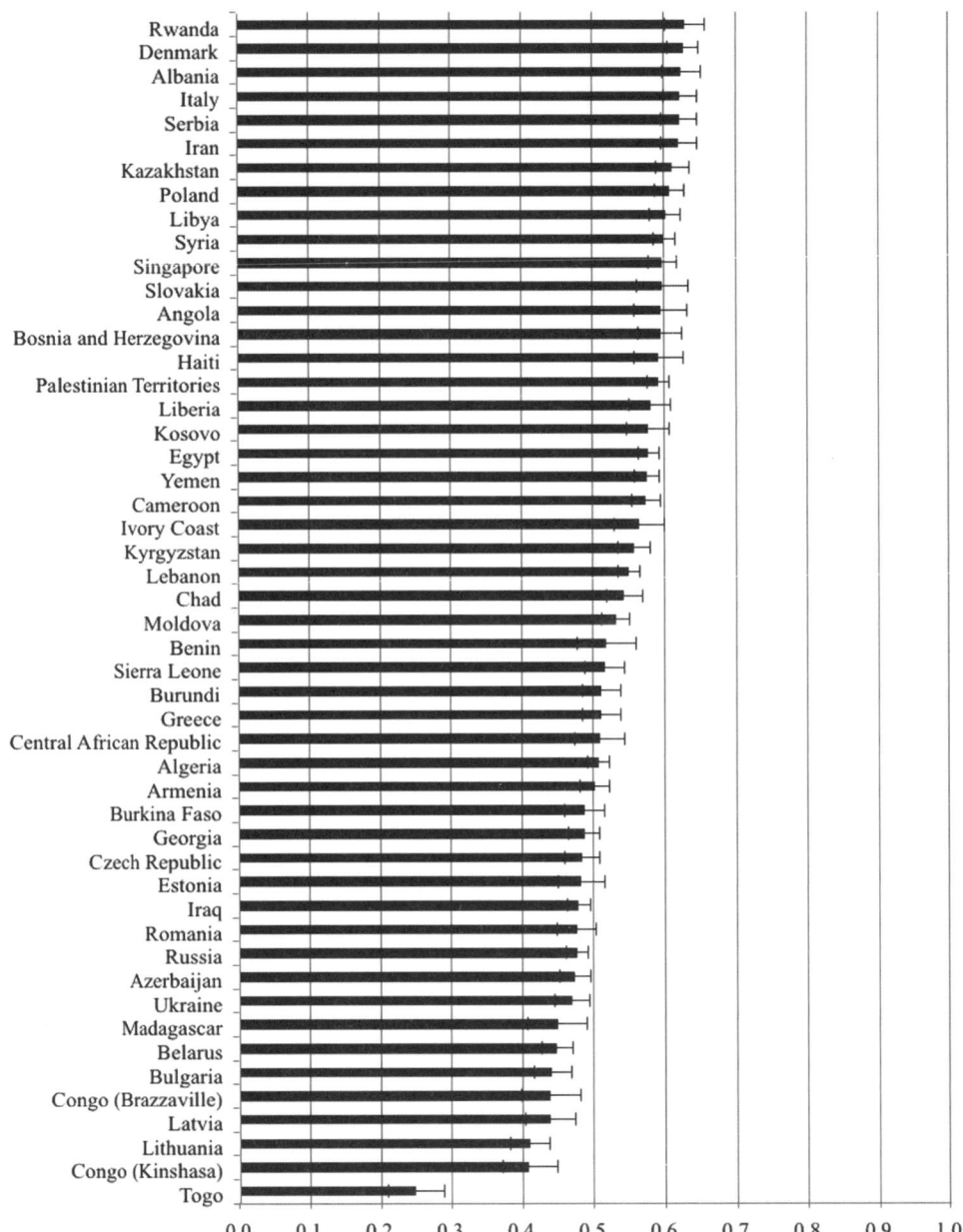

〈그림 2.11.1〉 국가별 평균 긍정적 정서 수준(갤럽월드폴 2005-11)

〈그림 2.11.2〉 국가별 평균 긍정적 정서 수준(갤럽월드폴 2005-11)

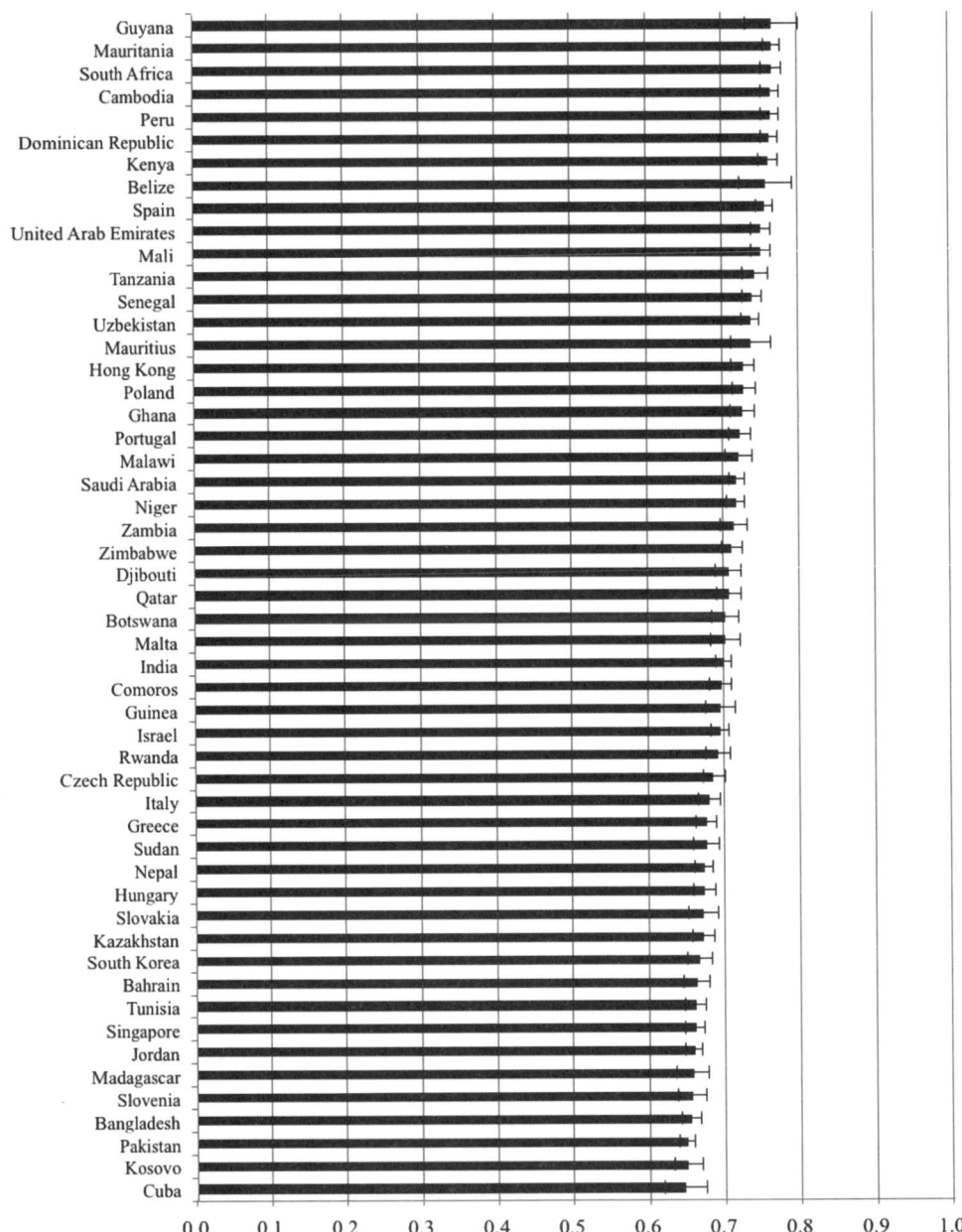

〈그림 2.11.3〉 국가별 평균 긍정적 정서 수준(갤럽월드폴 2005-11)

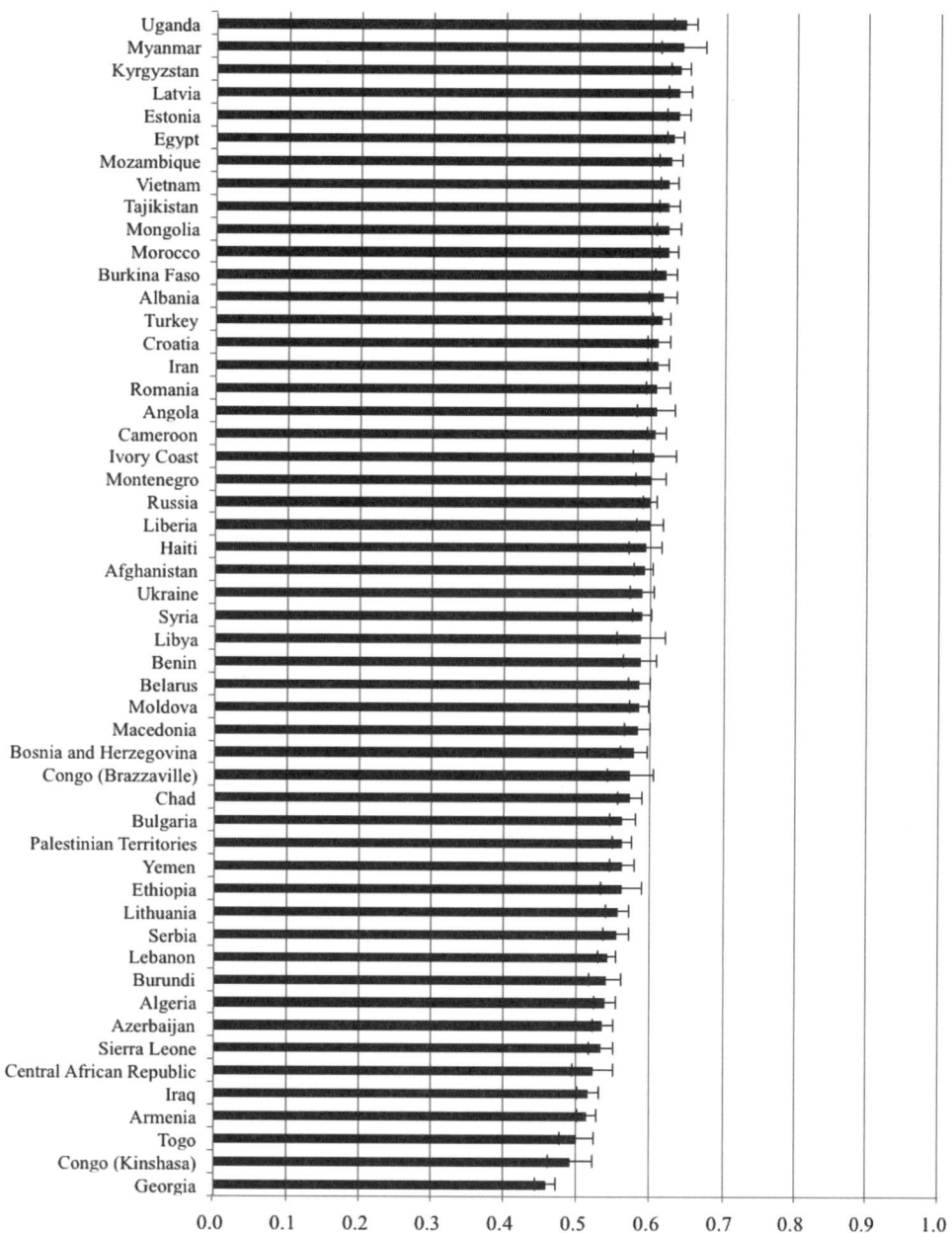

제2장 세계 행복 현황

〈그림 2.12.1〉 국가별 평균 부정적 정서 수준(갤럽월드폴 2005-11)

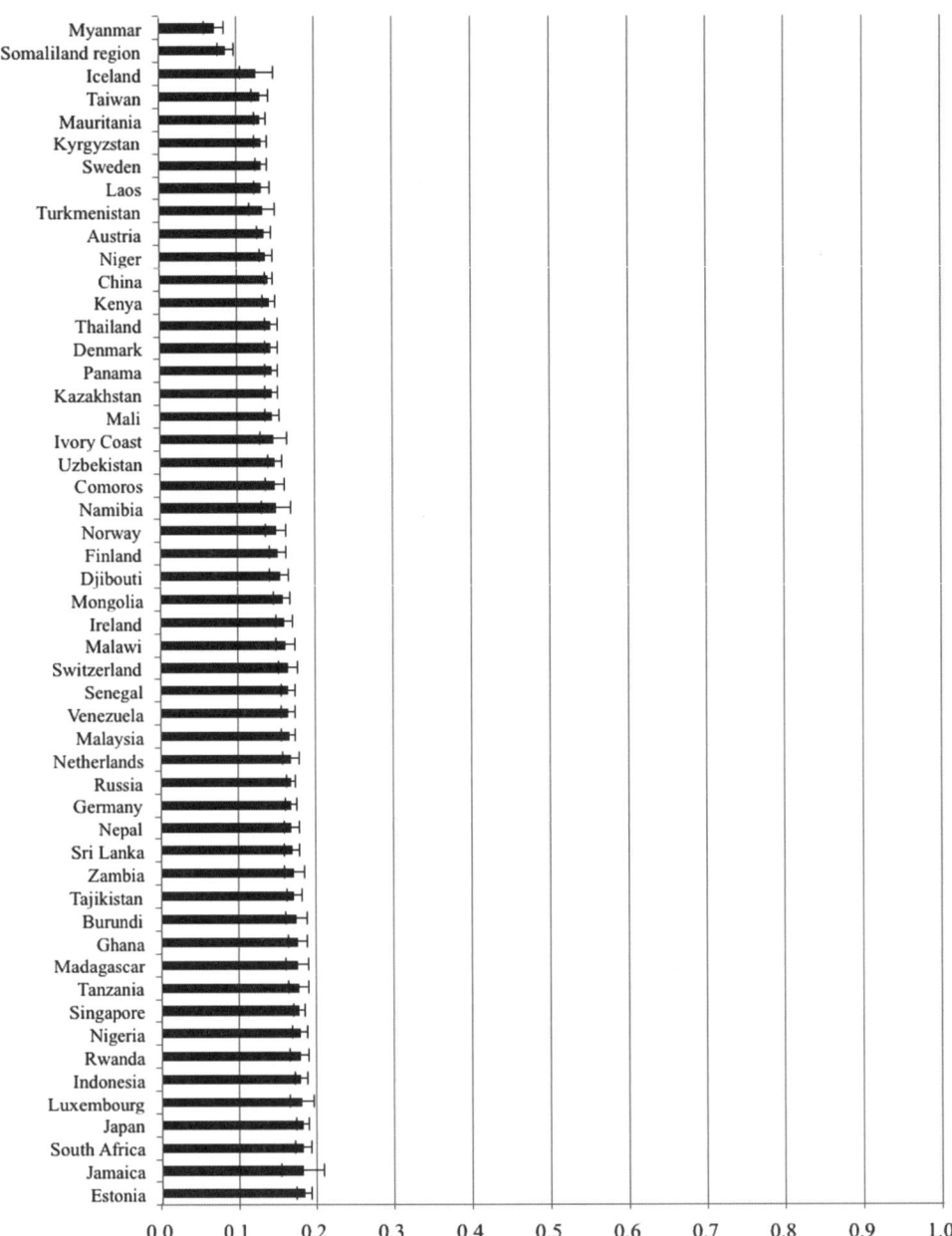

〈그림 2.12.2〉 국가별 평균 부정적 정서 수준(갤럽월드폴 2005-11)

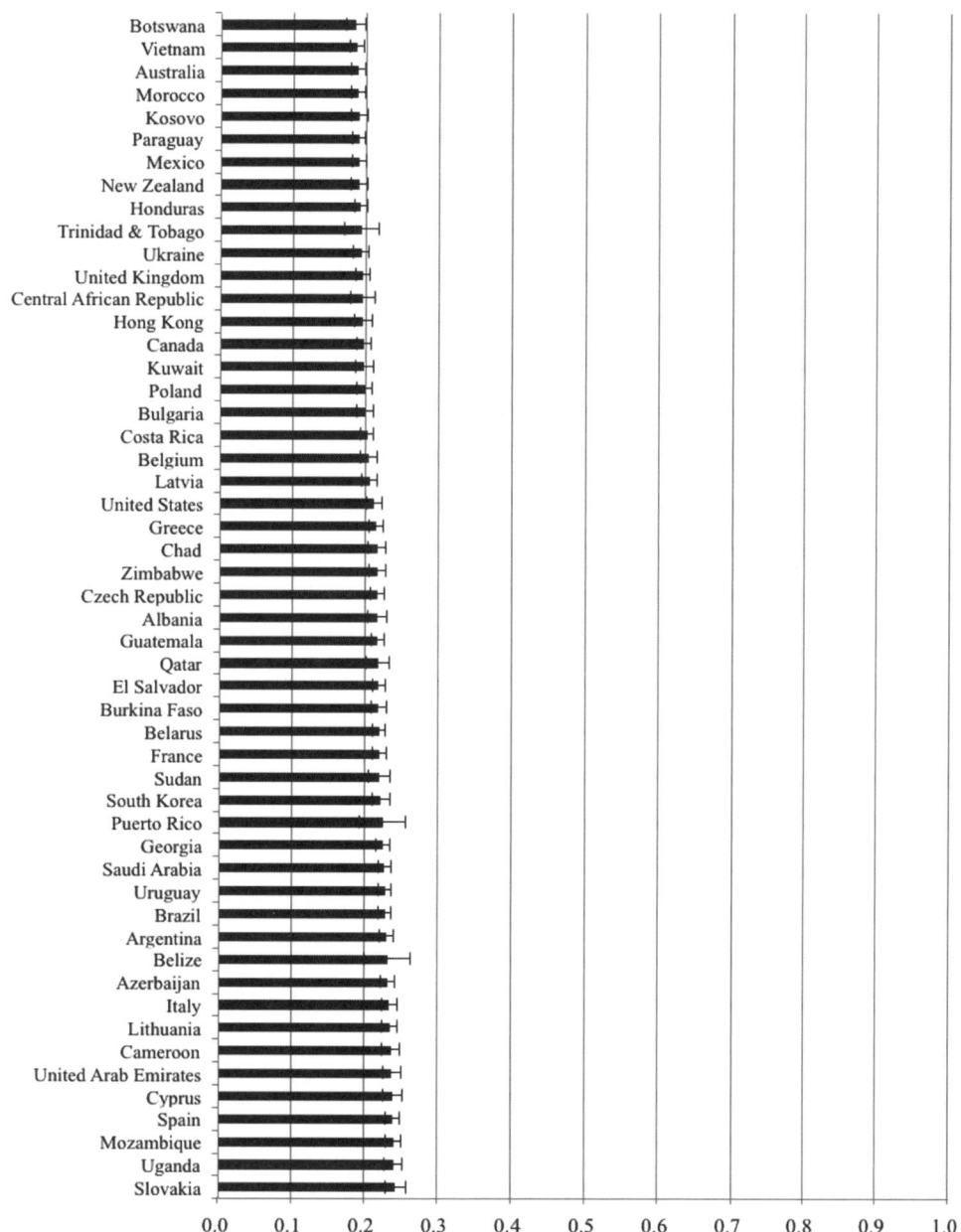

⟨그림 2.12.3⟩ 국가별 평균 부정적 정서 수준(갤럽월드폴 2005-11)

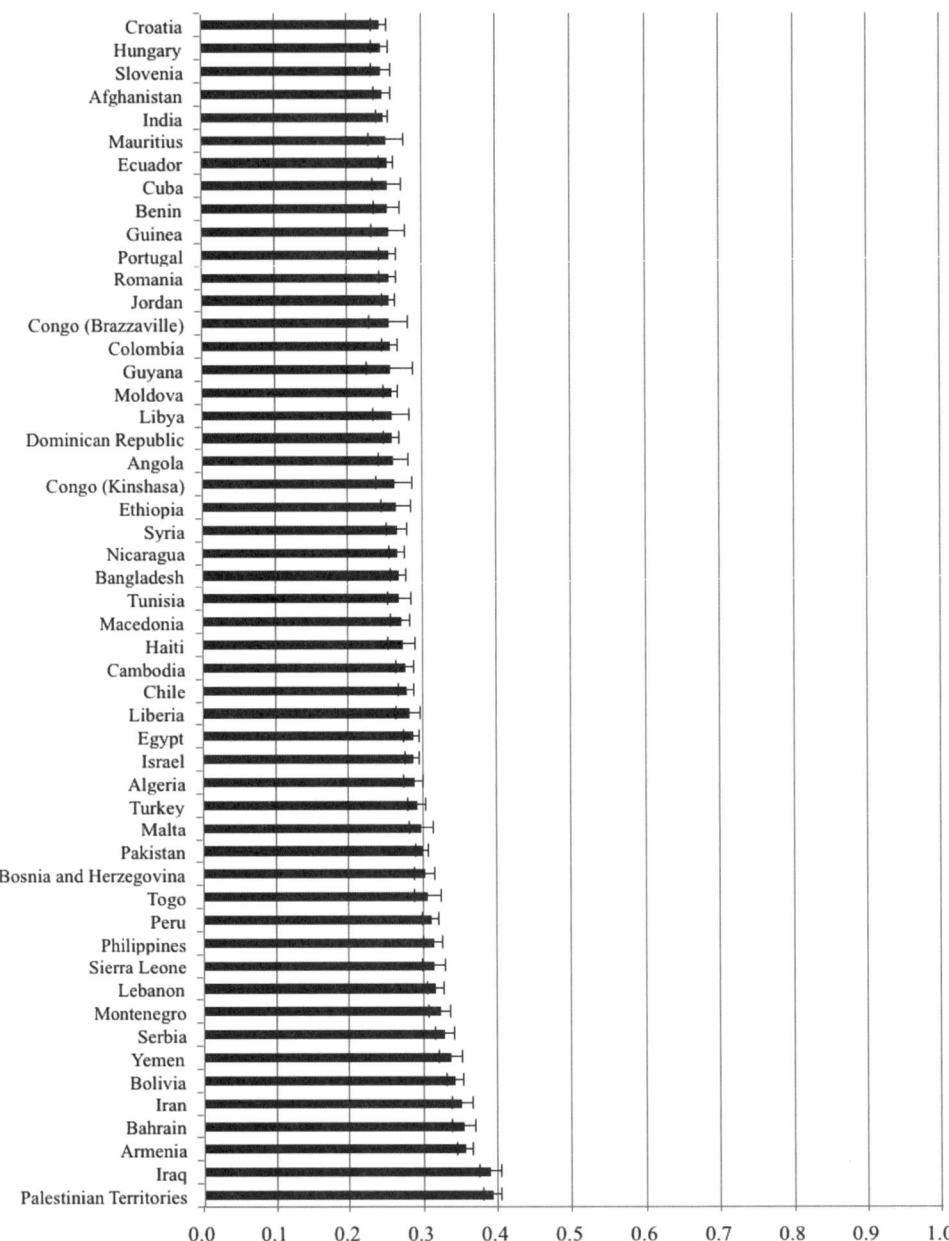

〈그림 2.13.1〉 국가별 평균 순 정서 수준(갤럽월드폴 2005-11)

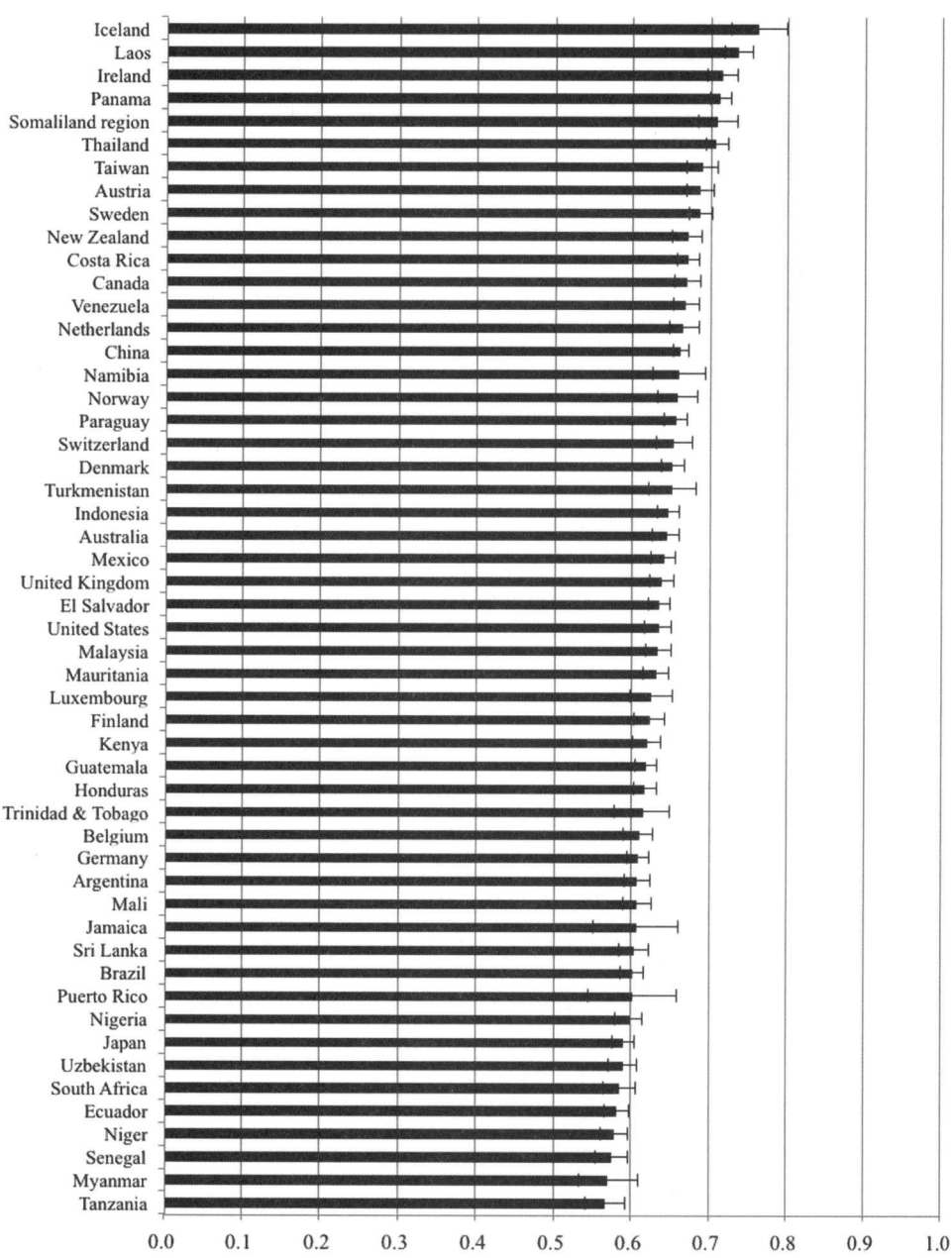

제2장 세계 행복 현황

〈그림 2.13.2〉 국가별 평균 순 정서 수준(갤럽월드폴 2005-11)

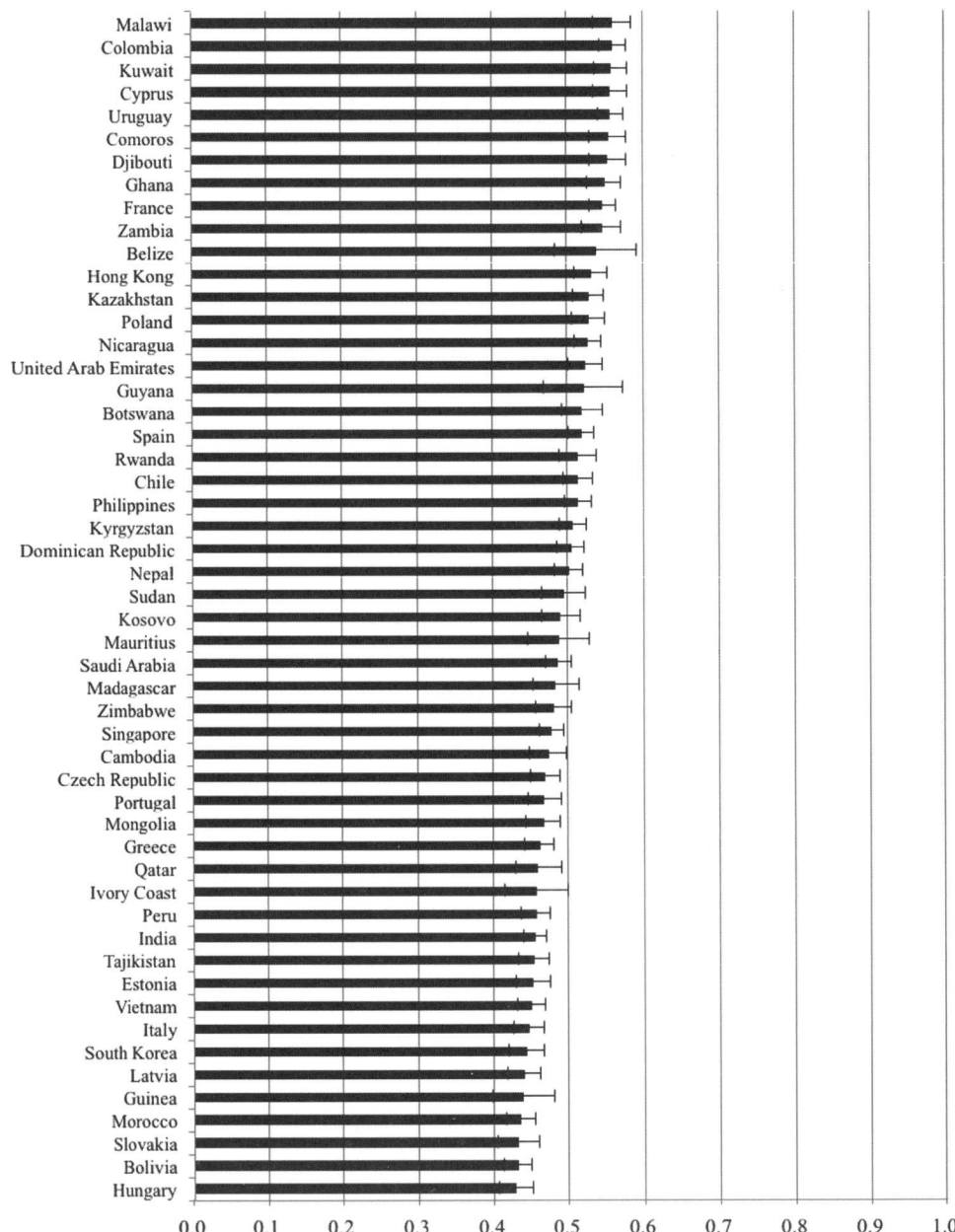

〈그림 2.13.3〉 국가별 평균 순 정서 수준(갤럽월드폴 2005-11)

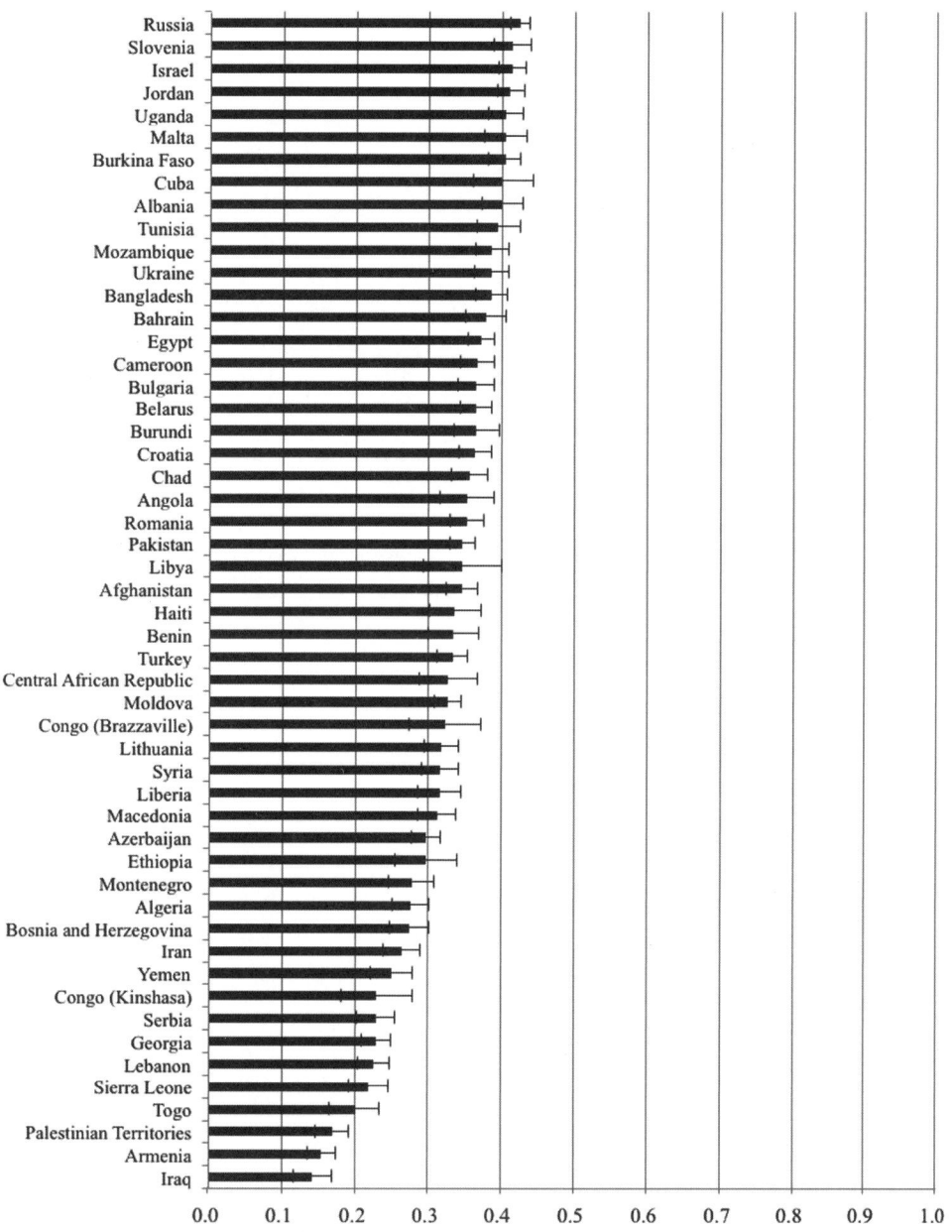

〈그림 2.14.1〉 삶의 만족도 분포(유럽)

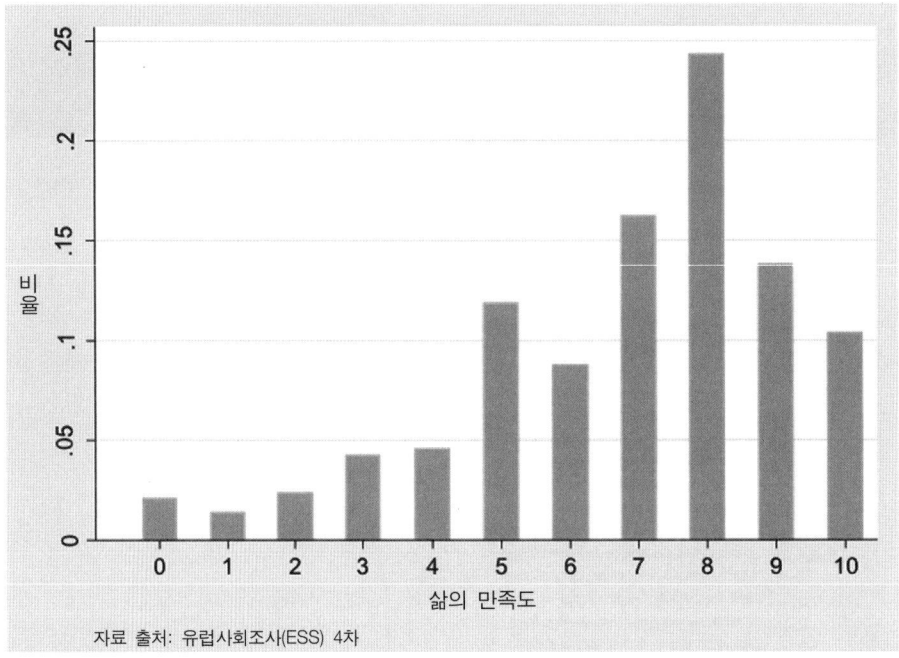

〈그림 2.14.2〉 유럽의 행복도 분포

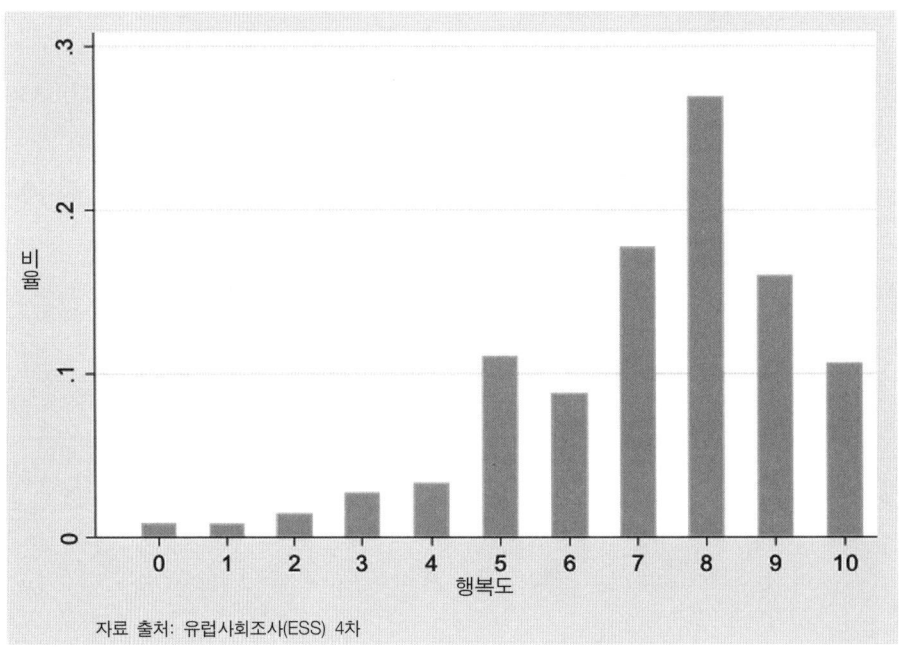

≪그림 설명≫

(1) 〈그림 2.1〉과 〈그림 2.2〉 설명

특정 국가에서 각각의 캔트릴 사다리 점수를 보고하는 사람들의 수는 두 단계로 계산된다. 1) 특정한 사다리 수준을 보고하는 응답자의 비율을 계산한다. 즉 사다리 점수를 보고한 응답자의 가중 숫자를 가중 전체 숫자로 나눈다. 이 단계에서는 갤럽월드폴(GWP)이 2005-2011 기간에 조사한 여러 차례의 데이터 모두가 사용된다. 2) 15세 이상 전체 인구를 이 비율에 따라 곱한다. 여기서는 오직 15세 이상의 인구만이 고려되었는데, 이 연령 집단만이 2011년의 GWP에서 조사되었기 때문이다. 15세 이상의 전체 인구수는 전체 인구를 15세 이상의 인구비율(14세 이하 인구비율을 뺀 것임)로 곱한 것과 같다. 분석을 단순화하기 위해서, WDI(2011)에서 자료를 구할 수 있다면 2008년의 인구 자료도 이용했다. 특히 전체 인구 및 14세 이하 인구비율은 WDI(2011)의 "전체 인구"와 "0~14세 인구" 항목에서 구했다. 타이완이나 코소보의 경우처럼 WDI(2011)에서 구할 수 없는 때는 다른 데이터 소스가 사용되었다. 만약 2008년 자료에서 구할 수 없는 경우에는 2008년과 가장 가까운 연도의 자료를 사용했다. 2008년의 타이완 인구(Heston et al., 2011)는 22,921,000명인데, 이중 16.7%가 2009년(CIA, 2009)에 14세 이하의 인구이다. 코소보의 14세 이하 인구비율은 28%(코소보 통계국, 2011)이다. 소말리아 지역의 인구구조에 관해서는 어디에서도 접근할 수 없었다. 따라서 이 지역은 세계 및 지역별 사다리 분포를 계산할 때 제외되었다.

특정한 사다리 수준에 대한 세계 인구수는 세계 모든 국가에서 그 사다리 점수를 보고한 사람들의 숫자를 합산한 것이다. 각각의 사다리 점수에 대한 지역별 인구수를 계산할 때에도 같은 방식이 사용되었다.

(2) 〈그림 2.5〉의 설명

주관적 웰빙에 대한 질문은 일부 국가에만 주어진 것이지 모든 국가에 주어진 것은 아니다. 주관적 웰빙에 대한 질문은 2007년에 54개 국가, 2008년에 68개 국가, 2009

년에 12개 국가(2008년에 행해졌을 것으로 추정되는 독일의 조사 대상자 중에서 작은 부분만이 2009년의 조사 대상자가 되었다. 그래서 우리는 독일을 2009년 조사의 12개 국가에 포함시키지 않았다), 2010년에 6개 국가에서 시행되었다. 주관적 웰빙에 대해 질문한 129개 국가 중에서 11개 국가만이 2회에 걸쳐 질문되었다. 그래서 조사 국가의 합은 129개 국가이지만, 조사 횟수의 모든 합은 이보다 약간(11국) 많은 140회가 되었다.

(3) 〈그림 2.6〉과 〈그림 2.9〉 설명

대상 국가수를 최대화하고 최근의 평가들에 초점을 맞추기 위해, 우리는 〈그림 2.6〉과 〈그림 2.9〉의 토대로 WVS의 4회, 5회의 자료와 함께 EVS의 3회, 4회의 자료를 활용했다. 단 엘살바도르는 WVS의 1999년 3회차 자료만 존재했다. 따라서 모든 데이터는 1999년 또는 그 이후의 자료로 보면 된다.

WVS 행복지수가 〈그림 2.9〉의 행복도 순위 산정을 위해 사용되었다. 이 행복지수는 가중치를 적용하였는데, "매우 행복함"과 "꽤 행복함"은 "그다지 행복하지 않음"과 "전혀 행복하지 않음"에 비해 100점이 더해진다. 따라서 이 지수는 0에서 200에 이르는 점수분포를 지닌다. 이러한 변형을 통해 WVS의 행복도 순위는 다른 조사의 행복도 순위에 더 근접하게 된다. 하지만 WVS/EVS의 4점 행복도 척도를 좀 더 복잡한 척도를 지닌 여타의 분석과 비교하는 것은 쉬운 일이 아니다.

(4) 〈그림 2-11~2-13〉 설명

긍정적 정서는 3~5 회차에서는 어제 경험한 행복, 웃음, 즐거움의 평균으로 정의된다. 그러나 1~2 회차에서는 웃음과 즐거움의 평균으로만 정의되는데, 처음 두 번의 조사에서는 행복에 대한 질문이 없었기 때문이다. 부정적 정서는 어제의 근심, 슬픔, 낙담, 분노의 평균으로 정의되는데, 아프리카 남부의 섬나라인 모리셔스(Mauritius)의 경우에는 낙담에 대한 질문이 제기되지 않아 근심, 슬픔, 분노의 평균으로만 정의된다. '순정서'(net affect)는 긍정적 정서에서 부정적 정서를 뺀 것으로 정의된다. 4가지 부정적 정서와 즐거움 및 행복에 대한 일반적인 질문유형은 다음과 같다. "당신은 어제 다음의 감정들을 많이 경험하셨습니까?" 그리고 웃음에 대한 질문은 다음과 같다. "당신은 어제 미소나 웃음을 많이 경험하셨습니까?"

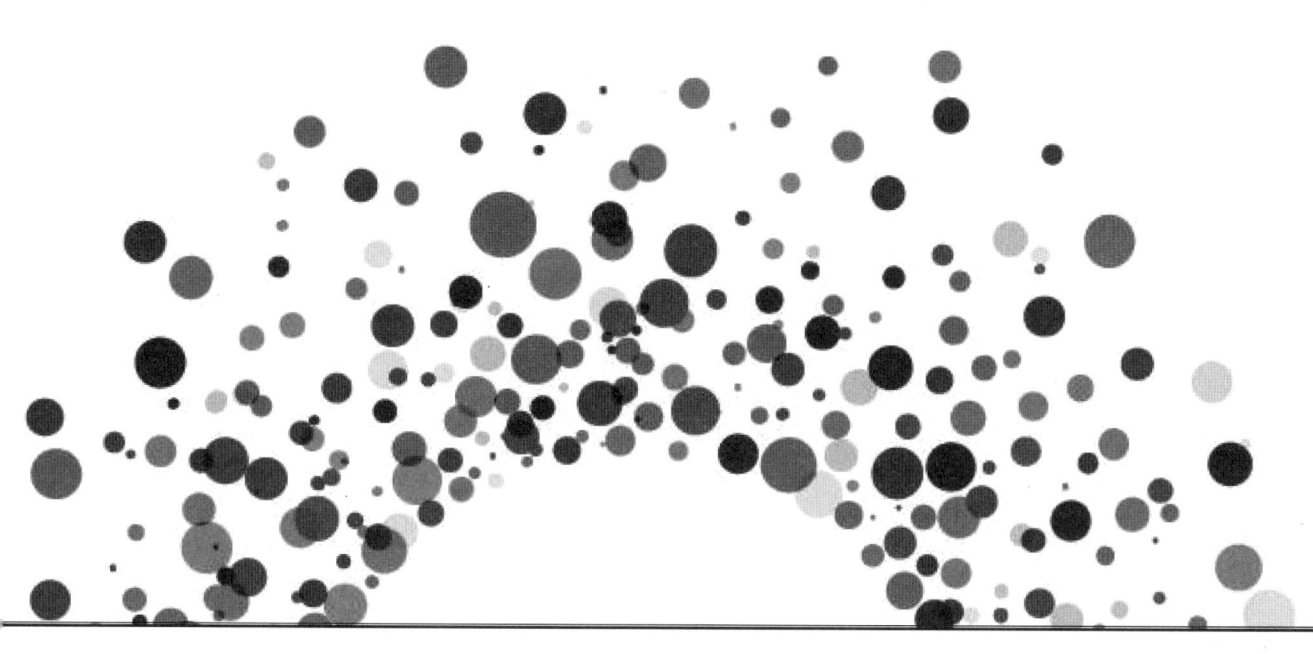

제2편

≪세계 행복 보고서 2013≫

제3장
입문

존 헬리웰(John F. Helliwell), 리처드 레이워드(Richard Layward)
& 제프리 삭스(Jeffrey D. Sachs)

세계는 지금 공공정책의 목표에 관한 정책적 논쟁의 와중에 있다. 무엇이 2015~2030 기간의 '지속가능한 발전의 목표'(Sustainable Development Goals)가 되어야 하는가? UN의 ≪세계 행복 보고서 2013≫은 바로 이러한 중대 논쟁에 기여하기 위해 발간되었다.

2011년 6월 UN 총회는 역사적인 결의안을 통과시킨 바 있는데,[1] 이 결의안은 회원국들에게 자국민의 행복에 대해 측정하여 이를 공공정책 수립의 안내자로 삼을 것을 권고했다. 이어 2012년 4월에는 행복과 웰빙에 관한 최초의 UN 최고위급 회담이 열렸는데, 이 회담의 의장은 부탄공화국의 수상이 맡았다. 바로 이때 행복에 관한 UN의 첫 번째 보고서인 ≪세계 행복 보고서 2012≫가 출간되었으며,[2] 이로부터 몇 달 후에는 행복의 측정을 위한 국제적 표준으로 작용하게 될 'OECD 가이드라인'(OECD Guidelines)이 발표되었다.[3] 이 두 번째의 행복 보고서 즉 ≪세계

---
[1] UN 총회(2011년 7월 19일).
[2] Helliwell et al.(2012).

행복 보고서 2013≫은 SDSN(Sustainable Development Solutions Network)의 후원에 힘입었음을 밝혀둔다.

1. 행복

'행복(happiness)'이란 단어는 가볍게 사용되지 않는다. 행복은 모든 인간존재의 열망이다. 그리고 행복은 사회진보의 지표 역할을 수행할 수도 있다. 미국의 건국 시조들은 행복추구권을 불가양도의 권리로 선언한 바 있다. 그러나 미국 국민들, 그리고 여타 국가의 국민들은 과연 행복한가? 만약 그렇지 않다면 도대체 행복한 삶을 위해 무엇을 해야 한다는 말인가?

적절한 측정을 위한 열쇠는 '행복'이란 단어의 의미에서부터 시작되어야 한다. 물론 문제가 있다. 최소한 행복이 두 가지 방식으로 사용되고 있기 때문이다. 첫째는 '정서적인'(emotional) 것으로, "어제 당신은 행복했습니까?"(Were you happy yesterday?)라는 질문에서 나타난다. 둘째는 '평가적인'(evaluational) 것으로, "당신은 당신의 삶에서 전반적으로 행복하십니까?"(Are you happy with your life as a whole?)라는 질문 속에 나타난다. 이 두 가지 질문은 성격이 다르며, 따라서 그 대답도 구별되어야 한다. 만약 이처럼 별개의 성격을 지닌 질문에 대해 개인들의 대답이 늘상 뒤섞여 나타난다면, 행복에 대한 측정이 우리에게 말해주는 바는 별로 없을 것이다. 행복의 변화는 사회진보의 잣대로 사용되곤 하는데, 행복의 두 의미가 혼용된다면 행복의 변화는 아마도 정서에 있어서의 덧없는 변화 이상의 것을 반영하지 못할 수도 있다. 그리고 정서의 관점에서 행복하다고 표현하는 빈자들은 빈곤에 저항하려는 사회적 의지를 축소시킬 수도 있는데, 만약 그렇다면

---

3 OECD(2013).

이는 신중치 못한 일이 아닐 수 없다.

다행스럽게도, 행복에 대한 조사의 응답자들에게 이처럼 양자를 혼동하는 경향은 나타나지 않으며, 따라서 이들은 좀처럼 실수를 범하지 않는다. 지난해(2012년)와 올해(2013년)의 행복 보고서의 조사 응답자들은 '정서로서의 행복'과 '삶의 평가로서의 행복'의 차이점을 명확히 인식한다. 그래서 이러한 별개의 질문에 대해 응답자들은 명확히 구별되는 반응을 보인다. 물론 극빈자가 특정의 순간에 매우 행복한 정서를 보고할 수는 있다. 하지만 이들은 삶에 대한 전반적 행복의 수준에 대해서는 대체로 훨씬 낮게 보고할 것이다. 그리고 그러한 대답은 우리로 하여금 사회의 극단적인 빈곤 상황을 종식시키기 위해 더욱 노력하도록 추동할 것이다.

지난 2012년의 보고서에서도 그러했지만, 우리는 '정서'와 '전반적 삶에 대한 평가' 양자에 대해 조사한 국제적 데이터를 모두 취합할 것이다. 그리고 이용가능한 측정치들을 3가지의 주요 유형으로 구분할 것이다. 첫째와 둘째는 긍정적, 부정적 정서에 관한 것인데, 긍정적 정서들(positive emotions)에 대한 측정은 보통 조사 전날의 행복한 경험에 대해 질문한다. 그리고 부정적 정서들(negative emotions)에 대한 측정 역시 어제의 경험을 묻는다. 그리고 마지막 셋째는 '전반적인 삶에 대한 평가들'(evaluations of life as a whole)이다. 이는 다시 3가지의 주된 평가 형태로 구성되는데, 1) 캔트릴 인생사다리(Cantril ladder of life),[4] 2) 삶의 만족도(life satisfaction),[5] 3) 전반적인 삶에 대한 행복감(happiness with life as a

---

[4] '캔트릴 인생 사다리' 질문은 갤럽월드폴(GWP)에서 사용되었다. GWP는 또한 같은 0~10점의 척도를 지닌 '삶의 만족도' 질문도 포함하고 있는데, 이는 어디까지나 실험적인 것이다. Dierner 등(2010, 〈표 10.1〉)이 보여주듯이, 조사의 표본들이 일관성 있게 사용된다면, 두 질문은 상관관계의 규모와 상대적 중요성에 대해 상호 보완적인 정보를 제공해줄 것이다.

[5] '삶의 만족도'는 세계가치조사(WVS), 유럽사회조사(ESS) 및 기타 다수의 국내적, 국제적 조사에서 사용되었다. 그것은 OECD(2013)와 ≪세계 행복 보고서 2012≫에서도 권장된 바 있는 핵심

whole)⁶이 그것이다.

행복에 대한 위의 3가지 주요 유형의 보고, 즉 긍정적, 부정적 정서에 대한 보고와 삶에 대한 평가가 '주관적 웰빙'(subjective well-being)의 일차적인 측정치를 구성한다.⁷ 그래서 행복은 두 번 나타난다. 한번은 정서적 보고로써 나타나며, 다른 한번은 삶에 대한 평가의 형태로 나타난다. 이들 양자는 모두 행복의 본성과 원인들을 규명해 줄 많은 증거를 제시해준다.

2. 4장과 5장의 개요

≪세계 행복 보고서 2012≫는 행복에 대한 방대한 양의 데이터를 제공해주었으며, 또한 그 데이터의 타당성을 검증해줄 과학적 토대도 구축해 주었다. 과학적 토대가 구축되었기에 이제 ≪세계 행복 보고서 2013≫에서는 측정과 설명 그리고 정책에 대한 더 구체적인 문제들에 대해 검토하도록 하겠다.

제4장 행복의 추세, 설명 및 분포

4장에서는 전 세계의 데이터와 함께 대륙별, 국가별 데이터를 제시한다. 이 데

적인 삶의 평가 질문이다.
6 유럽사회조사(ESS)는 '전반적 삶에 대한 행복감'과 '삶에 대한 만족감'을 묻는 두 질문을 포함하고 있는데, 양자 모두 0~10점의 척도에 근거하고 있다. 이 두 질문에 대한 응답들은 행복한 삶과의 연관성에 대해 일관성 있는(그리고 상호 보완적인) 정보를 제공해 준다.
7 일종의 총칭으로 '주관적 웰빙' 개념을 사용하자는 것은 Diener 등(2010, x~xi)에 의해 권장되었는데, 이후 이 개념은 'OECD의 지침'(2013, 7장에 요약되어 있음)에서도 채택된 바 있다. SWB로 요약되어 사용되는 '주관적 웰빙'은 삶의 평가와 긍정적, 부정적 정서라는 3가지의 구성요소를 갖는다. 따라서 이 3가지 구성요소 각자에 대한 자료가 광범위하게 축적되고 있다.

이터는 행복의 수준, 설명, 변화 및 평등에 대한 것인데, 주로 갤럽월드폴(GWP)의 '삶의 평가' 조사에 기초했다. 2007~2008년 재정위기가 명백히 부정적인 영향을 끼쳤음에도 불구하고, 지난 5년여에 걸쳐 세계는 약간이나마 더 행복해졌으며 좀 더 관대한 곳이 되었다. 사하라 이남 지역의 삶의 질을 개선하기 위한 지원이 지속되면서, 그리고 확대된 유럽 지역 내에서 사회구조의 질이 수렴되면서, 세계 전 지역에서의 행복 분포에 있어 평등을 향한 진보가 있었다.

이러한 큰 그림 내에서도 대륙별로 상반된 경향이 존재했다는 사실이 중요하다. 삶의 질에서의 개선은 주로 라틴 아메리카와 카리브해 연안에서 두드러졌다. 하지만 재정위기를 겪은 서유럽과 여타 산업국가들, 그리고 재정위기와 함께 정치적 사회적 불안정을 경험한 중동과 북아프리카 지역에서는 거의 대부분 삶의 질이 악화되었다.

제5장 OECD의 가이드라인

5장에서는 주관적 웰빙의 측정을 위한 OECD의 접근법에 대해 다룬다. 특히 OECD의 접근법은 단일의 주요 척도를 강조하는데, 이는 국가 및 이보다 작은 집단 모두에서 관련 데이터를 일관성있게 축적하기 위한 것이다.[8] OECD 접근법의 주요 내용 및 토대는 최근에 나온 OECD의 《주관적 웰빙 계측에 관한 지침》(Guidelines on Measuring Subjective Well-being)에 좀 더 상세한 내용이 실려 있다. 5장에서는 또한 OECD의 지침이 나온 이전과 이후에 국가의 통계국들에서 이룬 진보에 대해서도 개관하고 있다.

---

8 OECD의 핵심적인 측정 모듈은 두 가지를 구성요소로 한다. 첫째 요소는 '삶의 평가'에 대한 측정인데, 이는 '삶의 만족'에 관한 질문을 말한다. 두 번째 요소는 몇 가지 형태의 일련의 정서적 질문들, 그리고 실험적인 '에우다이모니아적'(eudaimonic) 질문이다. 자세한 사항은 5장의 〈Box 1〉 참조.

3. 결론

이제 정책이 사람들의 '주관적 웰빙'을 중심으로 더욱 밀접하게 정렬되어야 한다는 요구가 전 세계적으로 증대하고 있다. 독일의 앙겔라 메르켈 총리, 한국의 박근혜 대통령, 영국의 데이비드 캐머런 총리를 위시로 하는 세계의 많은 지도자들이 국가와 세계의 안내자로서 행복의 중요성에 대해 언급하고 있다. 우리는 행복 연구를 공공정책으로 연결시키려는 이러한 노력들을 지원하기 위해 ≪세계 행복 보고서 2013≫을 발간하기로 했다. 우리는 이 보고서가, 행복에 대한 체계적인 측정과 분석이야말로 세계의 행복 증진과 지속 발전을 위해 긴요하다는 풍요로운 증거를 제공할 것으로 확신한다.

References

Diener, E., Helliwell, J. F., & Kahneman, D. (Eds.). (2010). *International differences in well-being*. New York: Oxford University Press. doi: 10.1093/acprof:oso/9780199732739.001.0001

Helliwell, J. F., Layard, R., & Sachs, J. (Eds.). (2012). World happiness report. New York: Earth Institute.

OECD. (2013). *Guidelines on measuring subjective well-being*. Paris: OECD. Retrieved from http://www.oecd.org/statistics/Guidelines on Measuring Subjective Well-being.pdf

UN General Assembly (19 July 2011). Happiness: Towards a holistic approach to development, A/RES/65/309.

제4장
세계의 행복: 추세, 설명, 분포

존 헬리웰(John F. Helliwell) & 슌 왕(Shun Wang)[1]

1. 입문

2012년의 첫 번째 ≪세계 행복 보고서≫에서는 '삶의 평가'에 대한 평균값의 국가별 순위에 가장 관심이 모아졌는데, 그 데이터는 갤럽월드폴(GWP)의 조사에서 구했으며 주로 2005년~2011년의 자료를 토대로 했다.[2] 두 번째 보고서인 올해의 ≪세계 행복 보고서 2013≫에서 우리는 더욱 깊이 탐색하고자 한다. 우선, 캔트릴 사다리를 통해 삶의 평가 점수의 평균값을 계속 구할 것이지만, 올해에는 가장 최신의 자료를 사용해서 2010년~2012년을 대상기간으로 할 것이다. 또한, 우리는 삶의 평가 점수에서의 국제적 차이를 긍정적, 부정적 정서 평균치의 국제적 차이와 비교할 것이다. 이러한 비교는 갤럽월드폴의 조사가 시작된 2005년 이래 여러

---

[1] 우리는 해당기간의 완전하고도 시의적절한 데이터를 갤럽월드폴의 조사에서 구했다는 점에서 갤럽사로부터 큰 빚을 졌으며 이 점에 대해 감사드린다. 또한 우리는 지속적인 충고를 아끼지 않으신 갤럽사의 Gale Muller와 그의 팀에 대해 감사드리며, 소중한 연구 지원을 해주신 캐나다의 CIFAR(Canadian Institute For Advanced Research)와 한국의 KDI(Korea Development Institute)에도 감사드린다.

[2] Helliwell, Layard & Sachs, eds.(2012) 참조.

지역과 국가들에서 나타난 행복추세의 분석에 새로운 장을 열어줄 것이다.

행복 수준들을 제시함과 동시에, 우리는 또한 각 지역과 국가들에서의 삶의 평가 점수가 왜 '디스토피아'(Distopia)로 불리는 가상의 비교국가보다 높게 나타나는지에 대한 기존의 그럴듯한 설명들이 잘못된 것임을 밝힐 것이다. 디스토피아는 6가지 주요 변수들에서 각기 세계에서 가장 낮은 평균치로 이루어진 가상의 국가를 말한다. 여기서 6가지 변수란 '일인당 GDP', '건강 기대수명', '곤경시 의존할 사람'(이 장에서는 때때로 "사회적 지원"social support이라는 표현으로 언급됨), '부패인식 정도', '관대성', '선택의 자유'를 말한다. 우리는 이 6가지 변수들이 평균적인 삶의 평가 점수에서 나타나는 국가 간의 차이의 3/4을 설명해준다는 것을 이미 밝힌 바 있다.[3]

2010년에서 2012년에 이르는 3년 동안의 행복 수준을 검토한 이후에, 우리는 국가와 지역 그리고 세계 전체에 걸쳐 행복의 변화와 추세에 대해 살펴볼 것이다. 마지막으로, 우리는 행복의 분포와 관련된 평등 또는 불평등의 문제를 살펴볼 것이다. 행복은 국가 및 지역 내에, 그리고 국가 및 지역 간에 다르게 분포되어 있으며 그 추세 또한 차이가 난다.

지난해 ≪세계 행복 보고서 2012≫에서 발견했듯이, 샘플의 규모와 최근의 행복 수준 및 추세를 확인하는 능력 사이에는 불가피하게 연관관계가 존재한다. 따라서 행복의 수준 및 추세를 좀 더 정확히 확인하기 위해서는 샘플의 규모가 확대될 필요가 있다. 대규모 국가들에 대한 가장 충실한 데이터를 여전히 제공하고 있

---

[3] 변수들에 대한 상세한 정의는 〈표 4.1〉의 주해에 나와 있다. 〈표 4.1〉의 방정식들은 각 국가에서의 연도별 조사들을 모두 통합해 추정한 것이며, 그럼으로써 시간의 변화에 따른 국가별 차이를 설명해준다. 2012년도 한 해에 대해 115개 국가의 순 횡단면 자료(cross-section)를 통해서 추정할 경우, 이 방정식은 국제적 분산의 75.5%를 설명해주는데, 이 수치는 〈표 4.1〉에서 좀 더 큰 규모의 표본을 이용해 구한 수치와 흡사한 것이다.

는 갤럽월드폴(GWP)의 조사는 매 조사년도마다 각 국가에서 1000명의 응답자를 인터뷰하고 있다. 우리는 3000명의 샘플 규모를 확보하기 위해 최근 3년간 (2010~12)의 측정치를 평균내고 있는데, 그럼으로써 국가평균의 측정치에서 발생하는 불확실성을 줄이고 있다. 가능한 추세를 살핌에 있어, 우리는 최근 3년 (2010~12)을 이전 3년(2005~07)의 평균값과 비교했다. 주관적 웰빙에 관한 데이터의 축적이 오랜 역사를 갖게 되는 미래에는, 그리고 OECD의 ≪주관적 웰빙 측정에 관한 지침≫[4]에서 예시했듯이, 많은 국가에서 공식기구가 주관적 웰빙에 대한 조사 업무를 수행하게 되는 미래에는, 국제적/국내적 행복의 변화 및 추세에 대해 더 시의적절하게 인식하고 설명하는 것이 가능할 것이다. 그러나 그럼에도 불구하고 이미 존재하는 데이터에서 발견된 흥미로운 사실들이 적지 않게 존재하는 바, 우리는 이러한 사실들에 주목할 것이다.

4장에서는 자신의 인생을 하나의 사다리로 상상하여 현재 삶의 상태를 평가한 내용을 우선적으로 사용할 것이다. 개발자의 이름을 따서 "캔트릴 사다리"(Cantril ladder)[5]로도 불리는 이 인생사다리에서 응답자는 최선의 가능한 삶에 10점을, 그리고 최악의 가능한 삶에 대해 0점을 주게 된다. 그런 연후에 우리는 이러한 응답의 평균적 수준과 분포에 대해 검토할 것이다. 이 과정에서 우리는 때때로 '전반적 삶에 대한 행복감'(happiness about life as a whole)의 점수에 대해서도 언급할 것인데, 이 또한 삶의 평가 방식에 해당하는 것이다.

SWB로 요약되는 '주관적 웰빙'(subjective well-being)의 측정방식에는 삶의 평가 방식 이외에도 정서적 보고 방식이 있는데, 이는 긍정적, 부정적 정서 상태에 대한 보고를 말한다. 이는 인터뷰 전날의 정서적 경험에 대한 다음과 같은 질문들의 조사 리스트에 기초한다. 즉, 1)어제 당신은 많이 미소를 짓거나 웃었습니까?,

---

[4] OECD(2013) 참조.
[5] Cantril(1965) 참조.

2) 당신은 어제 다음의 감정들을 많이 경험했습니까?, 즐거운 감정은 어떠했습니까?, 3) 행복감은?, 4) 근심은?, 5) 슬픔은?, 6) 분노는? 등의 질문이 그것이다. 이 중 처음의 3가지 질문은 긍정적인 정서적 감정을 드러내지만, 다른 3가지의 질문은 부정적 감정을 드러낸다. 우리는 앞의 3가지 질문을 사용해 우선 긍정적 정서를 점수화할 것이다. 그 점수는 기본적으로 '예'(yes)로 대답한 숫자를 말하는데, 0점에서 3점까지 모두 4단계를 지닌다. 여기서 0점은 응답자가 긍정적 경험을 하지 않았다는 보고이며, 그 반면에 3점은 3가지의 긍정적 경험 모두를 보고했다는 의미이다. 이와 마찬가지로, 부정적 정서에 대한 3가지 질문을 토대로 부정적 정서들도 점수화 할 수 있을 것이다.

하지만 우리는 삶의 평가 방식들을 주로 활용할 것이다. 우리는 긍정적, 부정적 정서에 대한 측정방식 대신에 삶의 평가 방식들을 선호하는 데, 이는 제1차 ≪세계 행복 보고서≫의 분석 결과에 따른 것이다. 그 분석에 따르면, 삶의 평가의 3가지 주된 유형들 − '삶에 대한 만족감', '전반적인 삶에 대한 행복감', '캔트릴 사다리' − 이 서로 다른 평균값과 분포도를 갖는 것이 사실이지만, 이들은 모두 개인과 국가 간의 행복도 차이의 원천에 대해 같은 정보를 제공해준다.[6] 그리고 또한 제1차 ≪세계 행복 보고서≫ 2장의 〈그림 2.1〉이 보여주듯이, 삶의 평가는 어제의 긍정적, 부정적 정서의 측정치보다 지속적인 삶의 조건들에 의해서 더욱 충실하게 설명된다. 이러한 이유로 앞으로 우리는 정서적 측정치보다는 삶의 평가

---

[6] ≪세계 행복 보고서 2012≫(Helliwell, Layard & Sachs, eds., pp.14~15) 참조. 이 결과는 삼각측량에 의해 구한 것인데, 이 방식을 사용한 이유는 어떤 조사도 세 가지 질문 모두를 포함하고 있지 않기 때문이다. 먼저 우리는 갤럽월드폴(GWP)의 자료를 활용해 주관적 웰빙과 캔트릴 사다리의 동치값을 설명할 수 있다. 삼각측량은 유럽사회조사(ESS)의 데이터를 활용해 주관적 웰빙과 전반적 삶에 대한 만족감의 동치값을 구함으로써 완성된다. 주관적 웰빙과 전반적 삶의 만족감, 양자의 평균을 활용하는 ESS의 방정식은 이들 변수의 한쪽만을 활용하는 것에 비해 훨씬 엄밀한 것이 사실이다. 따라서 우리는 국가별 조사에서 양 방정식을 모두 포함시킬 필요가 있다고 권장하는 사람들(Helliwell, Layard & Sachs 2012, p.94)에 주목할 필요가 있다.

에 주목할 것이다. 그렇지만 정서적 측정 방식이 쓸모가 없다는 것은 아니다. 그것은 실험적인 작업에서 필요하며, 또한 일상적인 생활을 분석할 경우 근본적인 중요성을 지닌다. 정서적 측정치는, 더 안정적인 성격을 지닌 삶의 평가와는 달리, 단기적인 사건과 상황에 훨씬 크게 반응한다.[7] 정서적 상태, 특히 긍정적 정서의 상태는 그럼에도 불구하고 삶의 평가와 밀접한 관련성을 지니는데, 다음 섹션에서 이에 대해 살펴볼 것이다.

만약 정서적 보고보다는 삶에 대한 평가가 삶의 조건에 의해 좀 더 밀접하게 결정되는 것이 사실이라면, 우리는 삶의 평가 측정치가 UNDP의 인간개발지수(HDI) 및 여타의 인간개발 측정치들과 밀접하게 연관될 것으로 기대할 수 있을 것이다. 이러한 문제는 이 ≪세계 행복 보고서 2013≫ 6장의 주제인데, 여기서 우리는 실제로 그러한 기대가 사실에 부합한다는 것을 발견하게 될 것이다. 인간개발지수(HDI)와 캔트릴 사다리의 국가평균 간에는 0.77이라는 단순상관(simple correlation)을 보여주는데, 이는 HDI와 정서적 측정치 사이 상관의 몇 배나 되는 것이다.[8]

삶의 평가가 삶의 조건에 의해 좀 더 크게 결정되는 것이 사실이고, 또한 삶의 조건들이 정서요인들에 비해 국가들 간에 더욱 불균등하게 분포되어 있는 것이 사실이라면, 우리는 국제적인 삶의 평가의 분포가 핵심적인 삶의 조건들의 분포와

---

[7] 대표적인 사례에 대해서는 Krueger et al.(2009) 참조. 정서 측정방식은 또한 실험실 연구에서 좀 더 유용성을 갖는다. 왜냐하면 실험실 연구들은 일반적으로 단기적 효과만을 측정하는데, 이러한 종류의 단기적 효과는 삶의 평가를 통해서는 거의 들어나지 않기 때문이다.

[8] HDI와 사다리, 그리고 HDI와 정서 측정치의 상호관계에 대한 관찰을 종합해 볼 때, HDI는 캔트릴 사다리와 강한 양의 상관관계(+0.76)를 보인다. 그리고 긍정적 정서와 어제의 행복과는 각각 +0.28, +0.24의 상관관계를 보인다. 따라서 HDI는 긍정적 정서와의 관계에 비해 삶의 평가와의 관계에서 3배나 강하게 연관된다. HDI와 부정적 정서의 연관은 이보다도 훨씬 약하게 나타나는데, 그 상관관계는 이례적으로 양(+)의 수치로 나타나지만, 그 정도(+0.06)는 통계적으로 무의미하다.

조화를 이룰 것으로 기대할 수 있다. 반면에 정서적 상태들은, 부분적으로 그것들의 기저를 이루고 있는 '인성'(personality)과 마찬가지로, 국가들보다는 개인들 사이에서 상대적으로 좀 더 차이가 클 것으로 예상되는데, 이러한 예상은 구체적인 데이터에 의해서 사실로 확인되고 있다.

〈그림 4.1〉은 8개의 변수 각각에 대하여 전체 분산 중 국가 간에 나타나는 부분을 보여주는데, 이는 2010-12 기간의 갤럽월드폴의 국제적 조사에 근거한 것이며, 50만 명이 넘는 응답자를 대상으로 한 것이다.[9] 8개의 변수에는 캔트릴 사다리와 긍정적, 부정적 정서가 포함되며, 나머지의 5개 변수는 주관적 웰빙의 3가지 측정방식을 통해 국가 간 차이를 설명하기 위해 우리가 활용하는 것들이다.[10] 모든 변수들 중에서도 가계소득이 국가 간에 가장 불균등하게 배분되어 있는데, 가계소득의 지구적 분산 중 절반 이상이 국가들 사이에서 나타난다. 부패 인식의 국가 간 분산이 그 다음이며, 이 뒤를 관대성(기부), 자유, 긍정적 정서, 사회적 지원이 따른다. 부정적 정서의 분산은 거의 완전하게 국가들 사이보다는 국가 내에서 존재하는데, 분산 중 국가 간 몫은 10%에도 훨씬 못 미친다.

삶의 평가와 정서적 보고, 양자를 더욱 심층적으로 비교해 보자. 우리는 캔트릴 사다리와 긍정적, 부정적 정서에서의 국제적 차이를 설명하기 위해 6가지 핵심 변수들을 사용한다. 〈표 4.1〉이 보여주는 회귀방정식들은 이 변수들이 3개의 주관적 웰빙 척도 각각에 미치는 영향을 살펴보기 위한 것으로, 해당 측정치의 모든

---

[9] 각 막대기의 오른쪽 끝부분의 수평선은 95%의 신뢰구간을 보여준다, 이 신뢰구간을 구하기 위해 무려 500번의 반복을 거친 표준편차가 활용되었다.

[10] 〈표 4.1〉에서 사용된 6개의 변수 중 건강 기대수명은 국가적 수준에서만 이용이 가능했다. 따라서 그것의 변량 모두가 국가 내의 것이 아니라 국가들 사이의 것이다. 〈그림 4.1〉은 가계소득수준들을 토대로 한 것이며, 갤럽조사의 응답자들로부터 구한 것이다. 가계소득은 구매력 평가지수(purchasing power parity)를 활용해 국제적 비교가 가능토록 했다. 〈표 4.1〉에서 우리가 사용한 소득 변수는 국가 수준에서의 일인당 GDP이다.

가용한 국가별 평균 점수를 결합한 표본을 사용한다. 이것은 ≪세계 행복 보고서 2012≫에서 사용된 방식과 유사한 것이다. 이 방식에서 활용되는 6개 변수들은 모두 삶의 평가에 있어서의 차별성을 설명함에 있어 이미 중요한 것으로 밝혀진 바 있는 것들이다.

〈표 4.1〉과 1차 보고서에서 볼 수 있듯이, 그리고 〈그림 4.1〉을 통해 우리가 추정할 수 있듯이, 6개의 변수는 모두 정서의 차이보다는 삶의 평가에 있어서의 차이를 훨씬 많이 설명해준다.[11] 하지만 6개 변수들 간에도 상대적 중요성에서 차이가 있다. 더 객관적인 삶의 조건들, 즉 소득과 기대수명은 캔트릴 사다리 방식의 삶의 평가에서 매우 강한 결정요인이다. 하지만 이것들은 긍정적, 부정적 정서와 의미 있는 상관관계는 없다.[12] 사회적 지원과 자유 의식, 양자는 모두 삶의 평가와 정서의 중대한 결정요인이다. 부패의 인식은 흥미로운 대조를 보인다. 부패를 인식하면 부정적 정서는 훨씬 악화되고, 삶의 평가가 낮아진다. 그리고 부패는 더욱 만연하는 것으로 인식된다. 그러나 부패의 인식과 긍정적 정서 사이에 연관 관계는 나타나지 않는다. 관대성 또한 흥미로운 변수이다. 그것은 삶의 평가 및 긍정적 정서와 강한 긍정적 관계를 갖지만 부정적 정서와는 관계가 없다. 관대성이 부정적 정서와 관계가 없다는 사실은 최근의 실험적 증거에 의해서도 뒷받침된다. 즉 더 행복해질 기회가 부여되었을 때 사람들은 관대하게 행위하지만, 그럼에도 불구하고 부정적 정서의 수준은 변하지 않았다.

---

[11] 이러한 결과는 정서의 평균값뿐만 아니라 개인의 정서들에도 해당된다. 만약 〈표 4.1〉의 기본 방정식이 긍정적 정서들 각각에도 적합하다면, 설명된 분산의 비율은 그 범위가 즐거움의 0.38에서부터 행복의 0.48까지에 이르게 된다. 반면에 부정적 정서의 몫은 근심의 0.17부터 분노의 0.21까지이다. 상관계수의 패턴들이 거의 흡사하기 때문에, 긍정적/부정적 정서의 측정치들을 총합하면 개인적 정서들의 경우보다 더 치밀하고도 적합한 방정식이 산출된다.

[12] 캔트릴 사다리와 긍정적 정서에 대한 Gallup Healthways US Survey의 개인 수준에 대한 광범위한 표본을 활용해서, Kahneman & Deaton(2010)도 사다리에 대한 소득의 효과가 긍정적 정서에 대한 소득의 효과보다 훨씬 높고도 지속적이라는 것을 발견했다.

〈표 4.1〉의 4열 또한 1열처럼 삶의 평가 (회귀)방정식이지만, 1열과 달리 이것은 긍정적, 부정적 정서를 독립변수로 추가해 재구성한 것이다. 이 방정식에서 삶의 평가에 미치는 긍정적 정서의 영향력은 강하게 나타나지만, 부정적 정서는 그렇지 못하다. 〈표 4.1〉의 두 번째 열이 보여주듯이, 긍정적 정서는 그 자체로 관대성, 자유, 사회적 지원과 강하게 연결되어 있다. 그리고 삶의 평가 방정식에 긍정적 정서를 독립변수로 추가한 4열의 내용은, 삶의 평가에 작용하는 변수들의 영향력 중 일부가 실질적으로 긍정적 정서를 통해 작용한다는 것을 암시한다.

삶의 평가 측정치는 정서적 측정치에 비해 삶의 개선에 기여하는 요인들과 더 밀접한 관계를 갖고 있다. 따라서 삶의 평가 방식들은 모두 '주관적 웰빙'(SWB)의 국제적 차이와 추세를 측정하고 설명하기 위한 1차적인 통계방식이라 할 수 있다. 이처럼 '삶의 만족', '전반적인 삶에 대한 행복감', '캔트릴 사다리'의 3가지 삶의 평가 방식은 모두 '훌륭한 삶'(good life)의 원천에 대해 유사한 이야기를 말해주고 있지만, 여기서 우리는 이 중 '캔트릴 사다리'에 집중코자 한다. 그것이 갤럽월드폴(GWP) 조사에서 계속 사용하고 있는 유일한 삶의 평가방식이며, 또한 그것이 가장 광범위한 국가들을 대상으로 정기적으로 측정되는 삶의 평가방식이기 때문이다. 한편 갤럽월드폴의 온라인 부록에 실린 자료들은 긍정적, 부정적 정서에 대한 충실한 자료를 제공해주고 있으니 참고하기 바란다.

2. 세계 및 지역별 행복 수준 및 설명

〈그림 4.2〉는 세계 전체 및 10개 지역 국가들[13]의 삶의 평가 측정치의 평균값

---

[13] 국가들에 대한 지역별 분류는 갤럽월드폴(GWP)의 분류와 일치한다. 다만 우리는 유럽 국가들을 두 집단으로 구분했다. 하나는 서유럽이고 다른 하나는 중동부 유럽이다. 온라인상의 부록을 보면 10개 지역에 할당된 국가들에 대해 알 수 있다.

을 보여주는데, 이는 2010년에서 2012년까지의 데이터에 근거했으며, 각 국가의 개인 수준 관찰에 토대를 두었다. 이 그림의 평균값은 각 국가별 인구수에 가중치를 부여하여 합산했으며, 각각 95%의 신뢰구간(각 막대기의 오른편 수평선이 나타내고 있음)을 보여준다. 인구수에 가중치를 부여했기에 지역별 평균값은, 뒤에 제시될 국가별 평균값과 마찬가지로, 해당 지역에 거주하는 전체 인구의 사다리 점수가 어떤 수준에 있으며, 어떻게 변화하고 있는지를 말해주는 최선의 추정치라 할 수 있다.[14] 그리고 세계 전체의 평균값 역시 각 국가별로 가중치를 부여해 합산한 것인데, 이는 ≪세계 행복 보고서 2012≫의 〈그림 2.1〉의 경우에서와 마찬가지이다.

〈그림 4.2〉는 세계 및 지역별 평균 사다리 점수의 현황을 보여주려 한 것일 뿐만 아니라, 지역 간에 평균 사다리 점수에서 차이가 나는 이유를 설명하려 시도한 것이다. 이를 위해 우리는 〈표 4.1〉의 첫째 열에서 발견된 상관계수(coefficient)를 활용했다. 〈그림 4.2〉의 각 하부 막대의 길이는 각 변수가 디스토피아(Distopia)에서의 변수 값을 넘어서서 '보다 나은 삶'(better life)을 위해 달성한 변수 값들을 나타낸다. 디스토피아는 6개의 주요 변수들에서 각기 세계에서 가장 낮은 평균값을 지닌 가상의 국가이다. 우리의 계산에 따르면 2010~12 기간의 디스토피아의 행복점수는 10점 척도를 기준으로 할 때 1.98인데, 이는 그 어떤 지역의 국가집단의 평균 점수보다 1/2 이상이나 낮은 수치다.[15]

---

[14] 소수의 격리된 국가나 분쟁 중인 국가들을 제외한 대부분의 국가에서 표본은 14세 이상의 거주민으로 구성된다. 6개의 아랍국가들(바레인, 쿠웨이트, 카타르, 사우디아라비아, 오만, 아랍에미리트연방)의 경우 표본에 국외거주자도 포함시켰다. 표본의 포괄 및 배제 범위에 대해서는 갤럽(2013)에 상세하게 서술되어 있다. 여기서 사용된 인구수 가중치는 2011년 14세 이상의 성인에게 적용된다. 인구에 대한 데이터는 대만의 경우를 제외하고 모두 WDI(World Development Indicators)에서 구했다. 대만의 데이터는 대만 통계국(http://www.moi.gov.tw/ stat/english/index.asp)에서 구했다.

[15] 각 국가의 실제 평균값 데이터로부터 우리는 변수들 각각의 최젓값을 구했으며 이어서 디스토피아의 행복을 산정했다. 즉, 6개의 핵심변수들에 대해 각각의 계수 값과 관찰된 최저 평균값을

〈그림 4.2〉의 각 지역별 막대는 7개의 구성요소로 이루어져 있다. 왼쪽의 첫째 부분은 디스토피아의 점수(1.98)에다, 2010~12 기간 중 각 지역에서 추정모형을 통해 '설명되지 않는 요소'[16]인 평균 오차를 더한 것이다 여러 이유로 인해, 6개의 가용변수들이 지역 간 사다리 점수의 차이를 충분히 설명할 수 없기 때문에, 모형에 포함되지 않은 변수들의 연합효과는 — 그 변수들이 방정식에서의 변수들과 연관되지 않는 정도만큼 — 오차항(error term)으로 나타나게 된다. 여기서 선두 지역 및 선두 국가들은 그들의 오차항보다 더 높은 양(positive)의 평균값을 가지는 경향이 있는데, 이는 〈그림 4.2〉에 나타난 국가 순위들이 실제 측정치에 근거하지, 모델의 예측치에 근거하지 않기 때문이다. 이는 다음의 사실을 재확인 시켜준다. 즉 최고등급이든 최하등급이든 간에 그들의 점수와 디스토피아 점수 사이의 차이의 대부분은, 최소한 디스토피아의 점수보다는 더 높게 나타나게 마련인 대다수의 변수 값들의 존재에 의해 설명된다는 것이다. 어떤 국가도 6개의 변수 중 하나라도 세계 최하위값을 갖지는 않는다. 따라서 실제 국가들의 점수는 디스토피아에서 계산된 사다리 점수보다 높게 나타나게 된다.

각 지역별 막대의 두 번째 부분은 '소득' 변수에 의해 설명되는 부분이다. 이 부분은 소득에 있어 지역별 사다리 점수가 디스토피아의 점수를 얼마만큼이나 능가하는지를 보여주는데, 그 능가하는 양은 각 지역이 평균 일인당 소득에서 세계의 가장 빈곤한 국가보다 상회하는 정도에 의해 결정된다. 예컨대, 가장 부유한 지역의 일인당 GDP는 가장 빈곤한 지역의 16배에 달한다. 양 지역의 이러한 일인당 GDP의 차이는, 평균적인 삶의 평가 점수에서 10점 영역의 척도에서 0.8점의 차이에 해당하는 것으로 해석된다.[17] 지역별 막대의 나머지 부분들도 모두 이와 같은

곱하고 여기다가 상수항을 더해서 구한 것이다.
[16] 〈표 4.1〉의 방정식에서 나타나는 이러한 설명되지 않는 부분은 2010~2012 기간의 평균 오차항이다.
[17] 10점 척도에서 가능한 대답은 모두 11개인데, 여기서 0점은 최악의 삶을, 그리고 10점은 최선의 삶을 나타낸다. 0.8점은 다음의 과정을 통해 구했다. 즉 0.80=0.283×2.82. 여기서 0.283은

방식으로 설명이 가능하다. '사회적 지원'의 숫자에 있어서는 양 지역이 0.93명과 0.56명으로 대비되는데, 이러한 차이는 사다리 평균 점수에서 0.86점의 차이로 해석된다.[18] 또한 '부패 인식'의 경우에는 양 지역 간 사다리 값에서 0.20점의 차이를 보이며,[19] 서유럽과 사하라 이남 아프리카 양 지역 간 28년의 '기대수명'의 차이는 0.66점의 차이를 보인다.[20] 그리고 '관대성'의 경우에는 0.46점,[21] '생애 선택의 자유'의 경우에는 0.26점의 차이를 보인다.[22] 이상에서 살펴본 것처럼 6개 변수 각각에서 나타난 실질적인 지역별 차이는 사다리 점수에서의 차이를 설명해주고 있다. 그리고 이러한 사다리 점수의 차이는 지역별 평균 행복도의 차이에 큰 영향을 미치게 된다.

사다리 점수에 대한 위의 지역별 결과들은 '문화적 차이'를 일정 정도 반영하고 있는 것인데, 이에 대해서는 이미 다수의 조사와 실험을 통해 확인된 바 있다.[23] 사실 지금까지 해 온 우리의 설명은 다음과 같은 '틀'(framework)을 가정한 것이었다. 즉 사다리 질문은 모든 언어와 문화에서 같은 방식으로 해석되고 대답되며, 6개의 측정변수는 행복한 삶의 주요 특징들을 포착함에 있어 똑같이 긍정적, 부정

〈표 4.1〉의 소득 상관계수에서 온 것이며, 2.82는 10개 지역 중 최부 지역과 최빈 지역 사이의 소득 로그 값의 차이이다. 여기서 최부 지역은 미국, 캐나다, 호주, 뉴질랜드로 구성되며, 최빈 지역은 사하라 이남 아프리카를 말한다.

[18] 0.86=2.32×(0.93−0.56). 여기서 0.93과 0.567은 서유럽 지역 및 남아시아 지역 응답자들에게 의지할 수 있는 사람이 각각 몇 명이나 되는지에 대한 평균 숫자를 말한다.

[19] 0.20=0.713×(0.35−0.07). 여기서 0.35와 0.07은 NANZ(북아메리카, 호주, 뉴질랜드) 지역과 중동부유럽 지역 각각에서의 반부패 인식도의 평균값이다.

[20] 0.66=0.023×(72.56−43.76). 여기서 72.56은 서유럽의 평균기대수명을, 그리고 43.76은 사하라 이남 아프리카의 평균기대수명을 말한다.

[21] 0.46=0.86×(0.28−(−0.25)). 여기서 0.28과 −0.25는 (소득수준에 적용된) 관대성 평균값인데, 전자는 최대로 관대한 지역인 남동아시아, 후자는 최소로 관대한 지역인 MENA(중동, 북아프리카) 지역에 해당한다.

[22] 0.26=0.90×(0.85−0.56). 여기서 0.85와 0.56은 자유의식의 평균값인데, 전자는 최대로 자유로운 지역인 NANZ 지역, 후자는 최소의 자유로운 지역인 MENA 지역에 해당한다.

[23] 이 문제 및 그 증거에 대해서는 Oishi(2010)의 조사를 참고할 것.

적 역할을 한다는 것이다. 그리고 응답의 척도들이 모든 문화에서 유사하게 사용되며, 변수들이 어디에서나 유사한 효과를 지닌다는 것이다. 하지만 이것들은 비현실적으로 강한 가정들이며 실제 현실과는 거리가 있다. 그리고 여러 이유들로 인해[24], 이러한 가정들이 우리의 방정식으로 하여금 라틴 아메리카에 보고된 행복을 과소평가하게 하고, 동아시아에 보고된 행복을 과대평가하도록 이끌 수 있다는 실질적인 증거들이 있다. 〈그림 4.2〉에서 보자면, 이것은 우리로 하여금 왼쪽의 막대(즉 디스토피아의 행복도에다 각 지역에서 비예측된 평균 행복량을 더해서 측정한 막대)가 동아시아에는 좀 더 작아질 것으로, 그리고 라틴 아메리카와 카리브해 연안국들에서는 더욱 커질 것으로 기대하도록 우리를 이끈다. 〈그림 4.2〉는 실제로 이러한 사실을 보여준다. 즉 평균적인 사다리 점수는 라틴 아메리카와 카리브해 지역에서는 예측치보다 높으며, 동아시아에서는 낮게 나타난다. 만약 각 지역 내 국가의 평균 오차를 계산에 넣는다면, 우리는 평균 사다리 점수가 라틴 아메리카와 카리브 연안에서는 예측치보다 의미 있을 정도로 더 높으며, 동아시아에서는 예측치보다 훨씬 더 작다는 것을 발견할 수 있을 것이다. 즉 각 경우에 0.5점 정도의 크고 낮은 차이를 보여 준다. 그리고 이 그림에서는, 〈표 4.1〉의 방정식을 통한 예측치에 비해 평균 행복도에서 유의미한 차이를 보이는 다른 세 지역도 있는데, 세 곳 모두 0.2점~0.25점 정도의 차이를 보여준다. 즉 한편에서 중부유럽과 동부유럽 지역, 그리고 동남아시아 지역에서의 삶의 평가 점수는 모델의

---

[24] 좀 더 높은 긍정적 정서, 그리고 더욱 큰 사회성(사회적 지원이라는 변수에 의해 포착될 수 있는 정도를 넘어서는)은 라틴 아메리카 특유의 쾌활성에 기인하는 것이다. 그리고 동아시아의 결과에는 질문지에 대한 이들의 응답 스타일이 영향을 미친다. 라틴 아메리카에 대한 긍정적 효과는 좀 더 적은 국가들을 대상으로 한 것이지만 세계가치조사의 데이터를 사용한 잉글하트(Inglehart, 2010)에서도 발견된 바 있다. 북아메리카의 응답자들과 비교할 경우 동아시아인들의 부정적 차별성은 좀 더 커진다. 이는 선행연구들이 밝힌 바 있는 다음 사실들과도 일맥상통하는 것이다. 즉 동아시아 지역의 응답자들은 같은 나이와 유사한 상황의 미국인 응답자들에 비해 더 낮은 주관적 웰빙을 보고하고 있으며, 또한 척도상의 최곳값으로 대답하는 경향도 더 적게 나타난다. 그리고 미국의 아시아계 이민자들은 동아시아인과 미국인의 중간쯤에 위치한다. Heine & Hamamura(2007) 참조.

예측치보다 낮은 반면에, 다른 한편의 지역인 미국과 캐나다, 호주와 뉴질랜드에서는 평균 점수가 예측치보다 높게 나온다. 이러한 계산은 모두 각 국가에 동일한 가중치를 부여한 것이며, 따라서 각 국가별로 예측된 평균값과 함께 〈그림 4.3〉에서의 실제 사다리 점수를 반영한 것이다. 이 섹션의 나머지 논의에서 우리는 〈그림 4.2〉를 토대로 각 지역의 '평균적인 삶'을 고찰할 것이며, 따라서 각 국가별 인구수에 따라 데이터에 가중치를 부여할 것이다.

〈그림 4.2〉는 평균적인 사다리 점수에서 지역 간에 큰 차이가 나고 있음을 보여준다. 즉 그 점수의 범위가 4.6에서 7.1에 이른다. 그리고 6개 요인들 모두가 설명에 도움을 주지만, 지역에 따라 각 요인의 설명력 정도는 차이를 보인다. 예컨대 사하라 이남 아프리카 지역을 보자. 이 지역은 평균 사다리 점수에서 최하위를 기록하고 있다. 하지만 부패 문제는 독립국가연합, 중부와 동부 유럽, 동남아시아에 비해 좀 더 사소한 문제로 인식된다. 마찬가지로 사회적 지원의 숫자는 이 지역이 동아시아나 중동 그리고 북아프리카보다도 높게 나타난다. 관대성은, 비록 소득의 차이로 조정되기 전이지만, 독립국가연합과 아시아, 그리고 중동과 북아프리카보다도 높다. 소득의 차이를 조정한 이후 살펴보더라도, 사하라 이남의 관대성이 라틴 아메리카와 카리브해, 중부와 동부 유럽 지역보다도 높다. 그리고 자유의식은 독립국가연합이나 중동, 북아프리카보다 높게 나타난다. 사실 두 가지의 전통적인 발전 측정치인 일인당 GDP와 건강 기대수명의 경우에서만 그 평균값이 사하라 이남 지역에서 더 낮게 나타나고 있다.

그러나 우리가 충분히 예측할 수 있듯이, 각 지역은 매우 다양한 국가들로 이루어져 있다. 이제까지 우리의 설명방식이 어떻게 작동하는지를 살펴봤기에, 이제 다음 섹션에서는 이 '설명틀'(explanatory framework)을 활용해서 국가적 수준에서 나타나는 더욱 큰 차별성에 대해 살펴볼 것이다.

3. 국가별 행복 수준 및 해설

이 섹션에서는 〈그림 4.3〉을 통해 2010~2012년 동안의 국가별 평균적인 삶의 평가 점수에 대해 살펴볼 것인데, 각 국가의 평균 점수는 모두 7부분으로 구성된다.[25] 이 그림에 나타난 전반적인 사다리 순위는 1차 보고서인 ≪세계 행복 보고서 2012≫의 순위와 차이가 난다. 우선, 2차 보고서인 ≪세계 행복 보고서 2013≫은 좀 더 최신 자료로 업데이트했다. 즉 새 데이터의 종점이 2011년 중반에서 2012년 말까지로 연장되었다. 둘째로, 지난해의 보고서가 2005년에서 2011년 중반까지의 자료를 모두 평균한 것이라면, 올해의 보고서는 2010~2012년 3년 동안의 평균값을 구했다. 그리고 새 보고서의 표본 규모는 각 국가별로 무려 3000명에 이를 정도로 확대되었다.[26] 이처럼 우리는 좀 더 최신 자료에 집중코자 하는데, 그 이유는 다음 두 가지 때문이다. 우선, 우리는 독자들이 우리의 핵심적인 표와 그림들에서 제시된 데이터가 가능한 한 최신의 것이길 원한다고 본다. 또한, 우리는 국가와 지역 그리고 전 세계의 평균적인 행복 수준이 시간에 따라 변화하는 양상을 포착할 수 있기를 원한다.

〈그림 4.3〉은 모두 156개 국가를 포괄하는데 이는 크게 세 그룹으로 구분된다. 즉 최상위 5개 국가는 덴마크, 노르웨이, 스위스, 네덜란드, 스웨덴이며, 최하위의 5개 국가는 르완다, 부르나이, 중앙아프리카 공화국, 베닌, 토고이다. 이 양자 사

---

[25] 일부 국가에서는 일인당 GDP, 사회적 지원, 건강 기대수명, 삶의 선택의 자유, 관대성, 부패 등에 있어 약간의 결측값(missing values)이 존재한다. 각 국가별로 요인분해를 위해서, 우리는 2010~12 기간의 평균값으로 결측치(missing data)를 대체했다. 〈세계 행복 보고서 2013〉 부록의 〈표 A1〉은 결측값 대체에 관한 세부사항을 보여주고 있다.

[26] 아이슬란드, 스위스, 노르웨이의 경우 2010년도와 2011년도의 조사가 존재하지 않는다. 데이터의 적용기간을 확장하고 그럼으로써 2010~2012 기간에 해당하는 국가적 평균값 추산의 강인성을 확보하기 위해 우리는 노르웨이와 아이슬란드의 2008년과 2012년의 데이터를 조합했으며, 스위스의 2009년과 2012년의 데이터를 조합했다.

이의 격차는 실로 매우 크다. 캔트릴 사다리 평균 점수에서 최상위 5개 국가는 7.48점인데, 이 점수는 최하위 5개 국가의 2.94점의 2.5배가 넘는 수치이다.

지난 보고서와 마찬가지로 이번 보고서에서도 상위 10위의 국가군에 5000만 명 이상의 인구를 지닌 거대 국가는 포함되지 않았다. 왜 그런가? 이러한 현상이 의미하는 것은 무엇인가? 좀 더 큰 규모의 국가가 더 행복한 삶을 영유할 삶의 조건을 만들기가 더 어려운 일이라는 것을 의미하는가? 데이터를 더 면밀하게 검토해 볼 때, 이러한 종류의 증거는 나타나지 않는다. 상위 20개의 국가군에 2개의 거대 국가가 포함되지만, 하위 20개 국가군에는 아예 존재하지 않는다. 5000만 명 이상의 24개 국가는 양 극단의 어디에도 포함되지 않고 있는데, 그 이유 중 일부는 그들 국가의 행복도가 그 국가 내에 존재하는 많은 다양한 하위 지역들 모두의 평균치를 나타내기 때문이다. 〈그림 4.3〉의 세 부분을 보자면, 상위 1/3의 국가군에 8개의 거대국가가 포함되고, 하위 1/3 국가군에 5개 국가가 포함되며, 나머지 중간 그룹에 11개 국가가 포함된다. 이렇게 볼 때, 결국 평균 사다리 점수와 국가 규모 간에 단순한 상관관계는 존재하지 않는다(삶의 평가에 있어, 큰 규모의 국가들이 사다리 점수에서 조금이라도 높은 위치에 있다는 것이 밝혀지기는 했다).[27]

4. 세계 및 지역의 행복 추세

세계 및 지역별 평균을 내보면, 〈그림 4.4〉가 보여주듯이, 2007년과 2012년 사이에 캔트릴 사다리 점수가 세계 수준 및 각 지역 수준에서 일정 정도 수렴했다는

---

[27] 국가인구의 로그 값과 평균 사다리 점수는 아무런 상관관계가 없지만, 만약 인구의 로그 값이 〈표 4.1〉의 방정식에 포함될 경우 상관계수는 +0.075(t=2.7)가 된다. 만약 〈표 4.1〉 방정식의 잔차에 대한 인구 로그 값의 영향력을 추정해보면, 비슷한 상관계수인 +0.071(t=4.9)이 얻어진다.

증거가 나타난다. 라틴 아메리카와 카리브해(+7.0%), 독립국가연합(+5.9%), 사하라 이남 아프리카(+5.4%), 동아시아(+5.1%)에서는 의미 있는 증가를 보여주었는데,[28] 이 증가폭은 0에서 10에 이르는 캔트릴 사다리 척도에서 거의 0.5점 상승에 해당하는 것이다. 이와는 대조적으로 의미 있는 쇠퇴를 보인 네 지역이 있다. 즉, 중동과 북아프리카(-11.7%), 남아시아(-6.8%), 북아메리카와 오세아니아(-3.2%), 서유럽(-1.7%)이 그것이다. 중부유럽과 동부유럽의 경우, 지역 평균에 있어 의미 있는 변화를 보이지는 않았다. 물론 다른 지역에서와 마찬가지로 이곳에서도 증가와 상승이 있었지만 양자의 상쇄에 의해 큰 변화를 보이지는 않았다. 세계 전체를 보자면, 0.5% 증가한 것으로 나타나는데, 이는 의미 있는 변화 정도는 못된다.

〈그림 4.5〉를 보면 각 지역 내의 다양한 추세를 포착할 수 있다. 이는 130개 국가를 포괄하고 있으며, 2005~07년 기간과 2010~2012년 기간을 비교한 것이다. 여기서 삶의 평가 점수가 의미 있게 상승한 국가들은 노란색으로, 의미 있게 하락한 국가들은 붉은색으로, 그리고 의미 있을 정도로는 변화하지 않은 나머지 국가들은 파란색으로 표시되어 있다. 각 집단에 소속된 국가들의 숫자 또한 해당 부분에 표기되어 있다. 전반적으로 볼 때, 양 기간에 걸쳐 국가별 평균 점수는 좀 더 많은 국가에서 상승한 것으로 나타난다. 즉 60개 국가는 의미 있게 상승했고, 41개 국가는 의미 있게 하락했으며, 나머지 29개 국가는 거의 변화추세를 보이지 않는다.

지역별로 좀 더 자세하게 살펴보자. 확산율 및 규모에서 가장 큰 상승을 보인 지역은 라틴 아메리카와 카리브해, 그리고 사하라 이남의 아프리카이다. 라틴 아메리카와 카리브해 지역에서는, 3/4 이상의 국가들이 평균 행복도에서 의미 있는 상승을 보이고 있는데, 인구수를 가중평균 했을 때 이는 2005~07년 기간에 비해

---

[28] 동아시아의 증가 규모는 중국의 증가 규모와 거의 정확히 같다. 이 지역 내에서 중국의 인구는 전체 인구의 86%나 차지한다. 중국에서의 증가는 2005~10년 기간 동안의 몇 가지 다른 조사들에서 발견된 것에 필적한다. Easterlin et al.(2012) 참조.

7.0%나 행복도가 증가한 것이다.[29] 사하라 이남의 아프리카의 경우에는, 조사 대상 27개 국가 중 16개 국가가 삶의 평가에서 의미 있는 상승을 보였으며, 전 지역의 평균 점수에서도 5% 이상 증가했다.[30] 반면에 남아시아 지역의 2/3 국가들은 의미 있는 하락을 보였다. 그리고 평균적으로, 동유럽 국가들은 사다리 점수에서 의미 있는 감소를 보였으며, 그에 비해 중부유럽과 서부유럽의 국가들은 거의 변화를 보이지 않았다. 서유럽의 경우에는 다양한 추세가 인상적이다. 17개 국가 중 6국가가 의미 있는 상승을 보였다. 하지만 7개 국가는 의미 있는 하락을 보였는데, 이 중 유럽 재정위기로부터 직격탄을 맞은 4국가, 즉 포르투갈, 스페인, 이탈리아, 그리스가 가장 큰 하락폭을 보였다. 중부와 동부유럽의 경우, 4개 국가는 의미 있는 상승을 보였지만 나머지 4개 국가가 의미 있는 하락을 보여 전체적으로는 균형을 이루고 있다. 이제 다음 섹션에서 우리는 좀 더 세밀하게 분석하기 위해 국가별 데이터에 관심을 집중할 것이다. 하지만 관심이 집중될수록 샘플의 사이즈는 줄어들고 있다는 사실을 인정해야 한다.

5. 국가별 행복 추세

〈그림 4.6〉은 2005~2007년 기간과 2010~2012년 기간의 국가별 사다리 평균 점수를 비교하여 그 증가량의 크기에 따라 순위대로 나열한 것이다. 양 기간의 사다리 점수는 각각 막대기 길이로 표시되어 있는 데, 여기서 그 끝에 수평선의 형태로 표시된 부분은 측정의 95% 신뢰 영역을 나타내는 것이다. 각 나라의 두 막대기 길이를 비교하면 양 기간에 걸친 사다리 점수의 의미 있는 변화를 쉽게 포착할

---

[29] 21 국가에서 평균 점수는 0.435점 증가했는데, 2005~07 기간의 평균사다리 점수는 6.22점이었다.

[30] 27 국가에서 평균 점수는 0.241점 증가했는데, 이는 2005~07 기간의 평균사다리 점수인 4.385점의 5.5%에 해당하는 것이다.

수 있다. 다만 모든 국가를 조사 대상에 포함시키지 못했기에 130개 국가만이 순위에 따라 배열되고 있다.

130개 국가 중에서 여기서는 0~10의 척도에서 0.5점 이상 변화한 32개 국가들만을 집중해서 논의할 것이다. 이중에서 19개 국가는 개선되었지만, 13개 국가는 악화되었다. 개선된 32개 국가 중 과반수인 10개 국가가 라틴 아메리카와 카리브해 지역의 국가들이며, 1/5 이상이 사하라 이남의 아프리가 국가들이다. 나머지 국가들 중 두 국가는 동유럽 국가이고, 하나는 독립국가연합이다. 그리고 아시아의 두 국가인 한국[31]과 태국도 여기에 포함된다. 하지만 서유럽 국가들을 포함해 어떤 산업국가도 여기에 포함되지 못했으며, 중동과 북아프리카의 국가들도 마찬가지다.

0.5점 이상 하락한 13개 국가도 있다. 이 중 4개 국가는 중동과 북아프리카 국가이고, 3개는 사하라 이남의 국가이며, 2개는 아시아 국가이다. 그리고 3개는 서유럽 국가이며, 1개만이 라틴 아메리카와 카리브해 지역의 국가이다.

6. 행복도 변화의 원인

〈그림 4.7〉을 통해, 우리는 세계 및 10개 지역 각각에서 행복에 영향을 미치는 6개 주요 변수들의 양태 및 그 변화를 파악할 수 있다. 지역별로 인구수에 따라 가중치가 부여되었기에, 각각의 수치는 각 지역 인구 전체를 대변한다.

〈그림 4.7.1〉[32]은 세계 및 10개 지역의 '일인당 GDP'의 2005~2007 기간과

---

[31] 거시경제 및 행복 측정값에서 위기 이후 한국은 예외적인 성과를 보여준 바 있다. 이에 대해 좀 더 상세한 논의는 Helliwell, Huang & Wang(2013) 참조.

2010~2012 기간의 현황과 그 변화 정도를 보여준다. 일인당 GDP는 미국과 캐나다, 호주와 뉴질랜드의 4개 국가를 제외하고 거의 모든 국가에서 증가했는데, 동아시아, 중부와 서부유럽, 독립국가연합, 라틴 아메리카에서 GDP의 절대량이 가장 크게 증가했다. 그리고 증가의 비율로 볼 때 남아시아가 가장 크게 늘었는데, 이는 주로 인도의 영향 때문이다.

GDP와 대조적으로 '사회적 지원', 즉 필요시 의존할 사람의 숫자는 대부분의 지역에서, 그리고 세계 전체에서 줄어들었다. 사회적 지원은 사하라 이남 아프리카, 남동 아시아, 독립국가연합에서 의미 있게 증가하기는 했다. 하지만 기타 지역에서, 그리고 세계 전체에서 일반적으로 감소했는데, 특히 남아시아, 중동, 북아프리카에서 감소폭이 컸다. 유럽사회조사(ESS)는 '신뢰'(trust)와 관련된 광범위한 질문지를 포함하고 있는데, 이 조사에 따르면 사회적 신뢰는 삶의 평가에 있어 강한 결정요인에 해당하는 것이다. 삶의 평가에 있어 이처럼 신뢰수준이 중요하다는 것은 체제전환 중인 동유럽 국가들에서도 확인된다. 즉 이들 국가는 서유럽에 비해 신뢰수준이 낮은 것이 사실이지만 유럽의 평균수준으로 수렴하고 있는데, 이러한 사실은 경제위기 이후에도 이들의 삶의 평가 점수가 상승한 이유를 설명함에 있어 신뢰수준이 소득보다도 더 중요해졌다는 것을 말해주는 것이다.[33]

'부패에 대한 인식'은 라틴 아메리카와 서유럽, 동아시아에서 의미 있게 개선되었으며(즉, 낮아졌으며), 반면에 북아프리카, 호주, 뉴질랜드와 중동, 북아프리카, 사하라 이남 아프리카에서 악화되었다(즉, 높아졌다). 소득수준의 차이에 거스르려는 '관대성'(generosity)의 정도는 아시아, 중부유럽과 동부유럽, 독립국가연합 그리고 세계 수준에서 의미 있게 확대되었지만, 그 반면에 사하라 이남 아프리카, 서유럽, 라틴 아메리카, 중동, 북아프리카에서는 의미 있게 축소되었다. 인생의 선

---

32 수평축 위의 일인당 GDP 단위는 GDP에 자연로그를 취한 값이다.
33 Helliwell, Huang & Wang(2013) 참조.

택과 관련된 '자유의식'은 사하라 이남 아프리카, 남동 아시아, 라틴 아메리카에서 의미 있게 증대했지만, 그 반면에 남아시아, 북아프리카, 오세아니아, 중동과 북아프리카에서는 축소했다. 이상에서 우리는 지역별 행복에 영향을 미치는 6개 주요 변수들에 대해 살펴보았는데, 개별 국가들 간에는, 〈그림 4.3〉에서 이미 살펴보았듯이, 그 다양성의 정도가 훨씬 심하게 나타나고 있다.

우리는 여기서 유럽 재정위기로부터 직격탄을 맞은 서유럽의 4개 국가에 대해 특별한 관심을 기울이려 한다. 경제적 변화가 주관적 웰빙에 얼마나 크게 영향을 미치는지를, 특히 경제변화에 의해 국가의 사회적, 제도적 조직의 손상이 수반될 경우에, 이들 국가를 통해 살펴볼 수 있기 때문이다. 〈표 4.2〉가 보여주듯이, 이들 4개 국가는 유럽 재정위기에 의해 삶의 평가 점수에서, 그리고 평균 행복도의 감소 규모에서 최악의 영향을 입었는데,[34] 그 부정적 영향력의 정도는 〈표 4.1〉의 방정식에 포함된 6개 변수들의 변화에 의해 어느 정도는 설명이 가능하다. 하지만 이러한 설명으로 충분한 것은 아니기에 다른 요인에도 주목할 필요가 있다. 주관적 웰빙이 하락한 이유 중 일정 부분은 각 국가에서 증가하는 실업률을 통해 설명이 가능하다.

우선 주목할 필요가 있는 것은, 경제적 위기가 이들 4개 국가에 초래한 부정적 결과가 실로 엄청나다는 사실이다. 이들 국가는 10점 척도의 삶의 평가 점수에서 2/3점(약 0.67점)이나 하락했다. 이는 〈그림 4.3〉에서의 국제 순위에서 대충 20계단이나 하락한 것에 상응하며, 또한 일인당 GDP가 반토박이 난 정도에 상응하는 것이다.[35] 2005~2007 기간과 2010~2012 기간을 비교할 때, 행복의 손실을 겪은

---

[34] 네 국가는 조사기간에서 약간의 차이가 있으며 따라서 변화의 비교 가능성에 있어서도, 최소한 포르투갈의 경우에는, 차이가 있다. 4개 국가 모두에서 2010년, 2011년, 2012년에 조사가 이루어 졌기에 이 기간에서 문제가 발생하지는 않는다. 하지만 출발점에서 볼 때, 그리스, 스페인, 이탈리아는 2005년과 2007년의 조사 평균을 토대로 하는데 비해, 포르투갈은 2006년의 단일 조사를 토대로 하고 있다.

국가들 중 그리스가 2번째, 스페인이 6번째, 이탈리아가 8번째이고, 포르투갈은 20번째이다. 이러한 손실의 규모는 단순히 소득이 더 낮아짐으로써 초래되는 것보다 훨씬 더 큰 것으로 예상되며, 또한 실제로 그런 것으로 확인된다. 만약 경제위기를 겪지 않은 상태에서 일인당 GDP가 10% 하락했다면, 주관적 웰빙의 평균 점수에서의 손실은 0.04점보다 작을 것으로 추산되는데, 여기서 0.04점이라는 수치는 4국가의 평균적인 하락폭의 1/10에도 못 미치는 것이다. 〈표 4.2〉가 보여주듯이, 이들 4국가 중 3국가에서 '일인당 GDP'가 비록 위에서 가정했던 10%를 넘을 정도는 아니지만 실제로 크게 하락했다. GDP 이외의 다른 5개 요인들은 국가에 따라 개선된 것도 있고 악화된 것도 있지만, 평균적으로 볼 때 하락한 것으로 나타난다. '건강 기대수명'은 계속 늘어나서 주관적 웰빙을 증진시키고 있지만, 여타 요인들은 모두 반대방향으로 움직이고 있다. 삶의 평가 하락에 가장 큰 직격탄을 날린 것은 핵심적인 삶을 선택할 수 있는 '자유의식'이다. 각 국가들에서 재정위기는 개인들의 기회를 제한하는 경향이 있다. 각종 서비스가 축소될 뿐 아니라, 기대했던 기회들도 날아가 버린다. 4국가 중 3국가에서는 또한 경제와 정치 부분에 대한 '부패인식'이 증대했다. '사회적 지원'과 '관대성' 역시 3국가에서 하락했다. 이상에서 언급한 6개 요인들 각자가 주관적 웰빙에 부분적인 영향을 미치며, 또한 이것들 모두가 결합되어 주관적 웰빙이 하락한 이유를 설명해주지만, 그 이유의 상당 부분을 설명해줄 또 다른 요인들도 존재한다.

우리가 고찰해볼 필요가 있는 가장 유력한 후보는 '실업률'이다. 실제로 각 국가에서 실업률은 크게 상승했는데, 이는 실업자 자신들의 행복에 큰 부정적 영향을

---

35 그 손실폭은 제1차 세계 행복 보고서의 같은 국가들의 순위와 비교할 때에도 거의 마찬가지로 크게 나타난다. 그 2012년의 보고서는 2005년부터 2010년을 거쳐 2011년 이르기까지 모든 기간을 포함하고 있으며, 따라서 최소한 유로존 위기가 시작되는 기간을 포함하고 있다. 그 보고서의 〈그림 4.3〉이 보여주듯이, 4국가의 평균 사다리 점수의 순위는 41위이다. 하지만 이 2차 보고서의 〈그림 4.3〉에 따르면, 4국가의 순위는 59로 하락하는데, 이 2013년의 보고서는 2010~2012 기간의 조사에 토대를 둔 것이다.

미쳤을 뿐만 아니라, 이들과 가까이 있는 사람들이나 다가올 장래의 실업 문제를 염려하는 사람들에게도 큰 영향을 미쳤다. 국가별 실업률에 대한 광범위하고도 충실한 데이터가 부족한 관계로, 실업 요인은 〈표 4.1〉의 6개 요인에는 들지 못했다. 그래서 지금 우리는 그 갭을 국가별 실업률에 대한 OECD의 데이터를 활용해서 메꾸고자 한다. OECD의 데이터는 〈표 4.1〉 모델이 설명해주지 못하고 있는 삶의 평가 점수에서의 차이를 해명하는데 도움을 줄 것이다.[36] 이러한 절차를 통해 최선을 다해 추산하자면, 국가의 실업률이 1% 오를 때마다 주관적 웰빙 평균 점수가 10점 척도에서 0.033점 하락하는 것으로 나타난다.[37] 이 수치는 실업자 개인에 대한 광범위한 비금전적 효과로부터 유래될 수 있는 것의 몇 배나 되는 수치이다. 왜냐하면 그것은 실업자 자신에 대한 비금전적 효과에다, 아직까지 실업을 면한 사람이나 노동력을 갖추지 못한 사람들에게도 미치는, 좀 더 작지만 폭넓은 효과들을 결합해서 얻은 수치이기 때문이다. 우리가 추산한 수치가 큰 것이 사실이지만, 이는 미국으로부터 얻은 데이터와 매우 흡사한 수치이며,[38] 유럽[39]이나 라틴 아메리카[40]의 이전 연구에서 얻은 수치보다 더 적은 수치이기도 하다. 따라서 우리는, 우리가 이들 4개 국가에서의 실업률 증가가 초래하는 행복에 대한 부정적 효과를 과장하고 있는 것이 아니라고 확신한다.

---

36 현재 경우에, 이것은 적절한 경험 전략이라 할 수 있다. 왜냐하면, 4개 국가들 모두 좁게 볼 때 OECD의 구성국이기 때문이다.

37 176회의 OECD 관측에 따르면, 실업률은 잔여변량의 7.8%를 설명해주며, 상관계수는 0.033 (t=3.8)으로 나타난다.

38 특히 Helliwell & Huang(2011)의 증보판을 참조.

39 Di Tella et al.(2001, 2003)은 4점 척도를 지닌 유로바로미터(Eurobarometer)의 데이터를 사용하고 있는데, 이것으로는 직접적 비교가 곤란하다. 그러나 개인 수준과 국가 수준의 실업 상관계수의 비율을 비교함으로써 근사 비교는 할 수 있다. 이 비교를 통하면 실업률의 효과가 고용 상태에 비해 거의 2배에 이르는 것으로 추정된다.

40 유로바로미터와 같은 척도를 가진 라틴-바로미터(Latino-Barometer)를 사용하고 있는 Ruprah & Luengas(2011)도 총 실업의 효과가 Di Tella et al.(2002)와 같다는 것을 발견했다. 다만 개인적 실업의 효과는 좀 더 작게 나타났다.

포르투갈의 경우, 4국가 중 삶의 평가 점수가 가장 적게 하락하기는 했지만, 실업률의 증가가 주관적 웰빙의 전체 하락을 충분히 설명해준다. 나머지 3국가에서도 실업률의 설명력은 1/2에서 2/3에 이른다. 평균적으로 볼 때, 〈표 4.2〉의 마지막 줄이 보여주듯이 6개의 요인이 삶의 평가 점수 하락의 1/3을 설명해주고, 실업률의 증가 또한 1/3을 설명해주며, 나머지 1/3은 다른 이유들에 의해 설명된다. 이러한 현상이 나타나는 이유는 재정위기가 취업률의 전망에 심대한 손상을 입혔지만, 또한 동시에 개인과 공동체의 역량을 제한했으며, 특히 재정난에 처한 정부의 성취 능력을 심대하게 제한했기 때문이다. 이들 국가에서의 행복도 하락이 경제적 요인뿐만 아니라 사회적 요인 때문이기도 하다는 이러한 우리의 결론은 긍정적, 부정적 정서의 측정으로부터 얻은 증거에 의해서도 뒷받침된다. 이미 살펴보았듯이 긍정적, 부정적 정서는 경제적 조건보다는 사회적 조건에 크게 의존한다. 정서 변화의 패턴들은 그 상대적 규모에 있어 삶의 평가의 변화 패턴에 상응한다. 그리스와 스페인의 경우, 긍정적 정서는 하락하고 부정적 정서는 상승했는데, 그 변화의 정도는 삶의 평가 점수의 변화에 비례했다.[41] 이탈리아에서 정서 양태는 혼합적이었지만, 포르투갈에서는 의미 있는 변화를 보이지 않았다.[42] 양 정서 측정치의 변화 순위 및 사다리 점수의 변화 순위는 〈표 4.3〉이 보여준다. 그리스의 경우는 다른 국가들과 달리 정서의 변화가 삶의 평가 변화에 비해 상대적으로 더 컸는데, 이는 국제 순위에서의 큰 하락에 반영되고 있다.

그리스는 정서 측정치와 삶의 평가 측정치에서 가장 큰 변화를 보이고 있는데,

---

[41] 그리스의 경우, 긍정적 정서의 평균치는 0.71에서 0.60으로 하락한 반면, 부정적 정서는 0.24에서 0.32로 증가했다. 스페인의 경우, 긍정적 정서는 0.77에서 0.71로 하락한 반면, 부정적 정서는 0.25에서 0.35로 증가했다. 비율의 관점에서 볼 때, 그리고 국가 순위의 가정적 변동이라는 관점에서 볼 때, 이것들은 삶의 평가에서의 변화폭만큼이나 큰 것이다.

[42] 이탈리아의 경우, 긍정적 정서는 0.70에서 0.64로 하락했지만 부정적 정서는 변하지 않았다. 4개 국가 중 삶의 평가 점수가 가장 적게 하락한 바 있는 포르투갈의 경우, 정서에서의 의미 있는 변화는 없었다. 즉 긍정적 정서는 약간 올랐으며, 부정적 정서는 약간 하락했을 뿐이다.

그 변화폭은 경제위기에 의해 설명 가능한 정도를 넘어선다. 연구결과에 따르면, 만약 위기 상황이라도 신뢰 수준 및 여타 사회적, 제도적 수준이 충분히 높고 잘 지속된다면, 경제 위기나 여타 위기들을 더욱 수월하게 견뎌낼 수 있으며, 또한 협조 행위를 통해 주관적 웰빙을 증진시키는 것도 가능하다고 한다.[43] 유럽사회조사(ESS)는 이에 대한 유용한 증거를 제공해주고 있는데, 이 조사는 4국가를 모두 포괄하고 있으며, 또한 두 개의 삶의 평가와 몇 가지의 '신뢰'(trust) 측정치를 지니고 있다. 유럽사회조사의 삶의 평가는 그리스에서의 행복 손실이 여타 국가들에 비해 훨씬 크다는 것을 보여주고 있는 갤럽월드폴(GWP)의 조사를 반영하는 거울과도 같다.[44] 유럽사회조사의 신뢰에 관한 데이터는 이러한 이유를 꿰뚫어 볼 수 있는 통찰력을 제공해준다. 그리스의 경우 비록 일반적인 사회적 신뢰 수준은 대체로 위기 이전 수준을 유지하고 있지만, 경찰과 사법체계에 대한 신뢰는 크게 하락했다. 스페인과 포르투갈의 경우 경찰에 대한 신뢰가 위기 이전 수준으로 안정적으로 유지되었으며, 심지어는 약간이나마 상승하기도 했다. 반면에 그리스에서 경찰에 대한 신뢰는 25%나 하락했다. 사법체계에 대한 신뢰는 3국가 모두에서 의미 있게 하락했지만, 그리스는 이들 국가들에 비해 거의 3배나 하락했다. 신뢰 측정치는 주관적 웰빙에 강력한 영향을 미치는 요인이기 때문에,[45] 제도적 신뢰의 핵심요소들에서 나타나고 있는 이러한 잠식은 그리스에서 나타나고 있는 예외적으로 큰 행복의 손실에 대한 이유를 잘 설명해주고 있다.

---

[43] Desmukh(2009)에 따르면, 2004년의 쓰나미가 인도네시아의 아체지역과 스리랑카의 자파지역에 대체로 같은 물질적 손실과 인명 손실을 가져왔지만, 인도네시아에서 행복에 미친 결과가 훨씬 나았다. 물질적 재난이 '평화 배당금'(peace dividend)을 지급하도록 했는데, 그 효과는 스리랑카와는 반대로 나타났다. 여러 사례를 통해 Helliwell et al.(2013)은 재난이 닥쳤을 경우에도 사회적 자본이 행복에 긍정적 혜택을 가져올 수 있다는 것을 입증했다.

[44] 이탈리아는 유럽사회조사(ESS)의 처음 두 차례 조사에 포함되었지만, 2006~2010 기간의 총 5회 조사 중 나머지 3차례에는 포함되지 않았다. 따라서 ESS의 데이터를 활용한 우리의 이번 비교는 그리스, 포르투갈, 스페인에 대한 것이다.

[45] Helliwell & Wang(2011) 참조.

7. 행복은 얼마나 평등하게 분배되고 있는가?

2012년의 첫 번째 〈세계 행복 보고서〉에서, 우리는 국가와 지역의 행복수준이 매우 중요하지만, 또한 개인 및 집단 간의 행복 분배 양상도 똑같이 중요하다고 강조한 바 있다. 그동안 우리는 소득 불평등의 수준 및 추세에 대해 큰 관심을 기울여 왔다. 그리고 소득불평등의 증가에 대한 관심이 많은 국가에서 최근 경제사를 특징짓고 있기도 하다.[46] 하지만 소득 불평등과 평균 행복도 사이의 경험적 연관관계를 측정하려는 시도 또한 존재해 온 것이 사실이다.[47] 문제는 대체로 이러한 연구 결과가 혼합적이며 명료하지 않았다는 점이다. 이제는 소득의 분배뿐만 아니라 행복 그 자체의 분배에 대해서도 주의를 더 기울여야 할 때이다.

지금까지 제시된 데이터는 모두 국가별, 지역별 평균에 기초한 것이다. 국가 및 지역 간의 행복 분배에 대한 우리의 분석에 따르면, 전 지구적으로 행복이 수렴되고 있다는 증거를 보여준다. 그리고 행복도가 가장 낮은 지역인 사하라 이남의 아프리카 지역에서 행복도의 증가가 가장 높게 나타나고 있음을 보여준다. 이제 우리는 지역 내 개인들 간의 불평등에 대해 논의할 차례다. 〈그림 4.8〉은 95% 신뢰구간을 지닌 두 개의 불평등 측정치를 보여주는데, 이들은 세계 전체 및 10개 지역에 거주하는 개인들 사이의 사다리 점수 배분 상황에 대한 것이다.[48] 첫째 측정치는 2005~2007 기간을 대상으로 한 것이며, 둘째 측정치는 2010~2012 기간의 가장 최근 시기를 대상으로 한 것이다. 분석을 위해 우리는 각 지역별 인구수에 따라 가중치를 부여하였다.

---

[46] 대표적인 예로, OECD(2008, 2011)와 Wilkinson & Pickett(2009) 참조.
[47] 대표적인 예로 다음을 참조. Diener & Oishi(2003), Graham & Felton(2006), Oisch et al. (2011), Schwarze & Haerpfer(2007), 그리고 Van Praag & Ferreri Carbonell(2009).
[48] 신뢰구간을 구축하기 위해 부트스트랩 표준오차(500회의 부트스트랩 반복추출)가 사용되었다.

2010~2012 기간의 행복도의 불평등 상황을 보자. 가장 불평등이 심한 지역은 중동과 북아프리카, 사하라 이남 아프리카, 그리고 남아시아이다. 세계 전체의 불평등 정도는, 지역 간 및 지역 내 차이를 모두 고려할 때, 대부분의 지역을 개별적으로 측정할 때보다 높게 나타나고 있는데, 그 불평등의 정도는 대략 남아시아 정도의 수준이다.

그러면 행복도의 불평등은 악화되는가, 개선되는가? 2010~2012 기간을 과거의 2005~2007 기간과 비교해보면, 라틴 아메리카와 독립국가연합, 그리고 동남아시아에서 불평등이 줄어들었다. 하지만 여타 모든 지역에서 불평등이 늘어났으며, 세계 전체의 상황도 이와 마찬가지다.

8. 요약 및 결론

4장에서는 국가별, 지역별 데이터와 함께 세계 전체에 대한 데이터도 제공했다. 여기서 우리는 행복의 수준, 설명, 변화 및 평등에 대해 다루었는데, 주로 갤럽월드폴(GWP)의 삶의 평가를 토대로 했다. 행복에 대해 2007~2008년의 재정위기가 큰 충격을 주었음에도 불구하고, 세계는 지난 5년에 걸쳐 약간이지만 좀 더 행복해졌으며 또한 좀 더 관대해졌다. 특히 사하라 이남 지역에서 행복에 기여하는 요인들이 지속적으로 성장했으며, 더 확대된 유럽 지역에서는 사회구조적 평등과 관련해서 지속적인 수렴과정이 있었다. 따라서 큰 틀에서 볼 때, 행복 문제에 있어 일정한 진보 경향이 목격된다.

하지만 이러한 큰 틀 내에서도 지역별 양상은 사뭇 다르게 나타났다. 라틴 아메리카와 카리브해 지역에서는 삶의 평가와 행복의 분배에 있어 상당한 개선이 있었다. 반면에, 재정 위기의 영향을 받은 지역에서는 일반적으로 평등 문제가 더욱 악화되었는데, 특히 재정 위기와 정치적, 사회적 불안정이 결합된 지역에서 그러했다. 중동과 북아프리카가 이에 해당한다. 그리고 유로존의 국가 중 특히 4개 국가들이 이런 경우에 해당하는데, 이들 국가의 삶의 평가 점수 하락폭은, 소득의 손실과 실업률 증가가 초래할 것으로 예상되는 수준보다 훨씬 크게 나타난 것으로 분석된다.

남아시아의 경우도 인상적인데, 이 지역에서 평균적인 삶의 평가 점수는 크게 하락했다. 이 지역에서는 경제성장이 지속되었으며, 또한 관대성 부분에서도 큰 증가가 있었다. 하지만 이러한 요인이 가져올 긍정적인 효과는 사회적 지원의 하락 및 자유 의식의 하락으로 인한 강한 부정적 효과에 의해 상쇄되어 버렸다. 그리고 이 지역에서 행복 배분의 불평등 문제 또한 좀 더 악화되었다.

요약하자면, 전 지구의 행복 그림은 여러 색조로 이루어져 있다. 그리고 전반적으로 평균 행복도가 완만하게 상승하고 있지만, 여러 다양한 모습이 모자이크를 이루고 있으며 그 구성요소 또한 실질적으로 변화하고 있다. 라틴 아메리카와 카리브해, 그리고 사하라 이남 지역에서의 삶은 크게 개선되고 있는 반면에, 중동과 북아프리카에서는 악화되고 있다. 그리고 서유럽 산업국가들에서의 삶의 수준은 대체로 약간 하락하고 있으며, 유로존 위기로부터 직격탄을 맞은 국가들은 심각한 하락을 경험하고 있다. 유럽의 두 지역 사이에서는 경제적, 제도적, 사회적 차원들에서 삶의 질이, 비록 느리게 진행되고 있지만, 수렴되는 추세에 있다. 하지만 이들 지역 내에서도 그 구체적 모습은 다양하고도 복잡한 양태를 보이고 있다.

지금까지 우리는 전 지구적 데이터를 통해 삶의 질의 수준 및 변화에 대해 살펴보았다. 하지만 이것들은 예시적인 것에 불과하다. 이것들은 더 많은 데이터를 통해 지속적으로 보완될 필요가 있다. 또한 우리는 무엇이 행복에 기여하는지에 대해 더욱 잘 이해할 수 있도록 노력해야 할 것이다. 결국 우리가 지금까지 내려왔던 경험적 결론들은 잠정적인 것이다. 하지만 그럼에도 불구하고 그것들은 세상 사람들이 자신의 행복에 대해 어떻게 평가하는지에 대해, 그리고 삶의 질을 개선하기 위해 우리가 어떤 노력을 경주해야 하는지에 대해 많은 것을 시사해 주고 ~ 있다.

〈표 4.1〉 국가 간 평균 행복도를 설명하기 위한 회귀식(결합자료를 통한 최소제곱추정)

독립 변수	종속 변수			
	캔트릴 사다리	긍정적 정서	부정적 정서	캔트릴 사다리
일인당 GDP	0.283*** (0.073)	-0.005 (0.011)	0.010 (0.008)	0.293*** (0.075)
사회적 지원	2.321*** (0.465)	0.238*** (0.059)	-0.220*** (0.046)	1.780*** (0.423)
건강 기대수명	0.023** (0.008)	0.001 (0.001)	0.002* (0.001)	0.021* (0.008)
생애 선택의 자유	0.902** (0.340)	0.321*** (0.044)	-0.107* (0.047)	0.144 (0.333)
관대성	0.858** (0.274)	0.198*** (0.036)	0.001 (0.030)	0.359 (0.269)
부패 인식	-0.713* (0.283)	0.042 (0.038)	0.086** (0.026)	-0.843*** (0.249)
긍정적 정서				2.516*** (0.438)
부정적 정서				0.347 (0.546)
연도 (가변수. 준거년도: 2012)				
2005	0.289** (0.110)	-0.021* (0.010)	0.019* (0.009)	0.337** (0.104)
2006	-0.174*** (0.052)	-0.005 (0.009)	0.014+ (0.007)	-0.159** (0.052)
2007	0.079 (0.055)	0.002 (0.008)	-0.013* (0.006)	0.084 (0.053)
2008	0.149** (0.053)	0.005 (0.007)	-0.018** (0.006)	0.145** (0.054)
2009	0.059	0.002	-0.009	0.058

	(0.050)	(0.007)	(0.006)	(0.050)
2010	-0.011	-0.005	-0.016**	0.007
	(0.044)	(0.007)	(0.005)	(0.045)
2011	0.036	-0.007	-0.006	0.053
	(0.041)	(0.006)	(0.005)	(0.039)
상수	-0.383	0.267***	0.249***	-1.149*
	(0.498)	(0.064)	(0.055)	(0.518)
국가 수	149	149	149	149
관찰 횟수	732	732	733	729
조정된 R-스퀘어	0.742	0.482	0.232	0.773

주: 이것은 2005년에서 2012년까지 8년에 걸쳐 149개국에 대해 모든 가용한 설문자료를 결합하여 구축한 패널자료를 통해서 최소제곱추정(OLS) 방법으로 추정한 결과이다. '일인당 GDP'는 2005년 당시 국제 달러 가치로 조정된 '구매력 평가'(purchasing power parity)를 말하며, 2013년 4월 세계은행에서 발표한 세계발전지표(World Development Indicators)에서 취한 것이다. '건강 기대수명'에 대한 최신 데이터는 세계건강기구(WHO)로부터 2007년 것만 구할 수 있었다. 하지만 '기대수명'의 경우는 세계발전지표를 통해 모든 해당년도의 데이터를 구하는 것이 가능했다. 따라서 우리는 다른 해의 건강 기대수명을 구하기 위해 다음의 전략을 채택했다. 우선 우리는 2007년도의 양 자료를 토대로 국가별로 기대수명에 대한 건강 기대수명의 비율을 산출했다. 그런 다음 이 비율을 다른 해(즉 2005~2006과 2008~2012)에 적용해서 건강 기대수명을 산출했다. '사회적 지원'(즉 곤경 시에 의지할만한 사람을 가지는 것)은 갤럽월드폴(GWP)의 다음 질문에 대한 양자택일적 응답(0 또는 1)의 국가적 평균치이다. 즉, "당신이 곤경에 처했을 때, 당신은 언제든지 당신의 요청에 응할 의지할만한 친척이나 친구가 있습니까, 없습니까?" '삶의 선택에서의 자유'는 다음 질문에 대한 응답의 국가적 평균이다. 즉 "당신 삶에서 무엇을 할지 선택하는 당신의 자유에 대해 당신은 만족하십니까, 그렇지 못하십니까?" '관대성'은, "당신은 지난 달 자선단체에 돈을 기부하신 적이 있습니까?"라는 질문에 대한 응답의 국가적 평균치를 일인당 GDP에 회귀시켜 얻은 잔차이다. '부패 인식도'는 다음 두 질문에 대한 응답의 평균값이다. 즉, "부패가 정부에 만연해 있습니까, 그렇지 않습니까?" 그리고 "부패가 경제 부문에 만연해 있습니까, 그렇지 않습니까?" 상관계수들은 국가별로 응집되어 괄호 안에 강한 표준오차로 보고되어 있다. ***, **, * 그리고 +는 각각 0.1, 1, 5와 10% 수준의 통계적 유의도를 가리킨다.

〈표 4.2〉 경제적 타격이 컸던 유로존 4개 국가들에서 삶의 평가 하락에 미친 요인들

		국가				
		스페인	이탈리아	그리스	포르투갈	평균값
사다리 점수		-0.750	-0.691	-0.891	-0.305	-0.659
각 변수의 변화(Δ)에 의해 설명되는 정도	사회적 지원	-0.035	-0.081	0.051	-0.101	-0.042
	생애 선택의 자유	-0.053	-0.106	-0.174	-0.083	-0.104
	관대성	-0.013	-0.088	-0.109	0.044	-0.041
	부패 인식	-0.050	0.003	-0.079	-0.063	-0.047
	기대수명	0.030	0.020	0.026	0.038	0.029
	일인당 GDP	-0.005	-0.015	-0.009	0.001	-0.007
	합 계	-0.126	-0.267	-0.294	-0.162	-0.212
실업률		13.7	2.3	9.2	5.3	7.6
실업률의 변화(Δ)에 의해 설명되는 정도		-0.443	-0.074	-0.297	-0.171	-0.246

〈표 4.3〉 경제적 타격이 컸던 유로존 4개 국가들에서 정서와 삶의 평가 간의 관계

		국가				
		스페인	이탈리아	그리스	포르투갈	평균값
2005-07~ 2010-12	Δ 긍정적 정서	-0.033	- 0.056	-0.113	0.023	-0.045
	Δ 부정적 정서	0.096	-0.003	0.079	-0.025	0.037
WHR I (2005-11) ~ WHR II (2010-12)	Δ 사다리 순위	-16	-17	-28	-12	-18
	Δ 긍정적 정서 순위	-1	-5	-16	6	-4
	Δ 부정적 정서 순위	-15	-6	-34	10	-11

〈그림 4.6.1〉 행복도 비교: 2005~07 기간과 2010~12 기간

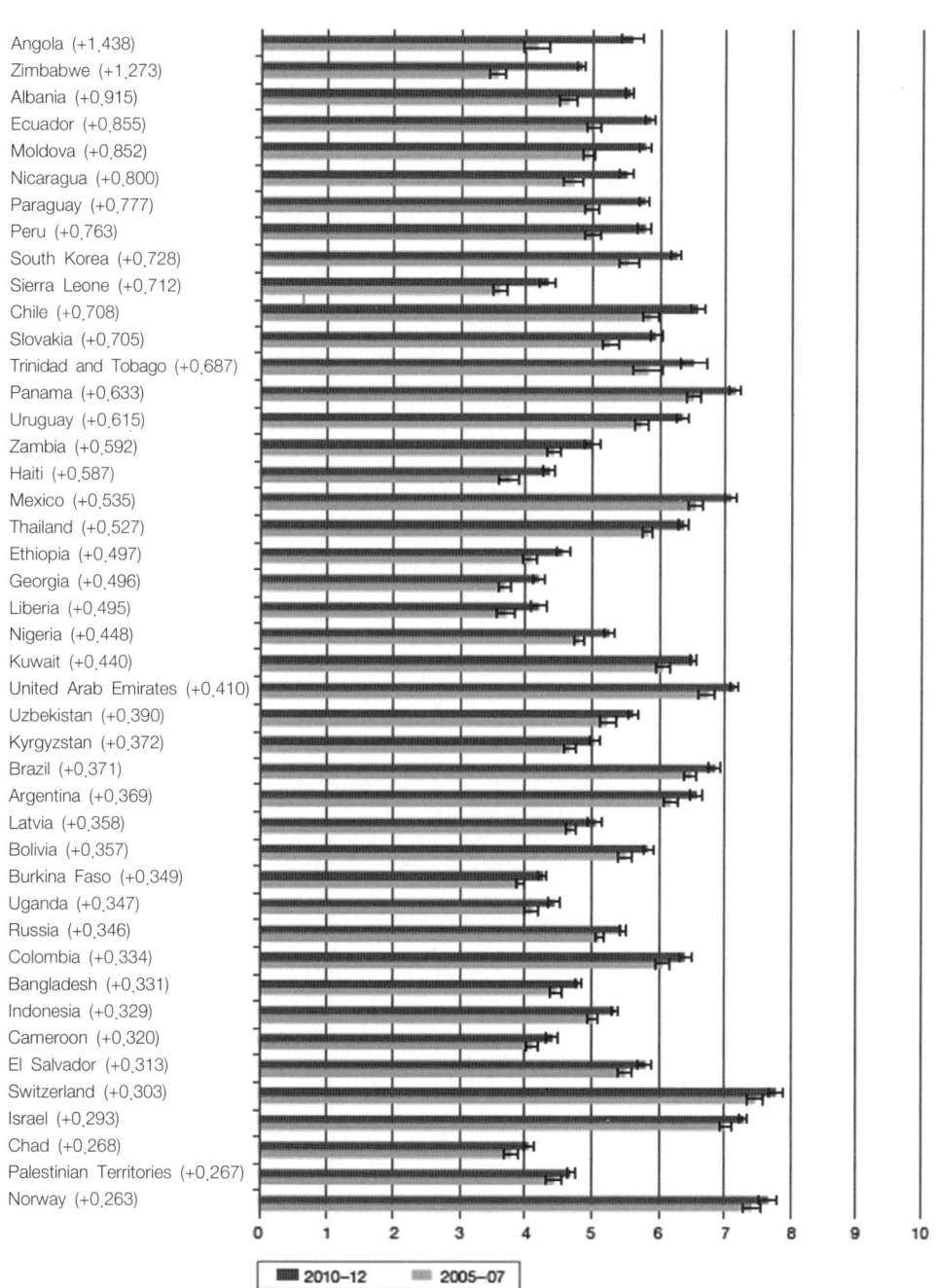

〈그림 4.6.2〉 행복도 비교: 2005~07 기간과 2010~12 기간

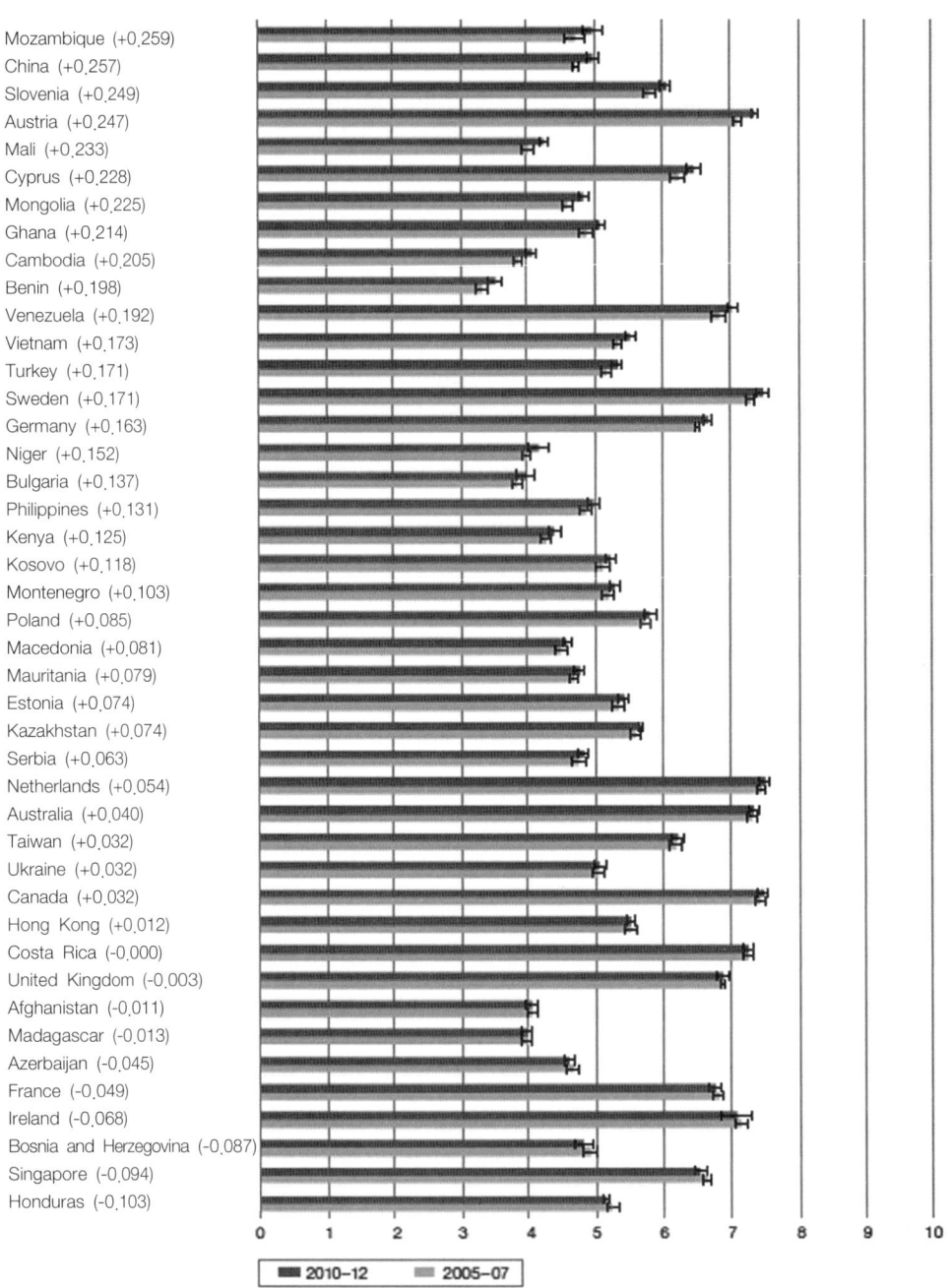

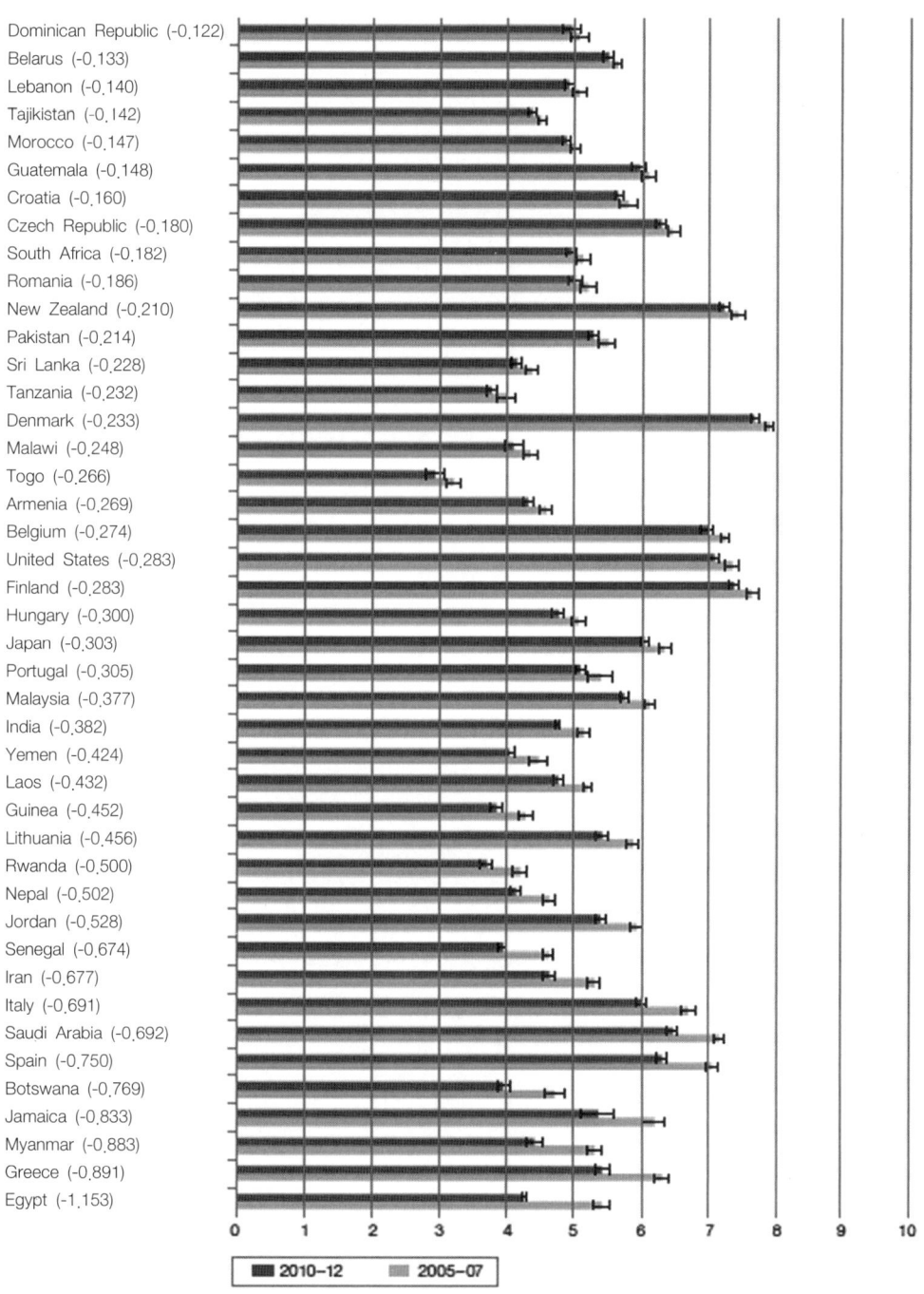

〈그림 4.6.3〉 행복도 비교: 2005~07 기간과 2010~12 기간

〈그림 4.7.1〉 지역별 1인당 국내 총생산(인구수 가중치): 2005~07 기간과 2010~12 기간

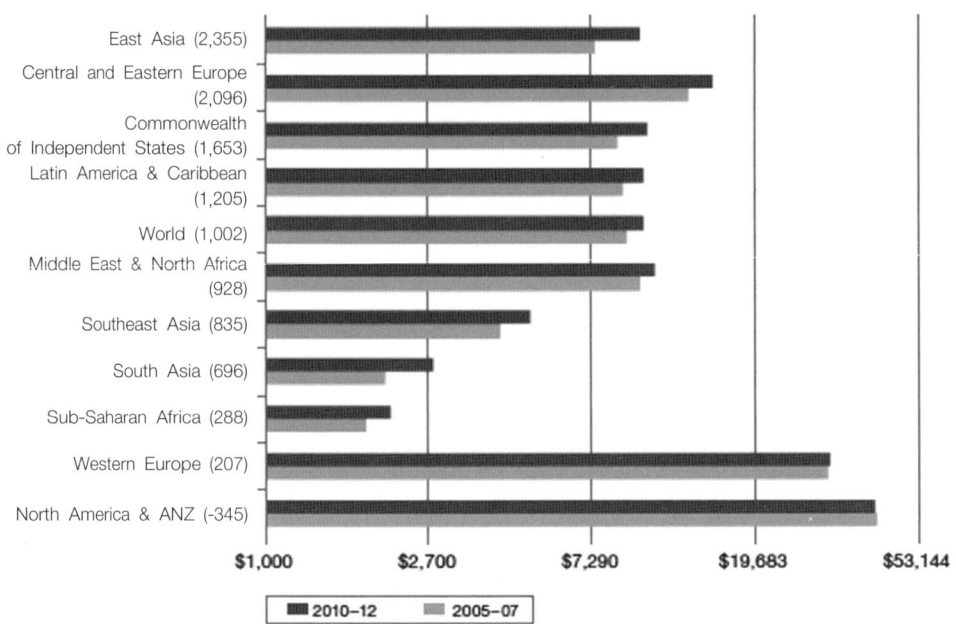

〈그림 4.7.2〉 지역별 사회적 지원의 수준: 2005~07 기간과 2010~12 기간

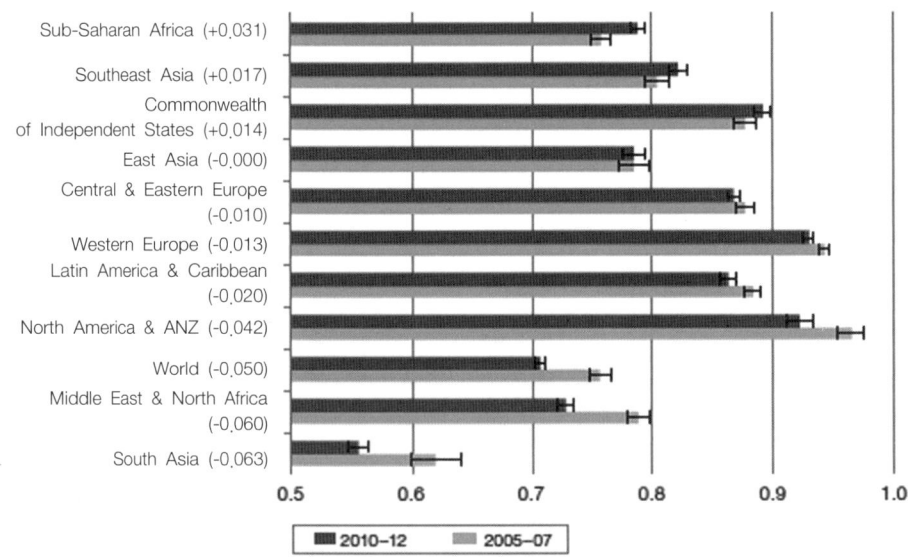

〈그림 4.7.3〉 지역별 부패 인식 정도: 2005~07 기간과 2010~12 기간

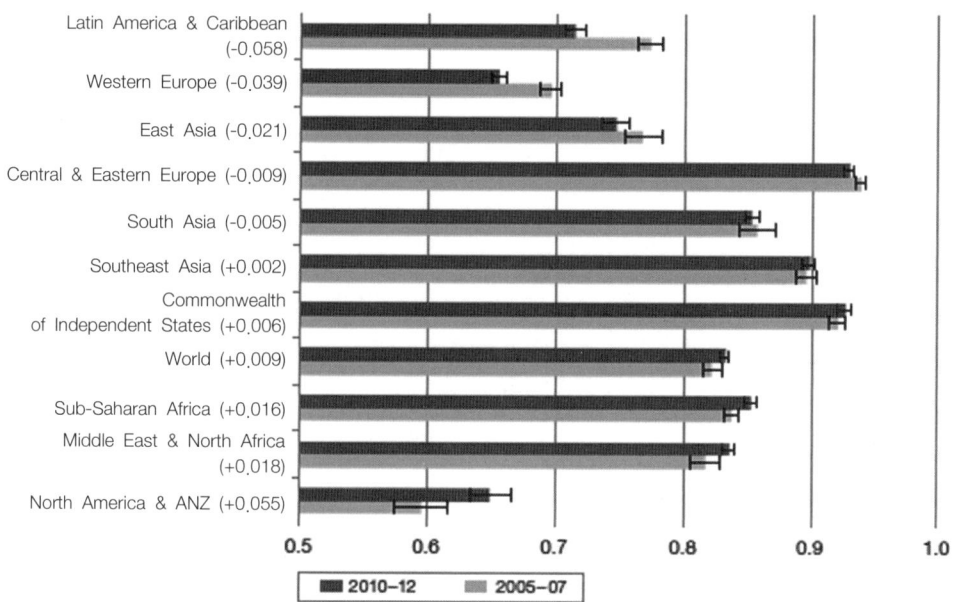

〈그림 4.7.4〉 지역별 관대성(기부) 수준: 2005~07 기간과 2010~12 기간

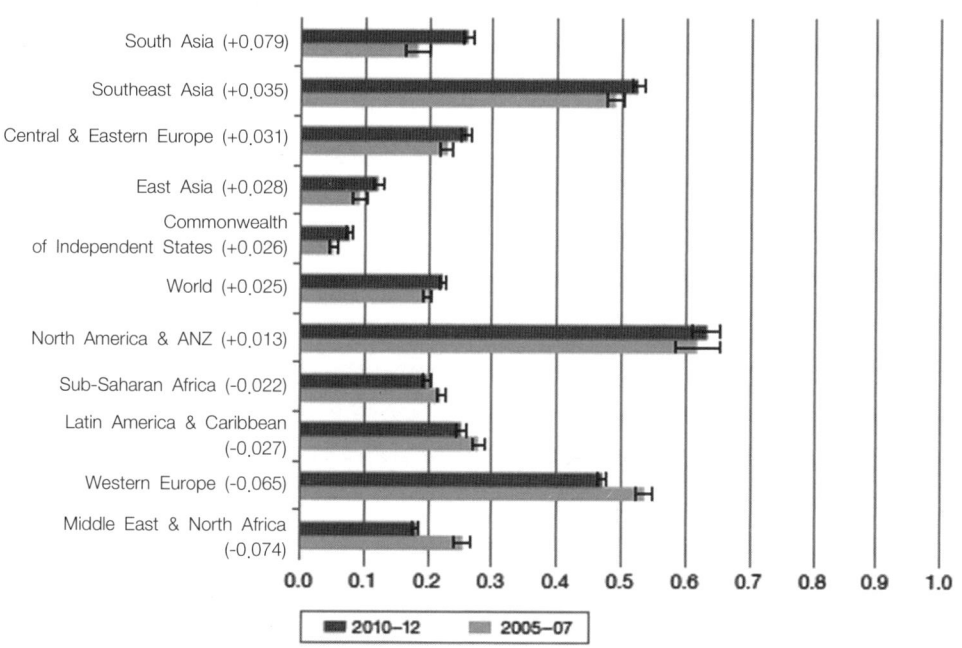

〈그림 4.7.5〉 지역별 생애 선택의 자유 수준: 2005~07 기간과 2010~12 기간

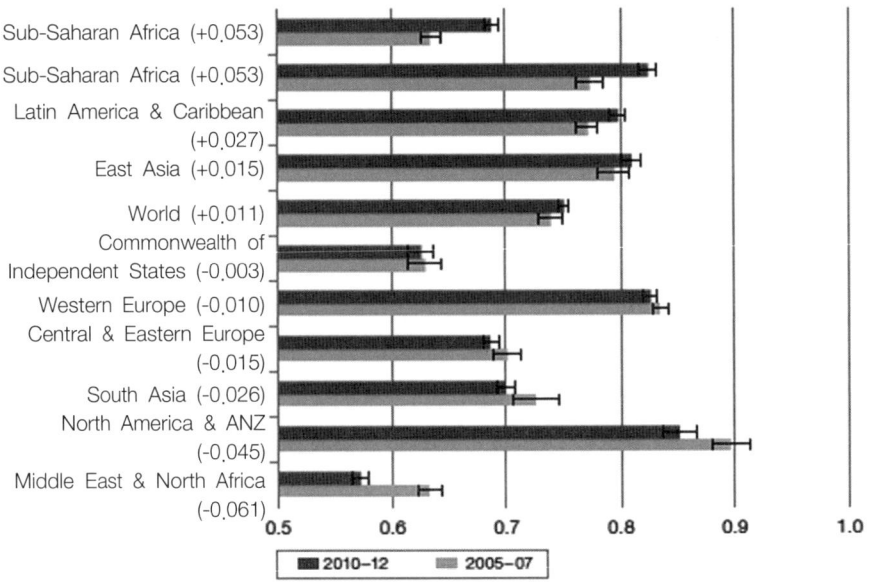

〈그림 4.8〉 행복의 지니계수 비교: 2005~07 기간과 2010~12 기간

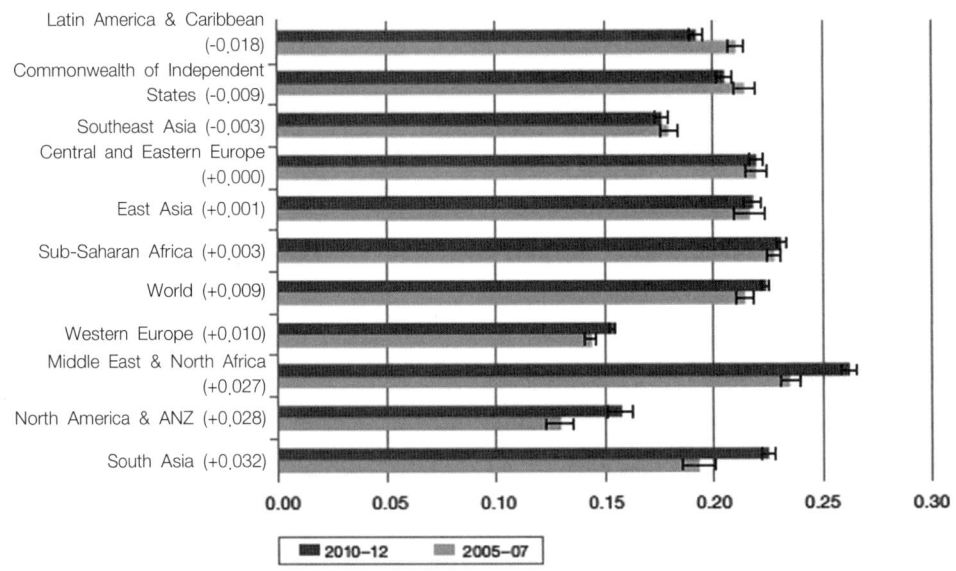

References

Alesina, A., Di Tella, R. D., & MacCulloch, R. J. (2004). Inequality and happiness: Are Europeans and Americans different? *Journal of Public Economics*, 88, 2009-2042.

Cantril, H. (1965). *The pattern of human concerns* (Vol. 4). New Brunswick, NJ: Rutgers University Press.

Deshmukh, Y. (2009). The "hikmah" of peace and the PWI. Impact of natural disasters on the QOL in conflict-prone areas: A study of the tsunami-hit transitional societies of Aceh (Indonesia) and Jaffna (Sri Lanka). Florence, ISQOLS World Congress, July 2009.

Diener, E., & Oishi, S. (2003). Money and happiness: Income and subjective well-being across nations. In E. Diener & E. M. Suh (Eds.), *Culture and subjective well-being* (pp. 185-218). Cambridge & London: The MIT Press.

Di Tella, R.D., MacCulloch, R. J., & Oswald, A. J. (2001). Preferences over inflation and unemployment: Evidence from surveys of happiness. *American Economic Review*, 91(1), 335-41.

Di Tella, R. D., MacCulloch, R. J., & Oswald, A. J. (2003). The macroeconomics of happiness. *Review of Economics and Statistics*, 85(4), 809-827.

Easterlin, R. A., Morgan, R., Switek, M., & Wang, F. (2012). China"s life satisfaction, 1990~2010. *Proceedings of the National Academy of Sciences*, 109(25), 9775-9780.

Gallup (2013, March). *Country data set details*. Retrieved from http://www.gallup.com/strategicconsult-ing/128171/Country-Data-Set-Details-May-2010.aspx

Graham, C., & Felton, G. (2006). Inequality and happiness: Insights from Latin America. *Journal of Economic Inequality*, 4(1), 107-122.

Helliwell, J. F., & Huang, H. (2011). New measures of the costs of unemployment: Evidence from the subjective well-being of 2.3 million Americans. *NBER Working Paper* No. 16829, Cambridge: National Bureau of Economic Research. Retrieved from http://www.nber.org/papers/w16829

Helliwell, J. F., Layard, R., & Sachs, J. (Eds.). (2012). *World happiness report*. New York:

Earth Institute.

Helliwell, J. F., Huang, H., & Wang, S. (2013). Social capital and well-being in times of crisis. *Journal of Happiness Studies.* doi: 10.1007/s10902-013-9441-z.

Helliwell, J. F. & Wang, S. (2011).Trust and well-being. *International Journal of Wellbeing*, 1(1), 42-78. Retrieved from www.internationaljournalofwellbeing. org/index.php/ijow/article/view/3/85

Inglehart, R. (2010). Faith and freedom: Traditional and modern ways to happiness. In E. Diener, J.F. Helliwell & D. Kahneman (Eds.), *International differences in well-being* (pp. 351-397). New York: Oxford University Press.

Kahneman, D., & Deaton, A. (2010). High income improves evaluation of life but not emotional well-being. *Proceedings of the National Academy of Sciences*, 107(38), 16489-16493. doi: 10.1073/pnas.1011492107.

Knight, J., & Gunatilaka, R. (2010). The rural-urban divide in China: Income but not happiness? *Journal of Development Studies*, 46(3), 506-534.

Krueger, A. B., Kahneman, D., Schkade, D., Schwarz, N., & Stone, A. A. (2009). National time accounting: The currency of life. In A.B. Krueger (Ed.), *Measuring the subjective well-being of nations: National accounts of time use and well-being* (pp. 9-86). Cambridge: National Bureau of Economic Research. Retrieved from http://www.nber.org/chapters/c5053.pdf

OECD. (2008). *Growing unequal? Income distribution and poverty in OECD countries.* Paris: OECD.

OECD. (2011). *Divided we stand: Why inequality keeps rising.* Paris: OECD. doi:10.1787/9789264119536-en.

OECD. (2013). *OECD guidelines on measuring subjective well-being.* Paris: OECD Publishing. Retrieved from http://www.oecd.org/statistics/Guidelines on Measuring Subjective Well-being.pdf.

Oishi, S. (2010). Culture and well-being. In E. Diener, J. F. Helliwell, & D. Kahneman (Eds.), *International differences in well-being* (pp. 34-69). New York: Oxford University Press.

Oishi, S., Kesebir, S., & Diener, E. (2011). Income inequality and happiness. *Psychological Science*, 22(9), 1095-1100.

Ruprah, I. J., & Luengas, P. (2011). Monetary policy and happiness: Preferences over inflation and unemployment in Latin America. *Journal of Socio-Economics*, 40(1), 59-66.

Schwarze, J., & Härpfer, M. (2007). Are people inequality averse, and do they prefer redistribution by the state? Evidence from German longitudinal data on life satisfaction. *Journal of Socio-Economics*, 36(2), 233-249.

Van Praag, B., & Ferrer-i-Carbonell, A. (2009). Inequality and happiness. In W. Salverda, B. Nolan, & T. Smeeding (Eds.), *The oxford handbook of economic inequality*. Oxford: Oxford University Press.

제5장
주관적 웰빙 측정을 위한 OECD의 접근법

마틴 듀란트(Martine Durand) & 코낼 스미스(Conal Smith)

1. 입문

'주관적 웰빙' 또는 '행복'의 개념은 오랜 전통을 가지고 있으며, 그동안 삶의 질을 구성하는 중심 요소로 간주되어 왔다. 그러나 최근까지 이러한 개념들은 공식적인 통계의 범위 밖에 있는 것으로 여겨져 왔다. 최근 들어 이러한 시각들에 변화가 일어났는데, 특히 〈경제성과 및 사회진보 측정을 위한 위원회〉(*Commission on the Measurement of Economic Performance and Social Progress*)의 보고서(2009) 이후에 그러했다. 이 보고서는 국가의 통계기관들이 주관적 웰빙 측정치들을 수집하여 발간할 것을 권장한 바 있다.[1]

---

[1] 특히 이 위원회는 다음과 같이 말하고 있다. "최근의 연구는 주관적 웰빙에 관해 유의미하고 신뢰할만한 데이터를 수집하는 것이 가능하다는 것을 보여준다. 주관적 웰빙은 서로 다른 3가지 측면을 모두 아우르는 것이다. 즉, 자신의 삶에 대한 인지적 평가, 긍정적 정서(즐거움, 자부심), 부정적 정서(고통, 분노, 근심)가 그것이다. 주관적 웰빙의 이 3가지 측면들은 각자 다른 결정요인들을 가지고 있지만, 어떤 경우이든 이 결정요인들은 사람들의 소득과 물질적인 조건들에 한정되지 않으며 이들을 넘어선다… 주관적 웰빙의 3가지 측면들은 사람들의 삶의 질을 좀 더 포

이러한 권장사항에 따라, 다수의 통계기관들이 주관적 웰빙의 측정을 목표로 하는 기구들을 계속 출범시켰다. 그러나 이들의 측정이 동일한 방법론을 따른 것은 아니었으며, 또한 그 측정치들이 일관성 있게 수집된 것도 아니었다. 물론 그동안 학자들이 학술적 문헌에서 '주관적 웰빙'에 대해 광범위하게 검토해왔다. 즉 어떤 종류의 주관적 웰빙 측정치를 수집할 것인지, 그리고 어떻게 이를 수집할 것인지에 대해 많은 학술적 검토가 있었다. 하지만 국가의 통계기관들이 주관적 웰빙을 조사할 때 어떻게 접근해야 할 것인지에 관해 일관성 있는 가이드라인이 존재하지는 못했다. 따라서 이러한 분야에서 통계적인 정보 생산자들의 요구에 적절히 부응할만한 하나의 자족적인 참고 문서를 제공해야 할 필요성이 부각되었는데, 이러한 주요 동기에 의해 개발된 것이 바로 OECD의 ≪주관적 웰빙 측정을 위한 가이드라인≫(Guidelines on Measuring Subjective Well-being)이다.[2]

2013년 3월 20일 발간된 이 가이드라인은 주관적 웰빙에 대한 측정이 학문적 활동의 영역에서 공식적 통계의 영역으로 나아가는 중요한 첫 걸음을 의미한다. 이 가이드라인은 주관적 웰빙 측정에 관한 첫 번째의 국제적인 안내서라 할 만한 것이다. 이것은 웰빙과 삶의 질에 대한 측정방식의 개선을 목표로 하는 OECD의 좀 더 넓은 의제(agenda)의 일부분이다.

관적으로 측정하기 위해, 그리고 그것들의 결정요인들(객관적 조건들을 포함하는)을 더욱 잘 이해하기 위해 개별적으로 측정되어야 한다. 국가 통계기관들은 사람들의 삶의 평가들, 쾌락 경험들 그리고 삶의 우선적 가치들을 포착하기 위해, 그들의 표준적 조사에 주관적 웰빙에 대한 질문들을 포함시켜야 한다(p.216)." Stiglitz et al.(2009).

[2] OECD(2013). Guidelines on measuring subjective well-being. Paris: OECD. 다음 웹사이트에서 검색했음. http://www.oecd.org/statistics/Guidelines on Measuring Subjective Well-being.pdf.

2. 주관적 웰빙 측정하기: OECD의 접근법

주관적 웰빙에 대한 OECD의 접근방법은 우선 측정해야 할 개념들의 범위에 대해 다루고 있다. 또한 그것은 그 개념들을 가장 잘 측정할 수 있는 방식에 대해서도 다루고 있는데, 이에는 샘플 디자인, 조사 디자인, 데이터 프로세싱, 코딩, 설문지 디자인 등이 망라된다. 특히 OECD의 접근방법은, 데이터가 직접 축적되는 작은 집단들을 넘어 모든 국가들을 아우를 수 있는 단일의 측정방식을 강조한다. 이외에도 OECD의 가이드라인은 광범위하고도 다양한 주관적 웰빙 척도들을 수집하는 방식에 대한 조언을 제공한다.

(1) 주관적 웰빙 정의하기

OECD의 접근법은 행복 개념을 다루는 것을 넘어 좀 더 광범위한 개념들을 다루고 있다. 하지만 이 중 OECD는 특히 '주관적 웰빙'에 초점을 맞추고 있는데, 이는 다음과 같이 정의된다.[3]

주관적 웰빙이란 훌륭한 정신 상태를 말한다. 그것은 사람들이 자신의 삶에 대한 긍정적, 부정적인 다양한 평가를 포괄하며, 또한 자신들의 경험에 대한 다양한 정서적 반응들을 포괄한다.

위의 정의는 주관적 웰빙에 대한 포괄적인 정의를 지향한다. 즉 이 정의는 이 분야의 조사에서 통상적으로 파악되는 주관적 웰빙의 다양한 측면들을 모두 망라하려는 의도를 지닌 것이다. 그것은 무엇보다도 먼저 사람들이 자신들의 전반적인 삶에 대해 어떻게 경험하고 평가하는지에 대한 측정을 포함한다. 그러나 이 정

---

[3] 여기에 제시된 정의는 대체로 Diener et al.(2006)에 기반하고 있다.

의의 범위에는 또한 삶의 '의미감'(meaningfulness) 혹은 '목적'(purpose) 등이 포함되는데, 이는 종종 주관적 웰빙의 '에우다이모니아적'(eudaimonic) 측면으로 묘사되는 것이다. 그래서 주관적인 웰빙에 대한 위의 정의는 3가지 요소를 망라한다.

- 삶의 평가(Life evaluation) - 삶에 대한, 혹은 삶의 특정 부분에 대한 반성적 평가
- 정서(Affect) - 일반적으로 특정한 시점을 기준으로 측정되는 감정 혹은 정서 상태
- 에우다이모니아(Eudaimonia) - 삶의 목적의식과 의미감, 혹은 좋은 심리적 기능

≪세계 행복 보고서≫의 초점을 형성하고 있는 '삶의 만족'(life satisfaction) 척도 혹은 '전반적 삶에 대한 행복'(happiness with life as a whole) 척도는 '삶의 평가'의 척도인데, 다음에서 개괄하겠지만 이것들은 또한 OECD 접근법의 핵심적 척도이기도 하다. 그러나 주관적 웰빙의 다른 측면인 '정서'와 '에우다이모니아'(eudaimonia) 또한 중요한 부분인데, 이들은 OECD 측정 구조에서 삶의 평가에 대해 보완적인 역할을 담당한다.

(2) 모듈 방식의 접근법

국가 통계기관에서 주관적 웰빙에 관한 정보를 수집한다는 것은 '조사 데이터'(survey data)를 활용하는 것을 의미한다. 따라서 어떠한 질문 유형을 사용할 것인지 선택하는 것은 주관적 웰빙을 측정하는데 매우 중요한 일이다. 다른 질문들은 각기 다른 차원의 주관적인 웰빙을 포착할 것이다. 그리고 질문 문항에서의 단어 배열도 조사결과에 중대한 영향을 미칠 수 있다. 기존의 조사도구에 추가할

새로운 질문들을 선택함에 있어, 통계기관들은 시간 간격으로 인한 문제에 직면하게 된다. 즉 새로운 질문은 부가적인 정보를 제공해 주지만, 이 새로운 질문이 기존의 질문에 대한 반응에 영향을 미칠 수 있다. 만약 조사대상이 되는 질문들이 중요하고 잘 정립된 개념(예컨대, 가계소득이나 실업률처럼)에 관한 것이라면, 이 문제는 좀 더 엄밀하게 취급되어야 할 것이다.

OECD는 통계 생산자들에 따라 유용한 자원이 다르고, 통계 사용자들에 따라 요구가 다르다는 것을 인정하기 때문에, 주관적 웰빙의 정보를 모으는데 단 하나의 접근법을 제시하지는 않는다. 그 대신에 OECD의 가이드라인에는 6개의 질문 모듈이 준비되어 있다. 모듈 A(Box 1을 보라)는 주관적 웰빙의 3가지 측면(삶의 평가, 정서, 에우다이모니아)에 대한 척도를 모두 포함하는데, OECD는 이 3가지 측정방식을 국가의 통계기관들이 전부 시행할 것을 권장한다. 만약 이것이 불가능하다면, 최소한 모듈 A에서 명시된 바 있는 '우선적 척도'(primary measure) 하나라도 사용되어야 한다. 핵심 질문 모듈 이외의 5가지 모듈들(B~F: Box2를 보라)은 각각 주관적 웰빙의 특정 측면들에 초점을 맞춘 것들이다. 이 추가 모듈들은 모두 통째로 사용하라거나 그대로 변함없이 사용하라고 고안된 것이 아니다. 이들은 조사 기관들이 자신들의 질문지를 개발할 때 참고하도록 제공한 것에 불과하다.

이미 주관적 웰빙 척도들을 자신들의 조사에 사용해온 통계기관들의 경우에는 당연히 다음과 같은 중대한 의문을 갖게 될 것이다. 즉 좀 더 개선된 척도를 사용하는 것이, 그리고/또는(and/or) 세계적으로 더욱 유용한 척도를 사용하는 것이 잠재적인 '이점'을 제공할 것이지만, 과연 이 '이점'이 시계열적으로 확립된 바 있는 기존 조사에 미칠 잠재적인 '손해'를 능가할 것인가 하는 의문이다. 이는 개별 통계기관의 선택에 달린 문제이다. 그리고 그 선택은 현재 사용되는 데이터와 미래에 기대되는 데이터의 상태, 얼마나 급격한 변화가 있을 것인가, 기존의 질문지가 얼마만큼 오래 되었고 얼마나 수집되었는가 등을 포함하는 수많은 요인들에 의해 결정될 일이다. 어떠한 경우에도 기존의 질문에 변화를 줄 때에는 기존 질문과 새 질문을 단계적으로 배치하도록 권장되고 있다. 변화로 인한 충격이 완전히 기록되고 검토될 수 있도록 하기 위해서이다. 이러한 방식은 방법론의 변화에서 오는 체계적인 충격에 대한 통찰력을 얻을 수 있게 할 것이며, 또한 통계기관들에게 기존 데이터 양식에 대한 조정 방법을 제공해 줄 것이다.[4]

(3) 주관적 웰빙의 '핵심 척도들'

주관적 웰빙에 대한 '핵심 척도들'(core measures)은 타당성 및 적실성에 대한 강한 증거를 지닌 것들이다. 이 척도들을 통해 우리는 조사결과를 가장 잘 이해할 수 있으며, 또한 정책개발에도 잘 활용할 수 있다. 그리고 이 핵심 척도들은 무엇보다도 국제적인 비교를 가능하게 해주는 척도들이다. 비록 이 OECD의 가이드라인이 처방적 목적을 위한 것이라기보다는 주관적 웰빙의 측정자들을 지원하기 위한 것이지만, 핵심 척도들은 그 내용과 수집 방법이 매우 구체적이다.

핵심 척도들은 데이터 생산자들이 주관적 웰빙을 측정할 때 공통의 기준점으로 사용할 수 있도록 기획되었다. 비록 소수의 질문에 국한되어 있지만, 핵심 척도들은 시간과 인구수를 초월해 '삶의 평가', '에우다이모니아', '정서'의 수준과 분포를 국가 간에 비교할 수 있는 초석을 제공해 준다.

데이터 생산자들은 〈Box 1〉에 제시된 핵심 척도 모두를 활용하는 것이 좋을 것이다. 그리고 대부분의 경우 전체 모듈에 대한 대답을 완성하는데 2분을 초과해서는 안 된다. OECD의 핵심 척도들에는 2개의 기본적 척도, 즉 전반적인 삶의 평

---

4 예를 들어 Deaton(2011).

〈Box 1〉 OECD의 주관적 웰빙 '핵심 척도들'

〈우선적 척도〉(Primary Measure)

아래 질문은 당신이 얼마만큼 만족하는지를 0점부터 10점까지 선택하도록 묻고 있다. 여기서 0점은 '전혀 만족하지 않음'을, 그리고 10점은 '완전히 만족함'을 의미한다.
   A1. 전반적으로, 요즘 당신은 당신의 삶 전체에 대해 얼마나 만족하십니까?
                                                                         [0-10]

〈추가적 핵심 척도들〉(Additional core measures)

아래 질문은 당신이 당신의 삶에서 하는 일들이 얼마만큼 가치 있다고 생각하는지를 0점부터 10점까지 선택하도록 묻고 있다. 0점은 "전혀 가치가 없음"을, 그리고 10점은 "완벽하게 가치가 있음"을 의미한다.
   A2. 전반적으로, 당신은 당신의 삶에서 하는 일들이 얼마만큼 가치 있다고 느끼십니까? [0-10]

아래 질문은 당신이 '어제' 어떻게 느꼈는지를 0점부터 10점까지 선택하도록 묻고 있다. 0점은 경험이 전혀 없음을, 그리고 10점은 '하루 종일'을 의미한다. 이제 나는 당신이 어제 느꼈을 정서적 경험의 목록을 판독할 것이다.
   A3. 행복감은?   [0-10]
   A4. 근심은?   [0-10]
   A5. 우울감은?   [0-10]

출처: OECD, 2013.

가 척도 및 3개의 정서 질문 척도가 포함되며, 또한 1개의 실험적인 에우다이모니아적 척도도 포함된다.

핵심 척도 모듈에는 두 가지 요소가 있다. 첫 번째 요소는 삶에 대해 평가하는 우선적 척도이다(질문 A1). OECD의 평가에서, 이 척도는 주관적 웰빙을 측정하는데 요구되는 절대적 최소치이다. 그리고 국가 통계기관들은 이 척도를 연간 가구 조사에서 하나의 척도로 포함시기도록 권장된다. 이 우선적 척도는 모든 국가에서 지속적으로 측정되어 수집되어야 한다. 그리고 주관적 웰빙을 측정하는 조사에서는 이 우선적 척도가 반드시 첫 번째 질문 사항이어야 한다.

두 번째 요소는 정서적 질문과 실험적인 에우다이모니아적 질문으로 구성되어 있다. 이 부가적 척도들은 우선적 평가 척도를 보완해줄 것이다. 부가 척도들이 주관적 웰빙의 여타 측면들을 포착하고 있기 때문이다. 그리고 다양한 척도를 활용함으로써 문화적 원인 및 여타의 원인들에 의해 유발되는 측정 오류들을 줄여줄 수 있기 때문이다. 이 부가적 질문들이 우선적 척도와 함께 핵심 척도들의 일부분으로 수집된다면 매우 바람직한 일이지만, 이 질문들은 우선적 척도에 비해 덜 중요한 것으로 간주되어야 한다. 특히, 핵심 척도들에 에우다이모니아적 척도를 포함하는 것은 실험적으로 고려해야 할 사항이다.

(4) '핵심 척도들' 선정하기

핵심 척도들에 포함될 질문을 선정하는 일은 OECD 가이드라인을 개발하는데 있어 가장 중요한 결정 사항이었다. 따라서 그 결정 과정을 요약하고, 최종적으로 포함된 척도들의 선정 논리를 살펴보는 것도 유용할 것이다.

우선적 척도로는 애초에 두 개의 질문이 후보에 올랐다. 하나는 '자아 준거적 성취 척도'(Self-Anchoring Striving Scale)인 '캔트릴 사다리'(Cantril Ladder)[5]이고, 다른 하나는 '삶의 만족'(satisfaction with life)에 대해 묻는 통상적인 질문 유형이

---

[5] "눈앞에 사다리가 하나 있다고 가정해 보자. 사다리의 각 계단에는 바닥에서 맨 위의 계단까지 0에서 10까지 점수가 매겨져 있다. 여기서 사다리의 꼭대기는 당신이 누릴 수 있는 최선의 삶을 나타내며, 사다리의 바닥은 최악의 삶을 나타낸다. 최고점이 10이고 바닥이 0이면, 당신은 현재 사다리의 몇 번째 계단을 밟고 있다고 생각하는가?"

다.6 두 가지 모두 다방면에서 사용되었고, 그들의 타당성과 신뢰성을 입증할 수 있는 학술적 데이터도 방대하게 존재한다. 두 질문은 모두 주관적 웰빙의 평가적 측면에 초점을 맞추고 있으며, 많은 국가와 문화에서 대규모 조사에 사용되어 왔다. 이 두 가지 척도 중 하나를 고르는 일은 각 척도의 강점과 약점을 면밀하게 살펴보는 데서 시작되었다.

캔트릴 사다리(Cantril Ladder)는 "자아 준거"("자아 준거"란 평가의 척도가 명백히 응답자의 개인적인 열망에 따라 틀이 짜여진다는 것을 의미한다)의 형태로 디자인되어 있다. 따라서 이 척도는 점수를 매기는 방식에 있어서 개인 간의 차이점들에 덜 취약할 것으로 생각되어 왔다. 어떤 저자들은 캔트릴 사다리는 개인 간의 비교보다는 오히려 국가 간의 비교를 할 때 더 신빙성이 있지 않느냐는 질문도 던지고 있다.7 그러나 더 최근의 증거는, 캔트릴 사다리 질문이 삶의 만족에 대한 질문에 비해 응답 분포의 폭이 미세하게 더 넓기는 하지만, 두 척도가 기본적으로 동등하다는 것을 보여 준다. 하지만 캔트릴 사다리는 상대적으로 질문이 길어질 수밖에 없다. 조사에 응답하는 사람에게 '사다리' 개념에 대한 설명이 필요하기 때문이다.

삶의 만족에 대한 질문은, 캔트릴 사다리와 대조적으로, 단순하고 비교적 직관적이다. 이 두 척도는 모두 엄청나게 사용되어 왔지만, 캔트릴 사다리에 비해 삶의 만족 질문이 더 많은 분석 주제로 사용되어 왔다. 이는 삶의 만족 질문이 세계 가치 조사(World Value Survey)에 포함되었을 뿐만 아니라, 독일 사회경제 패널(German Socio-Economic Panel) 및 영국 가구 패널 조사(British Household Panel Survey)와 같은 주요한 패널 연구에도 포함되어 있는 것을 보면 알 수 있다.

---

6 전반적으로, 당신은 요즘 삶에 얼마나 만족하고 계십니까?
7 Bjornskov(2010).

캔트릴 사다리와 삶의 만족 질문은 양자 모두 평가 척도로 폭넓게 활용할 수 있을 정도의 기술적 적합성을 지녔다는 점에서 서로 비슷하다고 할 수 있는데, 특히 둘 다 11점(0점~10점) 척도를 사용할 경우에 그러하다.[8] 위에서 제시한 것과 같이, OECD는 0점에서 10점까지 점수를 매기는 삶의 만족 질문 유형을 '우선적 척도'(primary measure)로 선택한 바 있다. 이 선택을 하게 된 결정적인 요인은 질문이 단순한 까닭에 이것이 응답자의 부담감이 주요한 문제가 될 수밖에 없는 대규모의 가구 설문 조사에 좀 더 쉽게 포함될 수 있을 것으로 생각했기 때문이다.

〈그림 5.1〉 정서 원형 모형[9]

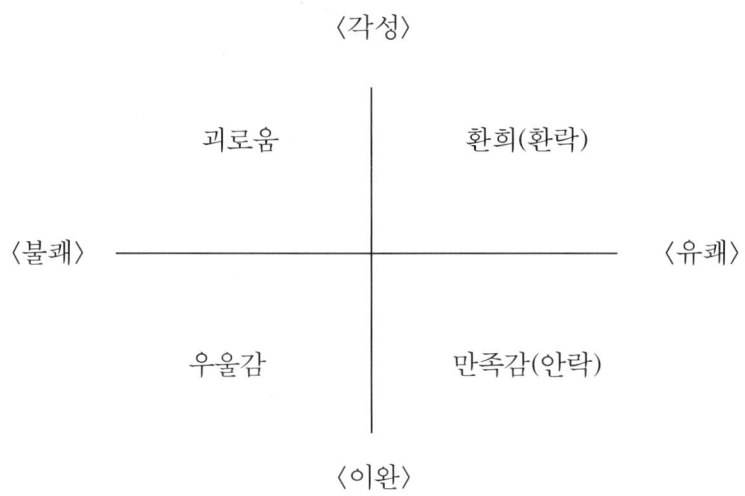

3개의 정서적 질문 또한 우리의 핵심 모듈에 포함되어 있다. 정서가 원래 다차원적이라 하나의 질문으로는 전반적인 감정을 제대로 파악할 수 없기 때문이다. 비록 다차원적 속성을 지닌 정서이지만, 우리는 이를 두 가지 방식으로 분류할 수 있다. 하나는 긍정적인 정서들과 부정적인 정서들을 대비하는 방식이고, 다른 하

---

[8] 삶의 만족에 대한 질문의 일부 버전은 다른 응답 척도들을 사용하는데, 5점 리커트 척도 혹은 1~10 척도 등이 그것들이다. 하지만 OECD 가이드라인(OECD, 2013)의 핵심 모듈은 0부터 10까지의 11점 척도를 사용한다.

[9] Russell(1980)로부터 유래.

나는 '각성'(arousal) 정도와 관련된 것이다. 이런 식의 분류를 통해 우리는 정서에 관한 4분면을 제시할 수 있는데, 이는 '정서 원형모형'(Circumplex model of affect)으로 알려져 있다.[10] 〈그림 5.1〉은 '정서 원형모형'을 보여준다. 정서의 4분면은 긍정적 낮은 흥분(예, 만족감), 긍정적 높은 흥분(예, 기쁨), 부정적 낮은 흥분(예, 슬픔), 부정적 높은 흥분(예, 분노, 스트레스)으로 구성된다. 정서 척도들에 대한 포괄적인 이해를 위해서는 이런 식의 4분면을 염두에 두어야 할 것이다.

삶에 대한 만족감과 달리, 일반적인 가구 설문조사에 포함할 수 있는 정서의 척도는 단순 명확하지 않다. 대부분의 정서 척도들은 정신 건강을 측정하기 위해 개발되었거나, 이보다 더 일반적인 심리학적 연구의 맥락에서 개발된 것들이다. 전자의 경우, 기존의 많은 측정 기준들이 부정적인 감정에 과도하게 초점을 두었고, 후자의 경우에는 질문지가 가구 설문 조사에서 실제로 사용하기에는 너무 길었다. 가구 설문조사에서 정서를 측정하는 하나의 모델은 갤럽월드폴(Gallup World Poll)이 제공하고 있다. 여기에는 즐거움, 근심, 분노, 스트레스, 우울 등을 다루는 질문을 포함하고 있으며, 미소 혹은 고통의 경험 등과 같은 육체적인 지표들 또한 포함되어 있는데, 모두 응답자가 '어제' 하루 동안 겪은 정서적 경험에 대해 묻는 식이다. 이 질문들은 역사적으로 오랜 기간 사용되어 왔으며, 그에 따른 분석도 이어져 왔다.[11] 이와 유사한 질문들이 Davern, Cummins & Stokes에 의해 제안된 바 있는데, 하지만 이들의 질문지는 긍정적 정서에 관한 질문들만을 포함하고 있다.[12]

우리의 핵심 모듈에 포함된 정서 질문들은 갤럽월드폴(Gallup World Poll)과

---

[10] 기술적으로 원형모형은 다음의 사실을 함축한다. 즉 원형모형에서 긍정적, 부정적 정서는 단일 차원의 양 끝을 나타내는 것이지, 여러 독립적인 감정 타입들을 집단화하는 방식은 아니다. 여기서 원형모형은 하나의 구성 틀(organizing framework)로 사용된 것이다. 즉 이것은, 긍정적/부정적 축의 연속성을 가정하지 않은 채, 다양한 정서 상태들을 어떻게든 구조화하려는 것이다. Larson & Fredrickson(1999) 참조.

[11] Kahneman & Deaton(2010).

[12] Davern et al.(2007).

Davern 등이 제안한 질문에 기반하고 있으나, 정서 원형모형의 부정적인 분면을 2개의 질문으로 축소했으며, 또한 긍정적인 분면에는 1개의 정서 질문만을 포함시켰다. 우리는 오로지 하나의 긍정적 정서 질문만을 사용하는데, 긍정적인 정서의 상이한 측면들이 실제로는 서로 밀접하게 연결되어 있기 때문이다. OECD의 핵심 모듈이 제안하는 3가지 정서 상태는 행복감(happy), 근심(worried), 우울감(depressed)이다. 각 사례마다 응답은 0에서 10까지의 빈도 척도로 측정된다(응답 범위는 '전혀 아님'에서부터 '종일 내내'까지인데, 이것은 유럽사회조사(ESS)에서 사용되는 척도 준거들과 유사하다).[13]

우리의 에우다이모니아적 질문은 영국국립통계국(UK Office of National Statistics: ONS)이 연간 인구 조사에서 시도했던 질문, 즉 "당신은 당신의 삶에서 하는 일들이 얼마만큼 가치 있다고 느끼십니까?"에 기초한다. ONS의 데이터를 통해 우리는 이 질문이 삶의 평가 질문이나 정서 질문에서 얻을 수 없는 정보를 포착하게 해준다는 신빙성 있는 증거를 얻을 수 있다.[14] 게다가, 'EU의 소득 및 삶의 조건에 대한 조사'(EU-SILC)의 2013년도 특별 웰빙 모듈에도 이와 비슷한 질문이 있다. 우리가 여기서 제안한 질문은 ONS와 EU-SILC에서 사용된 질문과 유사한 것이다. 하지만, 그와 같은 개별적인 질문들을 "에우다이모니아"(eudaimonia)라는 개념과 연결시켜주는 포괄적인 이론이 아직은 존재하지 않는 까닭에, 그러한 질문 형태는 아직은 '실험적인'(experimental) 것으로 간주되어야 한다. 특히 '삶의 의미' 혹은 '삶의 목적' 관념이 에우다이모니아의 가장 중요한 부분이라는 것을 인정한다손 치더라도, 이런 종류의 단일 질문이 에우다이모니아 개념과 연관된 모든 측면을 적절히 포착할 수 있을지는 미지수이다.

---

[13] 유럽사회조사(ESS)의 '번영(flourishing)' 모듈은 능력, 관여, 의미, 낙관주의, 긍정적 관계, 회복력, 자부심, 정서적 안정성, 활력, 긍정적 정서를 포함하고 있다. 좀 더 자세한 사항은 Huppert & So(2008) 참조.
[14] Abdallah & Shah(2012).

〈Box 2〉 OECD의 핵심 모듈 이외의 5가지 기타 질문 모듈들

OECD 가이드라인의 상당 부분은 국제적인 비교 가능성에 최고 우선성을 둔 최소한의 질문들에 초점을 맞추고 있다. 이 질문들은 핵심 모듈(모듈 A)에 그 개요가 설명되어 있는데, 이 핵심 모듈은 삶의 평가를 '우선적 척도'로 포함하고 있으며, 또한 정서와 에우다이모니아에 관한 일련의 짧은 질문들도 포함하고 있다. 이 핵심 질문들은 광범위하게 사용되는 것을 목적으로 의도되었기 때문에 질문지 내용이 모두 간결하게 되어 있다. 그리고 핵심 모듈에 있는 전체 질문에 대한 설문 조사시간은 응답자가 2분 이내로 대답할 수 있도록 되어있다. 핵심 모듈이 지닌 이러한 간결성은 주관적 웰빙의 어떤 측면이라도 응답자가 너무 깊게 생각하는 것을 방지해 준다.

OECD 가이드라인의 나머지 5개의 모듈은 더욱 심층적인 이슈를 다루고 있다. 이 중 처음 세 개의 모듈(모듈 B, C, D)은 삶의 평가, 정서, 그리고 에우다이모니아적 웰빙의 개념을 더욱 세밀하게 다루고 있다. 각각의 모듈은 자신의 개념과 연관된 다양한 척도들을 포함하고 있는데, 이에는 여러 질문들로 구성된 다항목 척도들이 포함되며, 또한 자신의 개념과 연관된 하위 차원의 척도들로 포함된다.

다항목 척도들은 중요하다. 특히 널리 사용되는 '삶의 만족 척도'(Satisfaction with Life Scale: SWLS)와 같은 일부 다항목 척도들은 잘 검증된 척도이며, 또한 핵심 모듈에 포함된 단일 항목의 질문보다 더욱 통계적 신뢰도가 높은 것으로 알려지고 있다. 물론 이러한 질문을 핵심 질문에 넣기에 그 질문지가 너무 긴 것이 사실이다. 하지만 주관적 웰빙을 초점으로 하고 있으며, 더 많은 시간이 할애될 수 있는 설문 조사에 그것들을 포함시키는 것이 국가 통계기관들에게는 가치 있는 일일 것이다. 또한, 다항목 척도들은 핵심 모듈에 사용된 단일 항목 척도들의 타당성을 검증하는데 도움을 줄 실험적인 맥락에서 유용성이 있을 것이다.

하위 차원의 척도들은 정서와 에우다이모니아에 특히 중요하다. 핵심 모듈에 포함되어 있는 정서 척도들은 유용한 개요를 제공할 것이지만, 어떠한 측면에서는 더 섬세한 정보를 필요로 할 것이다. 특히 부정적인 정서들은 서로 간에 약한 연관만을 지니며, 또한 긍정적 정서와도 약한 연관을 갖는다는 분명한 증거가 존재한다.[15] 이러한 사실은 부정적 정서들을 부가로 측정하는 일은 그 자체만으로 주관적 웰빙 측정에 독특한 가치를 더해준다는 것을 의미한다.

모듈 E는 위의 모듈들과는 다르다. 이것은 인간관계에 대한 만족도나 건강 상태에 대한

만족도처럼 삶의 특정한 영역들에 대한 평가에 초점을 맞춘다. 이러한 '영역별 평가'(domain evaluations)는 전반적인 삶의 평가에 비해 더욱 세밀한 부분을 다루는 것이지만, 전반적 웰빙을 측정하고 전반적인 삶의 평가의 변이를 설명하는데 중요한 역할을 할 수 있다.

마지막으로, 모듈 F는 '생활시간 일기'(time-use diaries)를 통한 경험적 웰빙의 측정에 초점을 맞추고 있다. 경험적 웰빙의 측정은 다양한 활동을 하는 동안 사람들의 감정이나 기분에 대한 정보를 측정하는 것인데, 이는 생활시간 일기를 활용하거나, 휴대용 호출기에 사람들이 자신들의 활동과 정서 상태에 대해 즉각적으로 녹음함으로써 경험에 대한 샘플을 추출하는 방식을 활용한다. 분명히 그러한 데이터는 일반적인 가구 설문조사를 통해 얻을 수 없으며, 따라서 핵심 척도로서는 부적합한 것이다. 그러나 이러한 데이터는 매우 가치 있는 것이며, 좀 더 표준적인 조사 질문으로는 얻을 수 없는 색다른 통찰력을 제공해 준다. 모듈 F는 경험적 웰빙 데이터를 수집할 때 공식적인 생활시간 조사에서 활용할 수 있는 두 가지 표준적 접근 방식 ─ '일기 방식'과 '경험표출 방식' ─ 을 제공해준다.

모든 OECD 질문 모듈은 총인구 조사를 위한 정보에 초점을 맞추고 있다. 그러나 아동들의 주관적 웰빙에 대해서도 중요한 정책적 관심이 존재하고 있다. 다음과 같은 증거도 있다. 즉 어린이들은 삶의 평가와 정서 상태를 묻는 주관적 웰빙 질문에 11세부터 효율적인 대답을 할 수 있다는 것이다.[16] OECD 가이드라인은 총 인구 조사에 초점을 맞추고 있기 때문에, 어린이들에게 자세하게 초점을 맞춘 질문들은 우리의 질문 모듈들에 포함되어 있지 않다. 그러나 이러한 점은 향후 작업이 지향해야 할 중요한 공백으로 남아있다.

3. 데이터 수집 실행하기

주관적 웰빙을 일관성 있게 측정하려면 공통의 질문지를 사용하는 것으로 충분치 않다. 조사를 기획하고 실행하는 데서 파생되는 광범위한 이슈들도 고려해야 한다. 주관적 웰빙 관련 질문들이 수집될 정보의 유형에 미치는 영향을 고려하는 것이 중요하며, 또한 분석될 공변인(covariates)의 범위에 미치는 영향을 고려하는

---

15 OECD(2013).
16 UNICEF(2007).

것도 중요하다. 이외에도 조사와 표본의 설계, 설문지 설계, 조사를 어떻게 진행할 것인지 등의 사항들 모두가 중요한 요소이다.

(* 데이터 수집의 실행과 관련된 이하의 내용은 매우 중요하고도 유익한 정보이지만, 지면 관계상 이 번역본에서는 부득이 생략했음을 알려드립니다. — 역자 주)

4. 주관적 웰빙 측정을 위한 국가적 기획

비록 ≪OECD의 주관적 웰빙 측정 가이드라인≫은 2013년 3월에야 발표되었지만, 이미 여러 국가의 공식 통계기관들에서 주관적 웰빙 측정치들을 수집해 왔으며, 이러한 작업에 상당한 진전이 있었다. OECD의 가이드라인 그 자체가 이 기획들을 직접적으로 보장해 주는 것은 아니다. 하지만, OECD와 국가 통계기관들의 방대한 작업을 통해서 우리는 국가적 설문조사에서 수집된 측정치들이 서로 비교 가능하다는 것을 확인할 수 있었으며, 또한 그 국가적 측정치들이 OECD의 핵심 척도들과도 일맥상통한다는 것을 확인할 수 있었다.

OECD는 2011년에 첫 번째 ≪How's life?≫ 보고서를 발간한 바 있는데, 이 보고서는 OECD의 회원국들을 대상으로 웰빙적 삶의 다양한 측면을 측정하여 제공한 것이다. 이 보고서 중 한 장은 '주관적 웰빙'에 관해 다루고 있다. 하지만, 이 부분은 전적으로 비공식적 데이터에 의존할 수밖에 없었다. 당시에는 오직 프랑스와 캐나다만이 삶의 평가에 대한 양질의 공식 척도들을 가진 나라였는데, 이 척도들은 OECD의 가이드라인에 우선적 척도로써 선정된 것들과 유사한 것이었다. 그 후 2년 뒤인 2013년에 OECD의 가이드라인이 발간되었는데, 그 이후에 상황은 완전히 바뀌었다. 〈표 5.1〉은 OECD 가이드라인에 부합하는 주관적 웰빙 공적 척도들을 개발 중이거나 향후 12개월에서 18개월 이내로 그러한 정보 수집을 계획하고 있는 OECD 회원국 목록이다. 특히 이 〈표 5.1〉은 OECD의 우선적 척도 혹

〈표 5.1〉 주관적 웰빙에 관한 공식적 국가 통계들

국가	우선적 척도 삶의 평가	여타 핵심 척도 정서	여타 핵심 척도 에우다이모니아	주기	데이터 날짜	출처
호주	Yes**	No	No	4년	2014	General Social Survey, Australian Bureau of Statistics
캐나다	Yes*	Yes**	No	1년	1985	General Social Survey(GSS), Statistics Canada
프랑스	Yes*	No	No	TBD	2011	L'enquête sur la qualité de la vie, INSEE
	No	Yes*	No	TBD	2010	L'enquête Emploi du temps, INSEE
이탈리아	Yes*	No	No	1년	2012	Annual survey, Aspects of everyday life(Indagine multiscopo Aspetti della vita quotidiana), ISTAT
멕시코	Yes*	Yes*	No	2년	2012	Encuesta Nacional de Gastos de los Hogares, Subjective well-being(Bienestar Autorreportado -BIARE), INEGI
	No	No	Yes*	분기별	2013	Consumer Confidence Survey(ENCO), INEGI
모로코	Yes*	No	No	TBD	2012	Enquête Nationale sur le Bien-être, Haut Commissariat au Plan
뉴질랜드	Yes**	No	Yes**	2년	2014	New Zealand General Social Survey(NZGSS), Statistics New Zealand
영국	Yes*	Yes*	Yes*	분기별	2011	Annual Population Survey(APS), Office for National Statistics
영국	Yes*	Yes*	Yes*	1년	2012	Crime Survey for England and Wales, Office for National Statistics
영국	Yes*	Yes*	Yes*	1년	2011	Wealth and Assets Survey, Office for National Statistics
미국	No	Yes***	Yes***	TBD	2011	American Time Use Survey, Bureau of Labor Statistics
EU	Yes*	Yes**	Yes*	TBD(6년 주기로 예정)	2013	EU-SILC 2013, Module Well-being

* 〈OECD의 주관적 웰빙 측정에 관한 가이드라인〉과 일치함
** 〈OECD의 주관적 웰빙 측정에 관한 가이드라인〉과 일치시키려는 의도를 지님
*** 미국은 정서 경험과 에우다이모니아에 관한 주관적 웰빙 지표들을 American Time Use Survey 2011(ATUS)에 포함시켰다. 이 조사는 OECD와 달리 0~6점 척도를 사용하지만, 그 외의 것들은 OECD와 유사한 방법론을 채택하고 있다.

은 그와 직접적으로 상응하는 척도를 수집하는 것을 계획한 나라들에 초점을 맞추고 있다.

⟨표 5.1⟩에서 우리는 가장 중요한 발전 사항 하나를 발견할 수 있는데, 그것은 EU가 '삶의 조건들에 관한 EU 조사'(EU-SILC)의 주 모듈로 웰빙 모듈을 포함시켰다는 점이다. 이 모듈은 OECD의 우선적 척도와 직접 비교 가능한 삶의 평가 질문을 포함하고 있다. 그리고 이 모듈은 에우다이모니아 형태의 질문도 포함하고 있는데, 이것은 OECD 핵심 척도들 중의 하나로 우리가 살펴본 에우다이모니아 질문과 매우 가까운 것이다. EU-SILC는 크로아티아, 아이슬란드, 노르웨이, 스위스, 터키 등 유럽 27개국을 대상으로 하고 있다. 비록 EU-SILC의 웰빙 모듈이 매 6년마다 실행되어 업데이트 될 것이지만, 이 과정을 통해 유용한 데이터가 OECD의 약 4분의 1에 해당하는 국가들로부터 거의 대부분의 OECD 국가들로 확장될 것이다. 그보다 중요한 것은, 아직 최종 결정이 나지는 않았지만, Eurostat(EU Statistical Agency)가 우선적인 삶의 평가 척도를 EU-SILC의 핵심 척도로 포함시키는 것을 고려하고 있다고 언급했다는 사실이다. 이것이 실현된다면 OECD의 대다수 국가에서 '삶의 만족'(life satisfaction)에 관한 양질의 데이터를 매년 생산해 낼 수 있을 것이다.

⟨표 5.1⟩에 포함된 정보는 현재 OECD 가이드라인에 맞춰 데이터를 생성하고 있거나, 혹은 그러한 데이터 수집에 대한 기획 과정이 이미 잘 진전되고 있는 나라들에 한정되어 있다. 하지만 OECD의 나머지 국가들, 그리고 그 밖의 여러 비회원 국가들 역시 주관적 웰빙 데이터에 많은 관심을 가지고 있다. 따라서 조만간에 다수의 국가들이 이 도표에 추가될 것으로 예상된다.

5. 향후 진행 방향

〈OECD 가이드라인〉은 주관적 웰빙의 측정 과정에 중요한 발자취를 남겼다. 하지만, 이 주제에 대한 최종 결론을 제공해 준 것은 아니다. 비록 주관적 웰빙 측정의 몇 가지 측면들은 – '전반적 삶의 만족'에 관한 질문들처럼 – 잘 이해되는 편이지만, 다른 잠재적으로 중요한 척도들은 현재 훨씬 미약한 증거를 제공해주고 있다. 주관적 웰빙과 관련된 증거들은 향후 몇 년간 매우 빠른 속도로 발전할 것으로 예상된다. 특히 국가 통계기관들이 주관적 웰빙 데이터를 정기적으로 수집해 발간하기 시작했다. 그리고 많은 방법론적 의문점들이 더 양질의 데이터가 나올수록 해결될 전망이며, 지식 체계가 개선되면서 이러한 데이터에 대한 정책적 활용 방안들이 축적될 것이다.

〈OECD 가이드라인〉은 국가 통계기관들이 향후 작업을 수행하기 위해 필요한 중요한 이슈들을 이미 파악하고 있다. 이 중 두 개의 이슈가 특히 부각된다. 즉, (1) 국가 통계기관들에 의한 실험적 기술의 활용, (2) 소득에 관해 더 양질의 데이터를 수집하는 것의 필요성이 그것이다. 다음에서 이 두 이슈에 관해 더 자세하게 살펴보도록 하겠다.

(1) 실험 방식 활용

그동안 우리가 배운 중요한 교훈 하나가 있는데, 그것은 국가 통계기관들에 의해 시행됐던 체계적인 실험들이 가치 있다는 것이다. 〈OECD 가이드라인〉 초안이 만들어질 당시에, ONS(the UK Office for National Statistics: 영국국립통계국)는 주관적 웰빙에 관한 최초의 공식적 척도들을 개발해 수집하는 과정에 있었다. 일반적으로, 국가 통계기관들은 새로운 척도를 수집하기 전에 미리 방법론적인 연구에 상당한 투자를 하지만, 수집을 실행하는 문제에 대해서는 그다지 관심을 갖지 않았다.

ONS는 그들이 주관적 웰빙 척도들을 개발할 때 이 과정에서 상당히 벗어나 있었다. 비록 ONS는 즉각적으로 하나의 척도를 표준화하기보다는 측정을 진행하기 전에 방법론적 작업에 투자하기는 하였으나, 당시 그들은 실험적인 접근방식을 취했다. 즉 ONS는 그들의 가구 의견 설문조사에서 표본을 분할했으며, 이것을 다른 질문들을 검증하는데, 질문의 순서 문제를 검증하는데, 그리고 여타의 방법론적 요점들을 검증하는데 활용했다.

ONS가 채택한 실험적 접근방식은 주관적 웰빙 척도들의 타당성과 신뢰성에 관한 지식에 지대한 영향을 미쳤으며, 또한 질문지 설계에 관한 실무 문제를 개선하는 데에도 큰 영향을 끼쳤다. 그러나 실험적 접근방식에서 얻은 이득은 주관적 웰빙에 국한되지 않는다. 따라서 국가 통계기관들은 그 접근법을 더욱 광범위하게 적용할 수 있는 방법을 모색해야 할 것이다.

(2) 소득 측정

〈OECD의 가이드라인〉 개발 당시 대두됐던 두 번째 이슈는 주관적 웰빙 질문을 포함하는 조사들에 있어서 양질의 소득 측정치들이 부족했다는 점이다. 소득과 주관적 웰빙의 관계는 1974년 Richard Easterlin이 이른바 '이스털린 역설'(Easterlin Paradox)을 확인한 이후로 흥미로운 주제였다. '이스털린 역설'이란 다음의 역설적 사실을 지칭하는 것이다. 즉, 개인이든 국가든 좀 더 높은 소득은 더 높은 행복감과 연관되어 있다. 하지만, 평균 소득이 증가한다고 해서 평균 행복도가 증가한다는 증거는 존재하지 않는다는 것이다.[17] 이스털린 역설의 존재이유를 이해하는 것은 이 역설이 정책 영역에 시사하는 바가 크기 때문에 최우선적인 연구대상이 되어야 한다. 좀 더 기술적인 수준에서 주관적 웰빙 측정치들을 정

---

[17] Easterlin(1974).

책에 활용하는 주요 방식들 중 하나는 '비시장적 성과'(non-market outcomes)의 가치를 측정하는 것이다. 이러한 측정은 사람들이 자신의 소득이 주관적 웰빙에 미치는 영향력에 대해 정확한 정보를 획득하는 것을 포함하며, 또한 이 정보를 비시장적 성과에서의 '한계적 변화'(marginal change)가 주관적 웰빙에 미치는 영향력과 비교하는 것을 포함한다.

이스털린 역설에 대해 더욱 더 잘 이해하고 비시장적 결과가 지닌 가치를 제대로 측정하기 위해서는, 조사대상이 되는 소득 측정치의 질이 최소한 주관적 웰빙 측정치의 질 만큼이나 중요하다. 국가 통계기관들은 가계소득에 대한 양질의 정보를 수집하고 있으며, 또한 주관적 웰빙 측정치들의 수집도 크게 늘려가고 있다. 하지만 현재 이 두 가지를 결합시킨 데이터 소스들(data sources)은 턱없이 부족한 실정이다. 주관적 웰빙에 대한 공식적 조사들은 전형적으로 광대역적으로만 소득에 대한 데이터를 수집한다. 그리고 비공식 조사의 경우에는, 소득을 묻는 세부 항목에 대해 대체로 무응답 비율이 높게 나타난다. 이 공백을 메우는 일이 가까운 미래에 최우선적 과제가 되어야 할 것이다.

(3) 향후 단계

향후 몇 년에 걸쳐 주관적 웰빙의 측정에 관한 진전사항에 대해 포괄적인 검토 작업이 이루어질 예정이다. 이 작업에는 〈OECD 가이드라인〉을 수정하는 것이 필요한지 여부를 결정하는 일이 포함될 것이며, 또한 그것을 국제적 표준으로 삼는 것이 가능하며 바람직한 것인지 여부를 결정하는 일도 포함될 것이다. 이 검토 과정은 국가 통계기관들이 수집한 정보를 토대로 진행될 것이다. 이 검토 작업이 궁극적으로 지향하는 것은, 주관적 웰빙의 측정을 위해 더 공적인 국제적 표준을 수립하는 것이 과연 실현 가능한 것인지에 대해 고찰해보는 일이다.

Bibliography

Abdallah, S., & Shah, S. (2012). *Well-being patterns uncovered: An analysis of UK data*. London: New Economics Foundation.

Balestra, C., & Sultan, J. (2012). Home sweet home: The determinants of residential satisfaction and its relation with well-being. *OECD Statistics Directorate Working Papers (forthcoming)*, OECD, Paris.

Bjørnskov, C. (2010). How comparable are the gallup world poll life satisfaction data?. *Journal of Happiness Studies*, 11, 41-60.

Blanchflower, D., & Oswald, A. (2008). Is well-being U-shaped over the life cycle?. *Social Science & Medicine*, 66(8), 1733-1749.

Blanchflower, D., & Oswald, A. (2011). International happiness. *NBER Working Paper No. 16668*, National Bureau of Economic Research.

Boarini, R., Comola, M., Smith, C., Manchin, R., & De Keulenaer, F. (2012). *What makes for a better life? The determinants of subjective well-being in OECD countries: Evidence from the Gallup World Poll*, STD/DOC 3. Paris: OECD.

Card, D., Mas, A., Moretti, E., & Saez, E. (2010). Inequality at work: The effect of peer salaries on job satisfaction. *NBER Working Paper 16396*, National Bureau of Economic Research.

Clark, A. E., Georgellis, Y., & Sanfey, P. (1998). Job satisfaction, wage changes and quits: Evidence from Germany. *Research in Labor Economics*, 17, 95-121.

Costa, P. T., Jr., & McCrae, R. R. (1992). *Revised NEO Personality Inventory (NEO-PI-R) and NEO Five-Factor Inventory (NEO-FFI) manual*. Odessa, FL: Psychological Assessment Resources.

Cummins, B., & Gullone, E. (2000). Why we should not use 5-point Likert scales: The case for subjective quality of life measurement. *Proceedings, Second International Conference on Quality of Life in Cities*, National University of Singapore, 74-93.

Davern, M., Cummins, R., & Stokes, M. (2007). Subjective wellbeing as an affective-cognitive construct. *Journal of Happiness Studies*, 8, 429–449.

Deaton, A. (2011). The financial crisis and the well-being of Americans. *Oxford Economic*

Papers, 64, 1-26.

Diener, E., Helliwell, J. & Kahneman, D. (Eds.). (2010). *International differences in well-being*. New York: Oxford University Press.

Diener, E., Oishi, S., & Lucas, R. (2003). Personality, culture, and subjective well-being: Emotional and cognitive evaluations of life. *Annual Review of Psychology*, 54, 403-425.

Dolan P., Peasgood, T., & White, M. (2008). Do we really know what makes us happy? A review of the economic literature on the factors associated with subjective well-being. *Journal of Economic Psychology*, 29, 94-122.

Dolan, P., & White, M. (2007). How can measures of subjective well-being be used to inform policy?. *Perspectives on Psychological Science*, 2(1), 71-85.

Easterlin, R. (1974). Does economic growth improve the human lot? Some empirical evidence. In P. A. David & M. W. Reder (Eds.), *Nations and Households in Economic Growth: Essays in Honour of Moses Abramovitz* (89-125). New York: Academic Press Inc.

Eurofound. (2007). 2007 European Quality of Life Survey *Questionnaire*. Luxembourg: Office for Official Publications of the European Communities.

European Social Survey. (2007). *Final Source Questionnaire Amendment 03*.

Eurostat. (2004). *Guidelines on harmonised European time use surveys*. Luxembourg: Office for Official Publications of the European Communities.

Eurostat. (2005). *Guidelines for the development and criteria for the adoption of health survey instruments*. Luxembourg: Office for Official Publications of the European Communities.

Ferrer-i-Carbonell, A., & Frijters, P. (2004). How important is methodology for the estimates of the determinants of happiness. *The Economic Journal*, 114, 641-659.

Frey, B. S., & Stutzer, A. (2000). Happiness, economy and institutions. *The Economic Journal*, 110(466), 918-938.

Frey B. S., & Stutzer, A. (2008). Stress that doesn't pay: The commuting paradox. *Scandinavian Journal of Economics*, 110(2), 339-366.

Gallup Organisation. (2012). *Indexes and Questions*. Goldberg, D. P., et al. (1978). Manual of the general health questionnaire. Windsor, England: NFER Publishing.

Gutiérez, J., Jiménez, B., Hernández, E., & Puente, C. (2005). Personality and subjective well-being: Big five correlates and demographic variables. *Personality and Individual Differences*, 38, 1561-1569.

Harkness, J., Pennell, B.-E., & Schoua-Glusberg, A. (2004). Survey questionnaire translation and assessment. In S. Presser, J. M. Rothgeb, M. P. Couper, J. T. Lessler, E. Martin, J. Martin & E. Singer (Eds.), *Methods for testing and evaluating survey questionnaires*. Hoboken, NJ: John Wiley & Sons, Inc.

Helliwell, J. F. (2008). Life satisfaction and the quality of development. *NBER Working Paper No. 14507*, National Bureau of Economic Research.

Helliwell, J., & Wang, S. (2011a). Weekends and subjective well-being. NBER *Working Paper No. 17180*, National Bureau of Economic Research.

Helliwell, J. F., & Wang, S. (2011b). Trust and well-being. *International Journal of Wellbeing*. Retrieved from www.internationaljournalofwellbeing.org/index.php/ijow/issue/current

Helliwell, J., Layard, R., & Sachs, J. (Eds.). (2012). *World happiness report*. New York: Earth Institute

Huppert, F., & So, T. (2008). Deriving an objective definition of well-being. *Working paper*. Well-being Institute, University of Cambridge.

INSEE. (2010). *Enquete Emploi du Temps 2010*. Kahneman, D., & Deaton, A. (2010). High income improves life evaluation but not emotional well-being. *Proceedings of the National Academy of Sciences*, 107(38), 16489-16493.

Kahneman, D., Diener, E., & Schwarz, N. (1999). *Well-being: Foundations of hedonic psychology*. New York: Russell Sage Foundation.

Kahneman, D., & Krueger, A. B. (2006). Developments in the measurement of subjective well-being. *Journal of Economic Perspectives*, 20(1), 19-20.

Kroh, M. (2006). An experimental evaluation of popular wellbeing measures. *DIW Berlin Working Paper 546*.

Krueger, A. B., & Mueller, A. I. (2012). Time use, emotional well-being, and unemployment: Evidence from longitudinal data. *The American Economic Review*, 102(3), 594-599.

Larsen, R. J. & Fredrickson, B. L. (1999). Measurement issues in emotion research. In D. Kahneman, E. Diener & N. Schwarz (Eds.), *Well-being: Foundations of hedonic psychology* (pp. 40-60). New York: Russel Sage Foundation.

Lucas, R. E. (2007). Long-term disability is associated with lasting changes in subjective well-being: evidence from two nationally representative longitudinal studies. *Journal of Personality and Social Psychology*, 92(4), 717-730.

Lucas, R., Clark, A., Georgellis, Y., & Diener, E. (2004). Unemployment alters the set point for life satisfaction. *Psychological Science*, 15, 8-13.

Michaelson, J., Abdallah, S., Steur, N., Thompson, S., & Marks, N. (2009). *National accounts of well-being: Bringing real wealth onto the balance sheet*. London: New Economics Foundation.

Organisation for Economic Co-operation and Development (OECD). (2009). *Doing better for children*. Paris: OECD Publishing.

OECD. (2013). *OECD guidelines on measuring subjective wellbeing*. Paris: OECD Publishing.

Office for National Statistics (ONS). (2011). *Initial investigations into subjective well-being from the opinions survey*. United Kingdom: ONS.

ONS. (2012). *Subjective well-being: A qualitative investigation of subjective well-being questions*. United Kingdom: ONS.

Oswald F., Wahl, H., Mollenkopf, H., & Schilling, O. (2003). Housing and life satisfaction of older adults in two rural regions in Germany. *Research on Aging*, 25(2), 122-143.

Pavot, W. & Diener, E. (1993). Review of the satisfaction with life scale. *Psychological Assessment*, 5(2), 164-172.

Ravallion, M. (2012). Poor, or just feeling poor? On using subjective data in measuring poverty. *World Bank Policy Research Working Paper No. 5968*. Washington DC:

World Bank Development Research Group.

Russell, J. (1980). A circumplex model of affect. *Journal of Personality and Social Psychology*, 39(6), 1161-1178.

Sacks, W. D., Stevenson, B., & Wolfers, J. (2010). Subjective well-being, income, economic development and growth. *NBER Working Paper 16441*.

Silva, J., De Keulenaer, F., & Johnstone, N. (2012). Environmental quality and life satisfaction: Evidence based on micro-data. *OECD Environment Directorate Working Paper No. 44*. Paris: OECD Publishing.

Smith, C. (2013). Making happiness count: Four myths about subjective measures of well-being. OECD Paper prepared for the ISI 2011: Special Topic Session 26.

Stiglitz, J., Sen, A., & Fitoussi, J.-P. (2009). *Report by the commission on the measurement of economic and social progress*. Paris: OECD. Retrieved from http://www.stiglitz-sen-fitoussi.fr/documents/rapport_anglais.pdf

Tinkler, L., & Hicks, S. (2011). *Measuring subjective well-being*. United Kingdom: ONS.

United Nations Children''s Fund. (2007). *Child poverty in perspective: An overview of child well-being in rich countries*, Innocenti Report Card 7. Florence: UNICEF Innocenti Research Centre.

United Nations Economic Commission for Europe Secretariat. (2009). *Revised terms of reference of UNECE/WHO/Eurostat steering group and task force on measuring health status*. UNECE.

United Nations Office on Drugs and Crime (UNODC) & United Nations Economic Commission for Europe (UNECE). (2010). *Manual on victimization surveys*. Geneva: United Nations.

United Nations Statistical Division. (1984). *Handbook of household surveys*. New York: United Nations.

United Nations Statistical Division. (1986). *National household survey capability programme, sampling frames and sample designs for integrated survey programmes. Preliminary version*. New York: United Nations.

Van Praag, B.M.S., Frijters, P., & Ferrer-i-Carbonell, A. (2003). The anatomy of subjective well-being. *Journal of Economic Behaviour and Organisation, 51,* 29-49.

Veenhoven, R. (2008). The international scale interval study: Improving the comparability of responses to survey questions about happiness. In V. Moller & D. Huschka (Eds.), *Quality of life and the millennium challenge: Advances in quality-of-life studies, theory and research.* Social Indicators Research Series, 35, Springer, 45-58.

Ware, J., & Gandek, B. (1998). Overview of the SF-36 health survey and the international quality of life assessment (IQOLA) project. *Journal of Clinical Epidemiology, 51*(11), 903-912.

Weinhold, D. (2008). How big a problem is noise pollution? A brief happiness analysis by a perturbable economist. *MPRA Working Paper No. 10660.*

Winkelmann, L., & Winkelmann, R. (1998). Why are the unemployed so unhappy? Evidence from panel data. *Economica, 65,* 1-15.

World Health Organization. (2012). *World Health Survey Instruments and Related Documents.*

제3편

≪세계 행복 보고서 2015≫

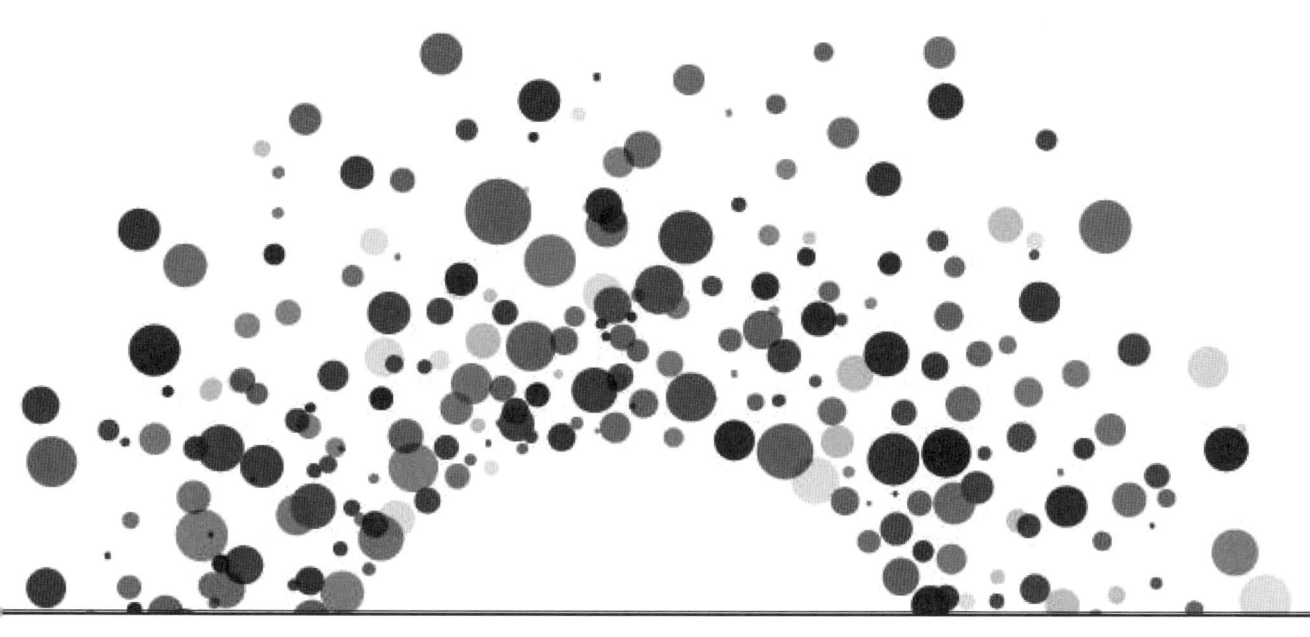

제6장
입문

존 헬리웰(John F. Helliwell), 리처드 레이워드(Richard Layard)
& 제프리 삭스(Jeffrey Sachs)

UN의 첫 번째 행복 보고서인 ≪세계 행복 보고서 2012≫가 출간된 이래 세계에는 적지 않은 변화가 있었다. 행복은 점차 사회진보를 평가하는 적합한 척도로 간주되기에 이르렀으며, 또한 많은 국가에서 공공정책의 목표가 되었다. 따라서 이 보고서, 즉 ≪세계 행복 보고서 2015≫의 내용을 요약하기 전에, UN의 행복 보고서와 관련된 역사를 잠깐 훑어보는 것으로 시작하는 편이 좋을 것이다.

첫 번째 세계 행복 보고서는 2012년 4월 2일 개최된 '행복과 웰빙을 위한 UN 고위급회담'을 지원하기 위해 발간되었다. 부탄공화국 수상의 제안에 따른 이 고위급회담은 2011년 6월의 UN총회 결의안에 이어 개최된 것인데, 이 결의안은 구성국들에게 자국 국민들의 행복을 측정하여 이를 공공정책의 안내자로 활용할 것을 권유한 바 있다.

UN의 최초의 행복 보고서라 할 수 있는 ≪세계 행복 보고서 2012≫는 주관적 웰빙의 측정과 설명을 위한 과학적 접근방식에 대해 개관했으며, 또한 국제적으로 비교 가능한 데이터들을 광범위하게 제시했다. 이 보고서에는 '삶의 평가' 평균 점수의 국가별 순위가 포함되어 있는데, 이 순위표는 156개 국가를 대상으로 한 2005~2011 기간의 갤럽월드폴(Gallup World Poll) 자료를 토대로 한 것이다. 행복과 웰빙을 공공정책의 표지석으로 삼아야 할 근거를 입문의 형태로 제시한 데 이어, 이 보고서의 이후 내용은 두 편으로 구성되어 있다. 제1편의 여러 장들은 전 지구적 데이터와 분석을 제시하고 있으며, 가용한 데이터와 조사가 정책에 시사하는 바를 개관하고 있다. 한편 제2편은 3개의 사례연구를 제시하고 있다. 첫째 사례 연구는 부탄의 국민총행복(GNH)에 관한 분석틀을 총체적으로 다룬 것이며, 둘째는 주관적 웰빙에 대한 측정 방식을 고안하고 측정값들을 축적하려는 영국 정부의 당시 노력을 서술한 것이다. 그리고 마지막 셋째는 각 국가의 통계당국에 도움을 주기 위해 OECD가 개발하여 제시한 '주관적 웰빙의 계측을 위한 지침'에 대한 것이다. 이 ≪세계 행복 보고서 2012≫는 전 세계의 광범위한 독자층에게 충실한 데이터를 제공하고, 행복에 관해 과학적으로 이해하는 것을 돕는다는 소기의 목적을 달성하는데 크게 성공한 것으로 평가된다. 이 보고서에 온라인으로 접속한 독자 수는 발간 이후 크게 늘어났으며, 그 수치는 2015년 현재 백만 명을 훌쩍 넘어서고 있다.

주관적 웰빙의 지역별, 국가별 측정값에 대한 공적, 정책적 관심이 워낙 크게 늘어나 정기적인 보고서를 개발할 필요성이 증대되었다. 따라서 ≪세계 행복 보고서 2013≫이 탄생되기에 이르렀는데, 이번에는 SDSN(Sustainable Development Solutions Network)의 후원하에 발간되었다. ≪세계 행복 보고서 2013≫의 주요 데이터 분석은 2010~2012 기간을 대상으로 하고 있으며, 또한 2005~2007 기간과 2010~2012 기간 사이의 변화를 대상으로 하고 있다. 그 구체적인 내용은 각자 핵심 주제영역들을 다루고 있는 일련의 여러 장들에 의해 보강되고 있는데, 모두 6개의 장으로 구성되어 있다. 즉 1) 정신적 건강, 2) 주관적 웰빙이 가져오는 객관적인 혜택, 3) 행복과 관련된 윤리적 토대, 4) 정책의 안내자로써의 행복의 활용,

5) 주관적 웰빙의 계측을 위한 OECD의 지침, 6) 웰빙의 계측을 위한 대안적 방식으로 고안된 바 있는 '삶의 평가'와 UNDP의 '인간개발지수'(HDI)의 비교 등이 그 것들이다. 2010년도 이래로 UNDP는 인간개발에 대한 주요 통계에 대한 개요[1]의 일부분으로써 국가별 삶의 평가 평균값들을 포함시키고 있다.

≪세계 행복 보고서 2013≫의 데이터와 분석은 행복의 과학을 공공의 과제에 적용코자 하는 공적 관심을 증대시키는 역할을 했으며, 또한 그러한 관심을 만족시키는데 큰 도움을 주었다. 그 결과 이제까지 이 보고서는 150만명 이상의 독자수를 확보하고 있는데, 이는 첫 번째 보고서인 ≪세계 행복 보고서 2012≫보다도 50%나 늘어난 수치이다. 이처럼 증대되는 관심은 이번에는 행복을 측정하고 증진시키려는 지역별, 국가별 실험을 고무시켰으며, 또한 ≪세계 행복 보고서 2015≫를 탄생시키는 자극제가 되었다.

1. 공공정책의 안내자로서 '행복'의 채택

OECD가 제시한 가이드라인의 영향으로, 그리고 웰빙의 측정이 가능하다는 생각이 점증함으로써, 많은 수의 국가 또는 지방정부가 더 나은 삶을 위한 공공정책에 행복 데이터와 행복 연구를 활용하게 되었다. 국가통계청의 영역에서 볼 때, OECD의 보고서들에 따르면,[2] 거의 모든 OECD 국가들이 그들의 주요 사회조사에서 최소한 하나의 항목으로 '삶에 대한 평가'(life evaluations)를 포함시켜 조사결과를 수집하고 있으며, 몇몇 국가들은 그 이상의 항목들도 포함시켜 조사하고 있

---

[1] 이 개요는 UNDP의 대표적인 보고서인 인간개발보고서(Human Development Report)에 실린 통계 부록이다.
[2] OECD의 보고서에는 온라인 부록이 포함되어 있는데, 이 부록의 도표에는 OECD 회원국들의 주관적 웰빙에 대한 공식적인 측정방식들의 현황이 나타나 있다.

다. 많은 유럽 국가들의 경우, 주관적 웰빙 데이터의 수집은 웰빙에 대한 EU-SILC(유럽연합-소득과 삶의 조건에 관한 통계) 모듈을 통해 자연스럽게 이루어지는데, 이 EU-SILC 모듈은 EU 차원에서 모든 EU 국가들에게 공통으로 적용할 수 있도록 디자인된 것이다. 이와 유사한 전략이 다른 지역의 국가들에게도 유용할 것이다. 각각의 지역 모두가 자신의 소속 국가들을 비교 가능토록 해줄 평가방식을 원할 것이기 때문이다. 게다가 그러한 지역별 공동작업은 비용을 줄여줄 것이며, 또한 행복문제 해명에 관한 시의적절성을 증대시켜 줄 것이다.

많은 국가의 지도자가 그들 국가의 안내자로서 웰빙과 행복의 중요성에 대해 언급하고 있다. 독일 총리 안젤라 메르켈, 남한의 대통령 박근혜, 영국 수상 데이비드 캐머런, 아랍에미리트연방(UAE)의 부통령이자 총리이며 두바이의 통치자인 셰이크 모함메드[3] 등이 대표적인 예이다.

행복과 웰빙에 초점을 맞추고 있는 영국의 경우는, 애초부터 광범위한 협의를 중시했으며, 데이터 축적과 실험적 방식에 토대를 두어왔다는 점에서 특별한 사례에 해당한다.[4] 영국 정부의 이러한 노력은 거의 5년 동안이나 지속되어 왔다. 그 결과 이제는 방대한 양의 데이터가 측적되어 학문적 분석이 가능할 정도가 되었으며, 또한 국가적 수준뿐만 아니라 지역적 수준에서도 정책평가가 가능할 정도가 되었다. 이와 연관된 벤처 조직들도 있다. 영국에 기반을 둔 NGO인 "행복을 위한 실천"(Action for Happiness)[5]이 대표적인 경우이다. 이 조직은 세계 전역에 걸쳐

---

[3] 공공정책의 안내자로 행복을 활용하려는 아랍에미리트연방(UAE)의 접근법은 우리도 활용할 수 있도록 영어로 번역되어 있다. 그것은 UAE(2015)의 참고목록에도 나타나고 있으며, 또한 온라인상에 "Happiness-A UAE Perspective"로도 나타나고 있다. 아랍에미레이트경쟁력위원회(The Emirates Competitiveness Council)는 《세계 행복 보고서 2013》과 《세계 행복 보고서 2015》의 출간비용을 후원하기도 했다.

[4] Hicks(2012)의 《세계 행복 보고서 2012》 6장 참조.

[5] 웹사이트: http://www.actionforhappiness.org.

회원을 지니고 있는데, 각국의 회원들은 삶의 질을 개선하기 위해 행복의 과학을 이용하는 방법을 배우고 공유하는데 관심이 많다. 또한 영국은 올해 공적 기구이면서도 독립성을 지닌 기구인 "What Works Centre for Wellbeing"을 출범시킨 바 있는데, 이 기구는 웰빙에 기여할 수 있는 정책과 서비스를 개발하는 데 그 목적이 있다.[6]

아랍에미리트연방(UAE)의 경우 특별히 언급할 가치가 있다. 행복과 웰빙을 국가적 아젠다의 핵심적인 교의로 삼고 있다는 점에서 특히 그러하다. 이 나라는 "세계에서 최고로 행복한 국가가 되겠다"는 야심찬 계획을 지니고 있다.

연방을 구성하고 있는 에미리트(Emirate) 수준에서 볼 때, 두바이의 경우가 가장 인상적이다. 2014년 12월 두바이는 〈두바이 플랜 2021〉(Dubai Plan 2021)을 출범시켰는데, 출범식에서 셰이크 모함메드는 "두바이 플랜 2021의 1차 목표는 국민들의 행복을 성취하는 것"이라고 선언한 바 있다.[7] 두바이의 비전을 담고 있는 〈두바이 플랜 2021〉은 본래 6개의 테마를 망라한다. 즉, "행복하고 창의적이며 인민에게 권한이 위임된 도시, 포용력과 응집력을 지닌 도시, 살고 일하며 방문하기에 선호되는 도시, 스마트하고 지속가능한 도시, 세계경제의 중심 허브, 개척적이며 탁월한 능력의 정부 등이 그것이다. 이 플랜의 전략은 시민사회, 민간 및 공적 부문을 모두 포괄하는 광범위한 참여와 협의를 거쳐 개발되었다."[8]

게다가 모함메드는 모든 연방정부 직원들로 하여금 그들의 핵심적인 미션을 상기하도록 하기 위해 공개서한을 보낸 바 있다. 즉 국민들의 행복을 위해 세계수준의 서비스를 공급해야 한다는 것이다. 그의 공개서한은 강한 의지를 담고 있는 약

---

6 웹사이트: https://www.gov.uk/government/news/new-what-works-centre-for-wellbeing.
7 UAE(2015) 참조.
8 Ibid.

속과도 같은 것이다. 행복을 국가정책의 목표로 삼겠다는 연방정부 리더의 공개 선언인 셈이다.

실제 삶에서 문제가 되는 것은 대부분 지방적 수준의 것들이다. 따라서 많은 지방정부가 주관적 웰빙을 측정하고 있으며, 또한 공공정책을 디자인하고 공공서비스를 공급하는 데 행복 연구를 안내자로 활용하려 하는데 이는 자연스런 일이 아닐 수 없다. 예컨대 멕시코의 할리스코(Jalisco) 주정부는 행복을 정책의 핵심목표로 삼은 바 있다.[9] 도시 수준에서도 많은 예를 찾아볼 수 있다. 캘리포니아 주의 산타 모니카(Santa Monica) 시 정부는 시민의 행복을 개선하는 방법을 조사하고 연구하는데 많은 기금을 투자하고 있다.[10] 이와 마찬가지로 영국의 브리스톨 시는 '행복한 브리스톨 시'(Bristol Happy City)라는 프로젝트를 추진하고 있는데,[11] 이 프로젝트의 구조는 다른 곳에서도 본보기로 삼기에 손색이 없을 정도이다.

2. '지속가능한 발전'을 위해 행복 데이터와 행복 연구 활용하기

2015년도는 인류에게 하나의 분수령에 해당하는 해라고 해도 과언이 아니다. 세계공동체를 더욱 포용적이고 지속가능한 형태의 발전으로 인도하는 데 중요한 역할을 할 것으로 기대되는 '지속가능한 발전 목표들'(Sustainable Development Goals: SDGs)이 채택될 해이기 때문이다. UN 회원국들은 2012년 UN의 환경문제 정상회의인 'Rio+20 정상회의'가 개최될 때 그 창립 20주년을 기념하여 SDGs를 채택할 것을 요구한 바 있다. 그 SDGs는 2015년 9월 UN의 특별정상회의에서 국

---

9 그들의 웹사이트(http://www.jaliscicocomovamos.org)에 설명되어 있다.
10 산타모니카 프로젝트는 Bloomberg Philanthropies Mayors challenge의 결승전에도 진출한 바 있다. 웹사이트: http://wellbeingproject.squarespace.com.
11 웹사이트: http://www.happycity.org.uk/content/happy-city-index.

가수반들에 의해 채택될 예정이다. 2015년은 마침 UN 창설 70주년이기도 하다. 행복과 웰빙의 개념은 지속가능한 발전을 향한 진보를 이루는데 큰 역할을 할 것으로 기대된다.

'지속가능한 발전'(sustainable development)은 규범적 개념이다. 즉 그것은 모든 사회에서 경제적, 사회적, 환경적 목표들이 총체적으로 균형을 이룰 것을 요구한다. 국가들이 사회적, 환경적 목표들을 외면한 채 GDP만을 편향적으로 추구한다면, 그 결과들은 인간의 웰빙에 역행할 수 있다. 최근에 많은 국가들이 경제 성장을 이룬 것은 사실이다. 하지만, 그것은 심각한 소득 불평등의 증대와 엄청난 자연환경의 훼손이라는 대가를 치룬 것이었다. SDGs는 국가들이 경제적, 사회적, 환경적 목표들을 조화롭게 성취하고, 그럼으로써 현재와 미래 세대의 웰빙 수준을 고양시킬 수 있도록 도움을 주기 위해 디자인된 것이다.

SDGs에는 목표와 목적, 그리고 양적 지표들이 포함될 것이다. '지속가능 발전을 위한 네트워크'(Sustainable Development Solutions Network: SDSN)는, SDG 지표 선정에 대한 자신의 권고사항들을 통해, SDGs에 진보의 척도로써 주관적 웰빙 지표와 긍정적 정서 지표를 포함시킬 것을 강하게 권고한 바 있다. 많은 정부와 전문가들도 SDGs에 행복 지표를 포함시켜야 한다는데 강한 동의를 표명했다. 최종적인 SDG 지표 목록은 틀림없이 2016년 안에 결정될 것이다. ≪세계 행복 보고서 2015≫를 발간함에 있어, 우리는 행복에 대한 이 보고서의 내용이 각 국가의 정책결정을 안내하고 전반적 웰빙을 평가하는데 활용되어 풍성한 결실을 맺을 수 있기를 희망한다.

3. 제3편의 〈7장〉과 〈8장〉의 개요

≪세계 행복 보고서 2015≫는 이전 보고서와 마찬가지로 크게 두 부분으로 구성되어 있다. 하나는 행복 데이터를 토대로 최근의 행복 수준 및 추세를 분석한 것이며, 다른 하나는 행복과 연관된 구체적인 이슈들에 대해 더 심층적으로 분석한 것들이다. 7장과 8장의 내용은 이중에서 앞 부분에 해당하는 것이다.

〈7장〉: 행복의 지리학

행복의 지리학은 우선 10개의 색으로 표시된 지도의 형태로 제시된다. 이 행복 지도는 2012~2014 기간의 삶의 평가 평균값이 전 세계에 걸쳐 어떻게 차이가 나는지를 한 눈에 보여준다. 0점~10점 척도를 지닌 이 삶의 평가 조사에서, 7.5점 이상의 평균값은 최고 수준을 나타내며, 3점 이하는 최하 수준을 나타낸다. 10개의 최상위 행복한 국가들과 10개의 최하위 행복한 국가들은 평균 점수에서 4점이나 차이가 난다.

삶의 평가에서 국가 및 지역별 차이의 3/4은 6개의 핵심 변수들의 차이에 의해 설명된다. 이 6개의 핵심변수는 각자 삶의 특정 측면을 대변하는데, 이를 구체적으로 살펴보면 다음과 같다. 즉, '일인당 GDP', '건강 기대수명', '사회적 지원'(어려울 때 의존할만한 사람이 있느냐 여부에 의해 측정됨), '신뢰'(정부와 기업 부문에 대한 부패 인식 정도에 의해 측정됨), 삶의 결정과 연관된 '자유감', 그리고 '관대성'(최근의 기부 경험에 의해 측정됨)이 그것이다. 이 중 사회적 지원, 소득, 건강 기대수명이 가장 중요한 3가지 요인인데, 그 상대적 중요성은 선택된 비교 집단에 따라 다를 수 있다. 그런데 긍정적, 부정적 정서에서의 국제적 차별성은 삶의 평가에 비해 이러한 6개 요인에 의해 설명되는 부분이 훨씬 적다. 따라서 정서 측정치들은 삶의 평가를 설명하는데 부가적인 요인으로만 활용되는데, 이때에도 오직 긍정적 정서만이 유의미한 기여를 한다. 즉 긍정적 정서들은 사회적 지원과 자유감 양자가 효과를 발휘하는데 중요한 통로를 제공해줌으로써 삶의 평가에 영향을 미친다.

2005~2007 기간과 2012~2014 기간 사이에 일어난 삶의 평가 점수의 변화를 분석해보면, 전 세계적 경기 침체가 행복에 미친 영향력의 정도가 국가에 따라 상당히 다르다는 것을 알 수 있다. 행복도의 변화는 경제위기에 노출된 정도에 따라 차이가 있으며, 또한 거버넌스, 신뢰, 사회적 지원의 질에 따라서도 다르다. 양질의 사회적 자본을 충분히 지닌 국가들은 행복도의 지속이 가능하며, 심지어 자연재해나 경제적 위기에 직면해서도 주관적 웰빙을 증진시킬 수 있다. 위기와 재난이 이들로 하여금 오히려 공동체적 결속을 발견하고, 활용하며, 재건할 기회를 제공해 주기 때문이다. 반면에 사회적 자본이 빈곤한 국가들은 소득의 저하와 실업률의 증대가 야기하는 수준보다 훨씬 큰 행복도의 손실을 경제위기가 촉발시킨다. 이런 관점에서, 이 보고서의 새로운 데이터는 ≪세계 행복 보고서 2013≫에서 제시된 증거와 분석을 계속 보충하고 강화시켜줄 것이다.

〈8장〉: 주관적 웰빙은 성별, 나이별로 세계 전역에서 어떤 차별성을 보이는가?

8장에서는 다소 세밀한 부분을 탐색한다. 즉 웰빙의 수준이 지역별, 성별 및 연령별로 얼마나 차이가 나는지를 살펴본다. 표본규모를 충분히 높게 유지하기 위해, 여기서 우리의 대부분의 분석은 2005년에서 2014년까지 각 국가에서 수집된 갤럽월드폴(Gallup World Poll)의 데이터를 모두 포괄하여 대상으로 삼을 것이다. 우리의 분석은 삶의 평가들뿐만 아니라 긍정적, 부정적 정서 경험들도 포함시킬 것인데, 이것들이 성과 나이, 그리고 지역에 따라 매우 다양한 패턴을 보여주기 때문이다. 긍정적 정서의 6개 항목은 다음과 같다. 즉 행복감, 미소와 웃음, 즐거움, 야간의 안전감, 편안감, 흥미감이 그것이다. 한편 부정적 정서의 6개 항목은 다음과 같다. 즉, 분노, 근심, 슬픔, 우울, 스트레스, 그리고 고통이 그것이다. 삶의 평가의 경우, 성별 차이는 국가별 차이에 비해 매우 적으며, 국가 내 연령별 차이에 비해서도 매우 작다. 세계평균을 기준으로 할 때, 여성의 삶의 평가 점수는 10점 척도에서 0.09점 정도로 약간 높게 나타날 뿐이다. 이는 가장 행복한 10개 국가와 가장 덜 행복한 10개 국가의 삶의 평가 점수 차이인 4점의 2% 정도에 불과한 수치이다. 연령별 집단 사이의 차이는 이보다 훨씬 크며, 지역별로도 상당한 차이가 있다. 세계 전체로 볼 때, 삶의 평가 평균 점수는 어린 응답자들일수록 높은 점수로 출발하다가, 중년에는 거의 0.6점 하락하며, 그 이후에는 거의 변화를 보이지 않는다. 이러한 지구적 추세는 하지만 지역별로는 큰 차이를 보인다. 몇몇 국가는 U자형을 보이지만, 다른 국가들은 하양 곡선을 그리기도 한다.

6개의 긍정적 정서 경험과 6개의 부정적 정서 경험의 경우, 성과 나이 그리고 지역에 따라 상당한 차이를 보인다. 정서 경험에서 나타나는 이러한 차이점 중 일부는 이전의 실험적 조사에서도 확인된 것이지만, 다른 일부는 이전에 조사된 것보다 훨씬 큰 문화적 차이를 드러내 주고 있다.

삶의 평가 점수의 변화 및 국제적 차이를 설명하는데 7장에서 활용했던 6개 변수를 성별, 나이별, 지역별로 고려해보는 것도 세계적 추세 및 차이를 이해하는데 도움을 줄 것이다. 일반적으로, 구체적인 정서의 패턴들은 삶의 평가에서의 차이를 설명하기 위해 우리가 활용했던 논리를 재확인 시켜주고 있다. 즉 사회적 맥락의 중요성은 성별 집단과 연령별 집단의 분석에서도 강하게 나타난다. 예컨대 삶의 평가 점수가 노년층에서 의미 있게 높이 나타나는 지역은 동시에 노년층이 사회적 지원, 자유, 관대성의 수준이 높게 나타나는 지역이기도 하다. 이 3가지 변수들은 모두 지역과 연령집단에 따라 꽤 다양한 수준을 보여준다. 이에 반해 건강문제(그리고 어제의 고통)의 수준 및 추세는 모든 지역에서 매우 유사하게 나타나고 있다.

그리고 건강문제의 빈도에서 나타나는 성별 차이도 세계 전역에서 대체로 유사하게 나타나는데, 건강문제는 고통 및 우울의 정서 경험과도 연관되어 있다.

References

Hicks, S. (2012). Measuring subjective well-being: The UK Office for National Statistics experience. In Helliwell, J. F., Layard, R., & Sachs, J. (Eds.), *World happiness report*. New York: Earth Institute.

UAE. (2015). *Happiness: A UAE perspective*. http://www.ecc.ae/about/vision-2021

Wiest, M., Schuz, B., Webster, N., & Wurm, S. (2011). Subjective well-being and mortality revisited: Differential effects of cognitive and emotional facets of well-being on mortality. *Health Psychology*, 30(6), 728.

제7장
세계 행복의 지리학

존 헬리웰(John F. Helliwell), 하이팡 후앙(Haifang Huang)
& 슌 왕(Shun Wang)

UN의 최초의 행복 보고서인 ≪세계 행복 보고서 2012≫가 발간된 지 3년이 흘렀다. 그 보고서 – 특히 2장과 3장 – 의 핵심 목표는 '주관적 웰빙'(subjective well-being)을 계측하고 이해하기 위한 과학적 토대에 대해 탐구하는 것이었다. 그 주된 내용은 그때와 마찬가지로 지금도 적실성을 지닌다. 그리고 그 보고서는 행복을 주제로 탐구하고자 하는 연구자들에게 입문서로 확연히 자리매김하고 있다. 하지만 행복 연구의 과학적 토대가 지난 3년 동안 계속 확대되고 심화되었기 때문에, 이제는 그 내용을 좀 더 상술할 필요가 있으며, 필요한 부분은 증거에 의해 수정될 필요도 있다. 이것이 7장 첫째 섹션의 주제이다.

우리는 '캔트릴 사다리'(Cantril ladder) 질문에 대한 답변들을 통해 측정한 주관적 웰빙의 국가 수준의 평균값들을 계속 제시할 것이다. 이 캔트릴 사다리 질문은 0점에서 10점에 이르는 척도 상에서 자신의 현재 삶의 질을 평가한 것으로, 여기서 0점은 가능한 최악의 삶을, 그리고 10점은 가능한 최선의 삶을 나타낸다. 이 보고서에서 우리는 2012~2014 기간의 평균 점수를 제시하는데 그치지는 않을 것이다. 우리는 6개의 핵심 변수들이 2005~2014 기간의 국가별 평균 점수를 설명하는데 어떻게 기여하는지를 보여주려는 최근의 시도를 소개할 것이며, 그러한 정보를 국가 순위의 원인들을 이해하는데 활용코자 한다. 6가지 핵심변수란 '일인당 GDP', '건강 기대수명', '사회적 지원', '자유', '관대성', '부패'이다. 또한 우리는 긍정적, 부정적 정서 경험들 및 삶의 목적에 대한 판단들이 '삶의 평가'(life evaluations) 점수를 높여주는 삶의 조건들과 결합할 수 있다는 것도 보여주려 한다. 8장은 삶의 평가의 분포에 대해 더 상세히 살펴볼 것이며, 젠더와 나이 그리고 지역에 따라 나타나는 12가지 웰빙 측정치들을 살펴볼 것이다.

이어서 우리는 2005~2007 기간과 2012~2014 기간의 국가별, 지역별 삶의 평가 평균값의 변화에 대해 살펴볼 것이다. 그리고 거버넌스의 질의 변화를 포함하는 다양한 요인들이 행복이라는 관점에서의 국가적 성공에 어떻게 영향을 미치는지도 평가할 것이다.

1. '행복'을 측정하고 이해하기

UN의 첫 번째 행복 보고서인 《세계 행복 보고서 2012》의 2장은 '주관적 웰빙'(SWB)의 다양한 측정방식에 관해 지난 30여 년간, 주로 심리학 분야 내에서, 이루어진 발전과정에 관해 설명한 바 있다. 그 이후의 진보는 훨씬 빠르게 진행되었다. 무엇보다도 주관적 웰빙을 주제로 하는 과학적 논문이 빠르게 증가했다.[1] 그리고 주관적 웰빙에 대한 측정이 국가적, 국제적 통계기구들에 의해 시도되었으며, 그 통계기구들은 이 분야의 전문가들에 의한 기술적 충고하에 인도되고 있다.

---

1 Diener(2013)의 추산에 따르면, 주관적 웰빙에 관한 새로운 과학적 논문의 숫자는 지난 25년 동안 거의 두 자릿수(100배)만큼이나 성장했다. 즉 1980년에는 1년 동안 약 130편이었던 것이, 2013년에는 매달 1000편 이상의 논문이 발표되고 있다.

첫째 보고서가 나온 시점에 이미 주관적 웰빙의 3가지 주된 척도 사이에 명확한 구분이 그어졌다. 즉, 1) 삶의 평가, 2) 긍정적 정서 경험(긍정적 정서), 3) 부정적 정서 경험(부정적 정서)이 그것이다. 이어 나온 〈주관적 웰빙의 계측에 관한 OECD의 가이드라인〉(Guidelines on Measuring Subjective Well-being)[2]과, 이에 대해 더욱 상세하게 설명한 ≪세계 행복 보고서 2013≫ 7장[3]의 양자는 모두 주관적 웰빙 질문들에 관한 권고안을 포함하고 있는데, 이 권고안은 간략한 모듈과 함께 이보다 긴 모듈도 포함하고 있다. OECD의 간략한 모듈의 중심은 '삶의 평가' 질문에 관한 것이다. 즉 응답자에게 그들의 현재 삶에 대해 만족하는 정도를 0에서 10까지 점수를 매겨 평가하라는 것이다. 이와 함께 두세 가지의 정서적 질문들이 동반되고 있으며, 또한 응답자가 자신의 삶에 어느 정도의 목적과 의미를 느끼는지에 대한 질문도 동반되고 있다. 삶의 목적과 의미에 연관된 마지막 형태의 질문은 '에우다이모니아적'(eudaimonic) 질문으로 불리는 것인데,[4] 우리는 이를 주관적 웰빙의 직접적인 척도라기보다는 이에 기여하는 중요한 요인으로 취급한다. '에우다이모니아적' 질문 방식은 아리스토텔레스에 연원하는 것이다. 그는 삶에서 목적을 지니는 것이 자신의 삶의 질에 대한 반성적 평가에서 핵심적인 것이라는 믿음을 지닌 철학자였다.

〈OECD의 가이드라인〉이 나오기 전에, 영국의 국립통계청(ONS)은 4가지의 핵심적인 질문을 자체적으로 개발한 바 있다. 그 중에서도 중심이 되는 것은 삶의 만족도 측정인데, 이는 OECD가 제안한 것과 같은 것이다. 이와 함께 에우다이모니아적 질문도 제기되는데, 이는 응답자가 자신의 삶에서 하는 일들을 가치 있게

---

[2] OECD(2013) 참조.
[3] Durand & Smith(2013) 참조.
[4] Ryff & Singer(2008) 참조. 삶의 의미와 목적에 관한 질문이 광범위한 세계 조사에서 최초로 사용된 것은 2006년과 2007년의 갤럽월드폴(GWP) 조사였다. 그것은 또한 유럽사회조사(Huppert et al., 2009)의 3차 조사에도 도입되었다. 그 이후 그것은 영국 통계국의 웰빙에 관한 4가지 핵심질문 중 하나가 되었다(Hicks et al., 2013).

느끼는지 여부에 관한 질문이다. 나머지 두 개의 질문은 정서적 질문이다. 즉 어제의 행복과 어제의 근심에 대해 묻는 것이다.[5]

〈OECD의 가이드라인〉이 형성될 무렵, 미국의 국립과학아카데미(NAS)는 주관적 웰빙 측정방식에 대해 검토할 패널을 꾸렸다. 하지만 이 패널은 주관적 웰빙에 대한 가능한 측정방식들 중 일부분에만 중점을 두었는데, 이 점에서 OECD의 연구 및 가이드라인과 구별된다. 즉 NAS는 웰빙에 대한 평가적 측정방식들보다는 긍정적, 부정적 정서(경험한, 또는 경험 중인 웰빙)에 집중했다. NAS의 패널은 이것이 웰빙의 측정 중 덜 개발된 측면들에 대해 탐구하려는 것이지, 평가적 측정이 중요치 않다는 것을 의미하는 것은 아님을 천명했다.[6] 이 패널도 평가적 측정값과 정서적 측정값 양자를 축적하는 것의 중요성을 강조하는 OECD의 가이드라인에 동의했다. 그 둘은 별개로, 또는 연합해서 주관적 웰빙을 더욱 더 잘 이해하는데 기여한다는 것이다. 하지만 NAS의 패널은 정서 경험적 측정방식들(특히 현재의 정서보고와 일기 방식의 기억된 정서보고를 포함하는)을 강조하는데, 이는 여러 해 동안 경험적 측정방식들을 제안하고, 수집하고, 탐구하는데 투자해온 바 있는 미국의 영향력 있는 다수의 학자들의 생각이 반영된 것이다. 어느 정도 이것은 프린스턴대학의 카네만(D. Kahneman) 교수의 이론적 선호가 반영된 것이다. 그의 실험적 작업은 경험적 측정방식과 평가적 측정방식이 그 연원과 구조 그리고 함의에서 서로 다르다는 것을 강조했다. 그의 한 논문에 따르면, 내시경 환자가 보고한 순간적 고통의 합이 고통정도에 대한 이후의 전반적 평가와 차이가 난다고

---

[5] 질문들의 정확한 표현에 대해서는 Hicks et al.(2013, 78) 참조.

[6] "다음의 사실은 명확해 해 둘 필요가 있다. 즉 이 패널의 과제는 우선 경험적(쾌락적) 웰빙(이전의 WB) 영역에서의 측정과 데이터 축적을 위한 지침을 제공하려는 것이다. 주관적 웰빙(SWB)에 대한 다차원적 측정이 주관적 웰빙을 완전하게 이해하기 위해 필수적이라는 것을 인정하지만, 이 패널의 초점은 이전의 웰빙, 즉 정서 경험적 웰빙에 대한 연구 상태를 반영하고 있는 것이다. 정서 경험적 웰빙에 대한 연구는 주관적 웰빙의 다른 하나의 차원인 평가적 웰빙에 대한 연구에 비해 덜 발전되었다." Stone & Mackie, eds.(2013, 2) 참조.

한다.7 카네만은 이러한 간격을 기억을 수집하는 부분에서 발생하는 실수로 간주했으며, 벤덤(J. Bentham)이 두 세기 전에 옹호했던 바와 똑같이, 인간의 행복을 확인하는 가장 정확한 방식은 정서 경험적 보고의 평균값을 활용하는 것이라고 생각했다.8 그러나 우리는, 그리고 대다수의 다른 사람들도, 평가적 측정방식에 더욱 비중을 두고 있다. 기억된 쾌락과 고통은 이후의 의학적 절차를 선택하거나 휴가계획을 세우는 데9 더욱 적절하게 동인으로 작용하기 때문이다. 평가적 측정방식들은 또한 의미 있는 삶을 살고 있다는 인식을 좀 더 많이 반영하는 것이기도 하다. 삶에 대한 의미감은 아리스토텔레스(그리고 우리들)를 포함하는 많은 사람들에게 훌륭한 삶을 이루는 핵심 요소로 옹호되는 것이다.

경험적 측정방식에 대한 카네만의 강조는 그의 동료인 알란 크루거(Alan Krueger)의 영향을 받은 것이기도 하다. 크루거는 '일과 재구성법'(Day Reconstruction Methods)을 개발하고 적용한 사람인데, 이 '일과 재구성법'이란 일상적 행위과정에서 변화하는 정서 상태를 평가하는데 일과 종료 후 일기를 적는 방식을 활용하는 것을 말한다.10 이는 상당히 큰 결실을 맺어온 조사방식이다. 비록 미국의 통계청이 주관적 웰빙 측정값을 수집하는 것에 대해 거부감을 가져왔지만, '국민 생활시간 조사'(National Time Use Survey)에서는 정서적 측정방식이 포함되었다. 그래서 미국은 공식 통계에 정서적 측정치를 포함시키되 삶의 평가 측정치를 포함시키지 않는 유일한 주요국가가 되었다.11 그러나 비공식적 조사들을 포함시킬 경우, 미국의 전반적인 체계는 그 범위가 훨씬 더 포괄적이다. 즉 세

---

7 Redelmeier & Kahneman(1996) 참조.
8 Kahneman et al.(1997) 참조.
9 Wirtz et al.(2003) 참조.
10 Kahneman et al.(2004) 참조.
11 OECD에 의해 제공되는 온라인 부록이 보여주듯이, 정서 경험적 데이터는 미국과 프랑스 그리고 캐나다에서 취합된다. 그 반면에 삶의 만족에 대한 측정치는 미국, 일본, 칠레를 제외한 모든 OECD 국가에서 취합되고 있다.

계에서 가장 큰 두 개의 조사기관이 국민들의 장단기적 웰빙 상태에 대해 정기적으로 측정하고 있다. 하나의 조사 기구, 즉 갤럽/헬스웨이스 데일리 폴(Gallup/Healthways Daily Poll)은 사적인 기구이며, 다른 하나인 보건국의 '행위 위험요인 감시체계'(Behavioral Risk Factor Surveillance System)는 공적인 기구이다. 두 조사는 각자 매일 1000명의 응답자를 대상으로 평가적 질문과 정서 경험적 질문을 던지고 있다.

미국의 거대한 두 사회조사를 통해, 그리고 유럽사회조사(ESS)와 영국, 캐나다, 유럽(EU-SILC 웰빙모듈을 통한) 등의 국가 조사를 통해, 우리는 다양한 측정방식 사이의 유사점과 차이점을 포착할 수 있을 정도가 되었다. 이전의 학자들은 모든 측정방식들을 대등한 것으로 간주하는 경향이 있었으며, 따라서 그것들이 서로 상충되는 이야기를 제공할 경우 그것들 모두를 거부해버리거나, 아니면 자신이 선호하는 측정방식만을 지지하곤 했다. 하지만 이제 주관적 웰빙을 주제로 하는 모든 공식적 연구보고서들은 입을 모아 다음과 같이 주장하고 있다. 즉 웰빙 연구의 과학적 토대가 발전하려면 가능한 한 많은 조사수단들을 동원해야 할 필요가 있다는 것이다. 그리고 주관적 웰빙의 다양한 측정치들을 획득하는 것이 필요한데, 그래야만 그 측정치들이 서로 간에 어떻게 연결되어 있는지를, 그리고 그 측정치들이 사람들의 실질적인 삶과 어떻게 연결되어 있는지를 더욱 더 잘 이해할 수 있게 해준다는 것이다.

〈Technical Box I〉 주관적 웰빙 측정하기

> OECD(2013)의 〈주관적 웰빙 측정을 위한 가이드라인〉은 그 도입부에서 이전의 '경제 및 사회진보계측위원회'(Commission on the Measurement of Economic and Social Progress)로부터 다음과 같은 개념정의와 권고안을 인용하고 있다.
>
> "주관적 웰빙은 서로 다른 세 가지 측면을 모두 아우르는 것이다. 즉 자신의 삶에 대한 인

지적 평가, 긍정적 정서(즐거움, 긍지), 부정적 정서(고통, 분노, 근심)가 그것이다. 이러한 주관적 웰빙의 3가지 측면들은 각자 다른 결정요인들을 지니고 있지만, 어떤 경우이든 이 결정요인들은 사람들의 소득과 물질적 조건들에 한정되지 않으며 이들을 넘어선다. … 주관적 웰빙의 3가지 측면들은 사람들의 삶의 질을 더 포괄적으로 측정하기 위해, 그리고 그것들의 결정요인들(객관적인 조건들을 포함하는)을 더욱 잘 이해하기 위해 개별적으로 측정되어야 한다. 국가의 통계기구들은 사람들의 삶의 평가들, 쾌락 경험들 그리고 삶의 우선적 가치들을 포착하기 위해, 그들의 표준적 조사에 주관적 웰빙에 대한 질문들을 포함시켜야 한다." [12]

이어서 〈OECD의 가이드라인〉은 국가의 통계기관들이 그들의 가계조사에서 사용할 수 있는 핵심적인 모듈을 권장하고 있다. 즉,

"핵심적인 측정 모듈은 두 가지 요소로 구성된다.

우선적인 측정방식인 첫째 모듈은 삶의 평가에 대한 측정이다. 이는 주관적 웰빙의 측정을 위한 절대적 최소치이다. 따라서 모든 국가의 통계기관들은 이 측정방식을 매년도의 가계조사 안에 하나의 항목으로 포함시키도록 권장된다.

두 번째 요소는 일련의 간략한 정서질문들과 실험적인 '에우다이모니아적' 질문들(삶의 의미와 목적에 관한 질문)로 구성된다. 이들은 삶의 평가에 대해 측정하는 우선적인 측정방식을 보완해 준다. 이것들이 주관적 웰빙의(다른 동인들을 지닌) 다른 측면들을 포착하고 있기 때문이다. 또한 측정방식들은 그 본성에서 서로 차이가 있는데, 이러한 차이점들이 문화적 및 다른 요인들에 의해 발생하는 측정 상의 과오를 서로 보완해줄 수 있다는 것도 의미하기 때문이다. 두 번째 질문들이 우선적 측정방식과 함께 활용되는 것이 가장 바람직한 것이기는 하지만, 이 질문들은 우선적인 측정방식보다는 그 우선성이 좀 더 낮은 것으로 간주되어야 한다." [13]

거의 모든 OECD 국가들은[14] 현재 0점~10점 척도의 삶의 평가를 포함하고 있는데, 통상적으로 삶의 만족에 관한 질문을 통해 측정된다. 그러나 이보다 훨씬 전에 이미 여러 국가의 통계기관들이 삶의 평가 측정치들을 축적하려는 노력을 기울여왔다. 그리고 이제는 국가 간 상호 비교가 가능한 정도의 조사들이 갤럽월드폴(GWP)을 통해 이루어지고 있다. 즉 GWP는 2005년 이래 점차 국가 수를 확대해가며 조사해오고 있는데, 이제는 세계의 거의 모든 국가를 망라할 정도다. GWP는 하나의 삶의 평가와 함께 다양한 긍정적, 부정

적 경험질문들을 포함하는데, 이 경험적 질문들은 주로 어제의 긍정적, 부정적 정서 경험에 대한 것들이다. 그러나 이 보고서의 2장에서 우리는 삶의 평가들을 우선적으로 활용코자 한다. 〈표 7.1〉이 보여주듯이, 삶의 평가들은 그 변화양상이 좀 더 국제적이며, 또한 삶의 조건들에 의해 더욱 쉽게 해명되기 때문이다. 8장에서 우리는 6가지의 긍정적, 부정적 정서 경험들에 대해 살펴볼 것이며, 그것들이 세계의 9개 지역별로 연령과 성별에 따라 어떻게 변하는지를 보여줄 것이다.

그동안 우리는 무엇을 배웠는가? 무엇보다도 중요한 것을 배웠는데, 그것은 이제 다음과 같은 결론을 내리는 것이 가능해졌다는 것이다. 즉 통상적으로 사용되는 삶의 평가 방식 3가지 - '삶의 만족', '캔트릴 사다리', '전반적 삶에 대한 행복' - 모두가 주관적 웰빙에 영향을 미치는 다양한 변수들의 본질 및 상대적 중요성에 대해 구조적으로 거의 동일한 이야기를 말해주고 있다는 것이다. 지금까지는 그렇지 않다는 주장도 많았다. 예컨대, 여러 해 동안 그렇게 생각되었으며 또한 여전히 문헌에서 자주 보고되고 있는 내용인데, 사다리를 프레이밍 장치로 사용하고 있는 '캔트릴 사다리'(Cantril ladder) 질문에 대한 응답이 '삶의 만족'(satisfaction with life) 질문에 대한 응답에 비해 응답자의 소득에 더욱 의존적이라는 주장이다. 이에 대한 증거는 갤럽월드폴(GWP)에서 캔트릴 사다리를 활용한 모델을 세계가치조사(WVS)에서의 삶의 만족에 기반을 둔 모델과 비교함으로써 나온 것이다. 그러나 서로 다른 2개의 조사에 기반을 둔 이러한 비교 작업은, 불행하게도 서로 다른 조사와 방식을 서로 다른 '질문 표현'(question wording)의 효과들과 결합시키는 것에 다름 아니다. 만약 같은 응답자에게 같은 척도로 두 질문이 연속으로 주어진다면,[15] 더 적절한 결과를 얻을 수 있을 것이다. 갤럽월드폴의 2007년

---

12 Stiglitz et al.(2009, 216).
13 OECD(2013, 164).
14 가장 최근의 OECD 목록은 이 보고서의 온라인 부록에서 얻을 수 있다.
15 갤럽사는 이러한 과학적 문제에 대한 논의가 가능토록 하기 위해 '삶의 만족'(SWL)에 관한 질문을 포함시키는 것에 대해 2007년에 흔쾌히 동의한 바 있다. 하지만 불행하게도 지면이 한정된

조사가 바로 그런 경우인데, 이 조사는 추산되는 소득 효과들이 동일하며, 또한 거의 모든 여타의 구조적 영향력들도 동일하다는 것을 보여주었다. 그리고 더욱 강력한 설명력은 두 답변의 평균값을 활용함으로써 얻을 수 있다는 것도 보여주었다.[16]

'행복'(happiness)이라는 단어를 포함하는 질문이 삶의 만족 질문이나 캔트릴 사다리 질문에 비해 소득에 덜 의존적인 답변을 유발한다는 믿음이 한때 존재하기도 했다. 그러한 견해에 대한 증거는 세계가치조사(WVS)에서의 행복 답변과 삶의 만족 답변을 비교함으로써,[17] 그리고 캔트릴 사다리를 어제의 행복(그리고 어제의 다른 정서들)과 비교하는 갤럽월드폴(GWP) 조사에서 구해진 것이다. 이 두 형태의 비교는 행복 답변에 미치는 소득의 효과가 삶의 만족이나 캔트릴 사다리에 미치는 효과에 비해 현저히 적다는 것을 보여주었다. 그러나 세계가치조사(WVS)를 활용한 첫 번째 비교는 서로 다른 척도를 사용하고 있으며, 또한 정서적 요소와 평가적 요소가 결합될 수 있는 형태의 행복 질문을 포함하고 있었다.[18] 갤럽월드

관계로 이후의 연속되는 조사에서 삶의 만족을 핵심적인 질문으로 설정하는 것이 아직까지 실현되지는 못했다.

16 Helliwell et al.(2010, 298)의 〈표 10.1〉 참조.

17 Diener et al.(2010)의 〈표 2.1〉 참조. 여기서 Diener는 국가적 수준에서 일인당 GDP가 행복에 대한 대답보다는 세계가치조사(WVS)의 삶의 만족에 대한 대답과 좀 더 밀접한 관련이 있음을 보여주고 있다. 또한 Helliwell & Putnam(2005, 446)의 〈그림 17.2〉에서는, WVS의 삶의 만족 대답과 행복에 대한 대답에 대한 부분적 소득의 반응을 개인적 수준의 방정식들 내에서 비교하여 같은 결과를 보여주고 있다. 삶의 만족이 행복에 비해 소득의 효과가 더 크게 나타나는 이러한 비교들이 지닌 하나의 난점은 서로 다른 반응 척도에 놓여있다. 이는 서로 다른 결과가 나타나는 한 가지 이유가 된다. 두 번째 이유도 있는데, 아마도 이것이 좀 더 중요한 이유일 것이다. 즉 WVS의 행복 질문이 정서적 의문과 평가적 의문의 중간 지점 어딘가에 놓여있다는 점이다. 갤럽월드폴의 데이터를 사용한 Diener의 〈표 1.3〉은 소득과 삶의 만족보다는 소득과 사다리 사이에 더욱 높은 연관이 있음을 보여주지만, Hellwell et al.(2010)의 〈표 10.1〉에 따르면, 이는 서로 다른 응답자들을 활용했기 때문임을 알 수 있다.

18 역자 주: 세계가치조사(World Values Survwy)의 행복 질문은 다음과 같다. "모든 것을 고려할 때, 당신은 어떤 상태라고 말씀하시겠습니까? 1. 매우 행복하다, 2. 다소 행복하다, 3. 그다지

폴(GWP)의 데이터에 기반하고 있는 두 번째 계열의 문헌은 어제의 행복을 캔트릴 사다리와 비교하는데, 여기서 '어제의' 행복은 명백히 경험적/정서적 반응이지만, 캔트릴 사다리는 명백히 평가적 측정방식이다. 이런 맥락에서 볼 때, 소득이 정서보다는 삶의 평가에 더 큰 구매력을 지닌다는 발견은 일반적 적용이 가능한 것으로 보이며, 또한 잘 확립된 조사결과라 할 수 있다.[19]

그러나 '행복'이라는 단어를 포함하는 질문이 정서적 경험을 묻는 대신에 삶의 평가의 일부분으로 활용된다면 어떠한가? 즉 응답자들에게 그들의 전반적 삶에 대해 얼마나 만족해하는지 대신에, 그들의 전반적 삶에 대해 얼마나 행복해 하는지를 묻는다면 어떠한가? '만족'(satisfaction) 대신에 '행복'(happiness)이란 용어를 사용하는 것이, 답변들에 미치는 소득이나 여타 요인들의 영향력에 영향을 미치는가? 이러한 의문에 대해, 응답자에게 '삶의 만족' 질문과 '삶에 대한 행복' 질문 두 가지를 함께 물었던 유럽사회조사(ESS)가 있기 전에는, 어떠한 명확한 답변도 얻을 수 없었다. 이 조사에서의 답변들은 다음 사실을 보여주었다. 즉 소득과 여타의 핵심변수들은 '삶에 대한 만족'(satisfaction with life)을 묻는 답변과 마찬가지로 '삶에 대한 행복'(happy with life)을 묻는 답변에도 같은 영향을 미치며, 따라서 두 답변의 평균값을 구한다면 이 역시 더 강력한 설명력을 지닐 수 있다는 것이다.

행복하지 않다, 4. 전혀 행복하지 않다." "Taking all things together, would you say you are(1. Very happy 2. Rather happy 3. Not very happy 4. Not at all happy)": http://www.worldvaluessurvey.org/WVSDocumentationWV6.jsp.
세계가치조사의 이 행복 질문에 대해 ≪세계 행복 보고서 2012≫ 2장에서는 이를 평가적 질문으로 분류한 바 있지만, 여기서는 평가적 요소와 정서적 요소가 결합된 질문으로 이해하고 있다.
[19] 개인적 수준의 데이터를 사용한 예는 Kahneman & Deaton(2010) 참조. 그리고 국가적 수준에 대해서는 Helliwell & Wang et al.(2013, 19), 또는 이 보고서 7장의 〈표 7.1〉 참조.

또 하나의 통상적 견해가 이전에 있었다. 그것은 개인적 수준에서의 삶의 평가가 대체로 일시적이라는 것인데, 사람들이 자신의 조건에 빠르게 '적응'하기 때문이라는 것이다. 하지만 이러한 견해는 세 가지의 서로 독립적인 계열의 증거에 의해 거부되었다. 우선, 삶의 평가 평균값은 국가들 간에 현저하고도 체계적으로 차이가 나는데, 이러한 차이점들은 삶의 조건들에 의해 실질적으로 해명된다. 이러한 사실은 삶의 조건에 대한 급속하고도 완전한 적응은 일어나지 않는다는 것을 의미한다. 둘째로, 같은 국가 내의 부분적 인구집단들의 삶의 평가들도 장기적인 추세를 보여주는 증거가 있으며, 더 나아가 정책관련 시간 척도 상에서 변화가 가능하다는 것을 보여주는 증거들도 존재한다.[20] 마지막으로, 주요한 생애 사건들에 대한 개인적 수준의 부분적 적응이 인간의 정상적인 반응이기는 하지만, 생애사건들 중에서도 중대한 장애나 실직 사건이 웰빙에 지속적인 영향을 미친다는 매우 강한 증거들이 존재한다.[21] 결혼의 경우에는 아직도 논쟁 중이다. 영국의 패널 데이터를 활용한 최근의 일부 조사결과에 따르면, 결혼 이후 수년이 지나면 삶의 만족도가 기본적인 수준으로 되돌아간다고 하는데, 이러한 조사결과는 '고정점'(set-point)이 더욱 일반적인 적용력을 지닌다는 주장을 뒷받침하는 논거가 되어왔다.[22] 그러나 같은 데이터를 사용한 후속 연구들에 따르면, 결혼 생활이 웰빙에 실로 지속적인 혜택을 준다고 보고하고 있다. 특히 결혼은 중년기의 큰 웰빙 하락을 방지해주고 있는데. 이 중년기는 대다수 국가들에서 낮은 삶의 평가점수를 보여주는 시기이다.[23]

---

[20] Barrigton-Leigh(2013)에 따르면, 퀘벡 지역의 삶의 만족도는 다른 지역에 비해 현저히 큰 상승을 보인다고 한다. 즉 25년에 걸쳐 축적된 상승의 폭이 중위 가계소득이 3배로 늘었을 때의 효과를 능가할 정도에 이른다.
[21] Lucas et al.(2003)과 Yap et al.(2012) 참조.
[22] Lucas et al.(2003)과 Clark Georgellis(2013) 참조.
[23] Yap et al.(2012)과 Grover & Helliwell(2014) 참조.

2. 왜 '행복 보고서'인가?

왜 이 보고서는 '세계 웰빙 보고서'나 '세계 주관적 웰빙 보고서'가 아닌 '세계 행복 보고서'라는 명칭으로 불러야 하는가? 우리의 제목 선택이 잘못된 것이라고 하는 3가지 계열의 주장이 제기되어 왔다. 첫째 비판은, 그것이 편협하다는 논거의 비판이다. '행복'은 많은 정서들 중 하나에 불과하기 때문에, 우리가 취급하고 있는 넓은 범위의 측정방식들을 포괄하는 것으로 이를 사용한다면 혼란을 초래할 수 있다는 것이다. 둘째로, 그것의 폭넓음을 논거로 하는 비판이다. 행복이 하나의 정서일 뿐만 아니라 하나의 평가형태로도 나타난다면 행복이 두 가지 모습을 지니게 되어 혼동의 위험이 있다는 것이다.[24] 셋째는, 우리의 제목이 명백히 가볍게 보인다는 점을 무시하고 있다고 우려하는 일부 사람들의 비판이다. 행복이라는 주제는 곧잘 조크의 대상이 되곤 한다. 따라서 행복을 제목으로 삼는다는 것은, 행복이 충분히 진지한 주제가 아니라는 점을 무시하게 된다는 것이다. 사실 이러한 지적들은 그동안 적지 않게 제기되어 왔다. 그리고 웰빙의 국제적 차이에 대한 후속 저술의 토대를 마련했던 2008년의 프린스톤 컨퍼런스(Princeton conference)에서 이 문제가 집중적으로 논의된 바도 있다. 이 컨퍼런스에서는 이러한 문제에 대해 상당한 정도의 합의가 이루어졌는데, 여기서 합의를 이룬 견해는 다음과 같다. 즉 '주관적 웰빙'(subjective well-being: SWB)이란 명칭이 정확하고도 충분히 진지하기 때문에, 이것이 이 연구 분야의 포괄적 제목으로 선정되는 것이 옳다는 것이다.[25] 그럼에도 불구하고, 그 컨퍼런스에 참석했던 많은 저자들도, 그들이 SWB의 정확성을 인정하면서도, 자신들의 저서에서는 '행복'(happiness)을 여전히 제목으로 삼고 있다. 행복이란 명칭이 주관적 웰빙에 비해 더 독자들의 관심

---

[24] 대표적인 예는 다음과 같다. "행복'은 순간적인 정서 상태들을 언급할 때 사용되어 왔으며, 또한 전반적인 삶의 평가들을 기술하는 방식으로도 사용되어 왔다. 이처럼 구체성이 결여되어 있기에 때로 담론을 혼란스럽게 만들기도 한다." Stone & Mackie(2013, 4).

[25] Diener et al.(2010, xi).

을 유발할 수 있다는 것을 잘 알고 있기 때문이다.

'세계 행복 보고서'가 제목이 되어야 한다는데 대해서 이 보고서의 편집자들은 일말의 의심도 없었다. 그래서 결국 2011년의 UN총회 결의안(부탄에 의해 제안된)에서는,[26] 국민총행복(Gross National Happiness)을 국가의 목표로 삼은 부탄과 마찬가지로, 행복에 초점을 맞출 것임을 명백히 천명했다. 이 결의는 2012년 4월의 UN 고위급회담으로 이어졌는데, 1차 행복 보고서인 ≪세계 행복 보고서 2012≫는 이 회담을 위해 준비된 것이다. 우리는 2012년의 고위급회담이 그렇게 널리 관심을 끈 이유가, '부정적 정서들' 또는 이보다 일반적이고 기술적인 표현인 '주관적 웰빙'에 초점을 두기보다는 '행복'에 직접 초점을 맞추었기 때문이라고 확신한다. 행복은 소집력(convening power)과 주목을 끄는 힘에 있어서 주관적 웰빙을 능가한다. 우리의 희망은 행복 개념이 지닌 그러한 힘을 가능한 한 활용하는 한편, 행복에 대한 과학적 접근을 통해 행복의 진실에 이르는 것이다.

우리는 행복의 두 가지 용법 - '정서적 보고'인 동시에 '삶의 평가' 형태로 사용되는 - 이 중요한 자산이라는 것을 발견했다. '어제의 행복'(정서적 보고를 위한 질문)에 대한 답변들은 '삶의 행복'(삶의 평가를 위한 질문)에 대한 답변들과 구조적으로 상당한 차이가 난다. 응답자들이 그러한 차이를 이해하며 적절히 응답하고 있다는 데에는 의문의 여지가 거의 없다.[27] 정서적 보고 형태의 답변들은 여타 정서들에 대한 답변들과 구조적으로 유사하다. 반면에 우리가 이미 살펴보았듯이 '삶의 행복'(happiness with life)에 대한 답변들은 삶의 평가에 대한 답변들과 차이가 없다. 이제 우리는 정서적 보고와 삶의 평가 사이의 차이점에 대해 살펴볼

---

[26] UN General Assembly Resolution A/65/L.86(13 July 2011).
[27] 사람들이 이러한 논리를 자연스런 대화기술로 보고 활용하는 능력을 지녔다는 사실은 언어철학 내에서도 잘 인정되고 있다. 그러한 논거가 Grice(1975)에 잘 표명되고 있는데, 이는 최근의 Grice(2013)에서도 재확인되고 있다.

것이며, 이를 토대로 우리가 국제적 비교를 위해 삶의 평가 방식을 강조하는 이유에 대해 설명할 것이다. 이어서 8장에서는 정서적 경험과 삶의 평가 양자 모두를 다룰 것이며, 이 양자가 성별 및 나이에 따라 어떠한 차별성을 지니는지 살펴볼 것이다.

3. 왜 삶의 질의 국제적 비교를 위해 '삶의 평가' 방식을 활용하는가?

우리는 ≪세계 행복 보고서 2012≫와 ≪세계 행복 보고서 2013≫를 통해 많은 국가들의 정서적 경험과 삶의 평가에 대한 자료를 폭넓게 제시한 바 있다. 그리고 폭넓은 정보를 통해 우리는 정서적 보고와 평가적 보고가 서로 연결되는 방식에 대한 이해를 심화시킬 수 있었다. 우리의 결론은 다음과 같다. 즉 두 측정방식은 성격상 서로 다르다는 것이다. 그리고 두 방식은 각자 상대의 존재 이유를 강화시켜주며, 또한 서로의 이해를 증진시켜준다는 것이다.

예컨대 어제의 행복에 대한 '정서 경험적 보고들'은 질문이 주어진 날의 사건들과 상황에 의해 잘 설명된다. 갤럽/헬스웨이스 데일리 폴(Gallup/Healthways Daily Poll)의 표본이 된 대다수 미국인들은 주말에 좀 더 행복감을 느꼈는데, 그 정도는 일의 유무에 따른 사회적 맥락에 의존했다. 정서적 경험에 대한 주말효과가 나타난 것이다. 하지만 높은 신뢰관계를 지닌 작업장에서 일하는 사람들의 경우에 이러한 주말효과는 사라진다. 그들은 상급자들을 보스보다는 동반자로 간주하며, 주중에 지녔던 사교적 시간들을 주말에도 계속 유지했다.[28] 반면에 같은 조사에서 같은 응답자에게 질문한 '삶의 평가들'은 아예 주말효과를 보이지 않았다.[29] 이는 다음 사실을 의미한다. 즉 삶 전반에 대한 평가적 질문에 응답할 때,

---

[28] Stone et al.(2012)와 Helliwell & Wang(2014)의 〈표 3〉과 〈표 4〉 참조. 기분에 관해 보고할 때 요일효과가 나타난다는 것에 대해서는 Ryan et al.(2013)에서도 보여주고 있다.

사람들은 매일 그리고 매시간의 변동을 관통해서 보는 경향이 있으며, 따라서 그들의 대답은 주중이나 주말이나 별로 차이가 없다는 것이다.

반면, 삶의 평가들이 요일에 따라 변화하는 것은 아니지만, 그것들은 정서적 보고들에 비해 삶의 조건의 차이에 훨씬 더 즉각적으로 반응한다. 이는 국가 간의 비교이든,[30] 개인 간의 비교이든[31] 모두 마찬가지다.

게다가 삶의 평가는 정서에 비해 국가 간의 변화(차이)가 더 심하다. 삶의 평가의 총 분산 중 거의 1/4이 국가 간에 나타난다. 이러한 1/4의 삶의 평가 점유율은 긍정적 정서(7%)나 부정적 정서(4%)의 몫에 비해 훨씬 큰 것이다. 삶의 평가의 국가 간 몫이 그렇게 큰 이유 중 하나는 소득이 국가들 사이에 매우 불평등하게 배분되어 있기 때문이다. 삶의 조건들 중 하나인 소득은 정서보다는 삶의 평가를 설명하는데 더 강력한 것이다. 소득 분산 40% 이상이 국가 사이에 나타난다.[32]

이 두 가지의 쌍생아적 사실들 — 즉, 삶의 평가가 정서에 비해 국가들 사이에서 크게 변화한다는 것, 그리고 이러한 삶의 평가의 차이가 정서적 차이에 비해 삶의 조건들에 의해 훨씬 잘 설명된다는 것 — 은 국제적 비교를 위한 핵심적 측정방식으로써 삶의 평가들을 활용해야만 하는 충분한 이유를 우리에게 제공해 준다. 그

---

29 Stone et al.(2012)와 Helliwell & Wang(2014)의 ⟨표 3⟩과 ⟨표 4⟩ 참조. 삶의 평가에서 요일효과가 나타나지 않는다는 것에 대해서는 Bonikowska et al.(2013)에서도 보여주고 있다.
30 ≪세계 행복 보고서 2013≫의 ⟨표 4.1⟩이 보여주듯이, 삶의 조건들을 묘사해주는 6개의 변수들은 국가별 삶의 평가들에서 나타나는 차이의 74%를 설명해준다. 이에 비해 긍정적 정서 측정치는 48%를, 부정적 정서 측정치는 23%를 설명해 준다. Helliwell & Wang(2013, 19) 참조.
31 약 65만 명의 개인응답자를 세계적 표본으로 활용할 경우, 같은 6개 삶의 조건들(건강 기대수명에 대한 질문에 대신해서 건강문제에 대한 질문을 사용함)의 개인적 수준의 측정값들은 삶의 평가에서 나타나는 차이의 19.5%를 설명해주는데, 이는 긍정적 정서의 7.4%와 부정적 정서의 4.6%와 비교된다.
32 ≪세계 행복 보고서 2012≫의 ⟨표 2.1⟩이 보여주고 있다. Helliwell et al.(2012, 16) 참조.

러나 삶의 평가에 핵심적인 역할을 부여한다고 해서 이것이 경험적/정서적 측정 방식에 의해 제공되는 중요한 정보를 우리가 무시하거나 경시할 필요가 있다는 것을 의미하지는 않는다. 그 역으로 우리는, 삶의 목적에 대한 측정과 더불어, 웰빙에 대한 경험적 정서측정을 계속 진행해야 할 여러 이유를 인정한다. 이것들은 주관적 웰빙을 이해하고 측정하려는 우리의 시도에서 역시 중요한 요소들이기 때문이다. 이것은 최소한 원칙상 타당한 것으로 인정되어야 한다. 경험적/정서적 웰빙이, 삶의 조건들이 지닌 결정적 역할 이외에도, 삶의 평가에 중요한 영향을 미친다는 것을 우리의 증거들이 계속 가리켜주고 있기 때문이다. 우리는 다음 섹션에서 이에 대한 직접적인 증거, 특히 긍정적 정서의 중요성에 대한 직접적 증거를 제시할 것이다. 게다가 8장에서 우리는 성별과 연령집단 그리고 지역별로 나타나는 주관적 웰빙의 변이에 대한 우리의 분석에서 경험적 정서보고들에게 핵심적인 위치를 부여할 것이다.

4. 왜 '지수'(Index)가 아닌가?

왜 우리는, 훌륭한 삶의 핵심적인 요소들을 취합하기 위해 지수를 구축하거나 아니면 다른 사람이 마련해 준 지수를 채택하는 대신에, 삶에 대한 사람들 자신의 평가에 핵심적인 역할을 부여하는가? 세계적 수준에서 몇 가지 지수 후보들이 존재한다. 즉 이전에 UNDP에 의해 개발된 '인간개발지수'(HDI),[33] 그리고 최근의 '행복한 지구촌지수'(HPI),[34] '레가툼 번영지수'(LPI),[35] '갤럽/헬스웨이스 웰빙지수'(G/H WBI)[36] 등이 그것이다. 그리고 OECD가 자신의 회원국들을 대상으로 하

---

[33] Anand & Sen(1994)와 Hall(2013) 참조.
[34] Marks et al.(2006)과 Abdallah et al.(2012) 참조.
[35] http://www.prosperity.com 참조
[36] http://www.healthways.com/wellbeingindex 참조.

고 있는 웰빙지수가 있으며,[37] 부탄[38]이나 미국[39] 그리고 캐나다,[40] 이탈리아[41] 등의 경우처럼 국가 내의 공적, 사적 제공자들에 의해 개발된 지수들도 있다. 이러한 지수들은 각자 자신의 역사와 존재이유를 지니고 있다. 그러나 이것들 중 어느 것도 주관적 웰빙을 직접적인 척도로 삼고 있지는 않다. 부탄이나 이태리의 경우 주관적 웰빙(SWB) 측정치를 작은 고정값으로만 활용하고 있으며, OECD나 레가툼은 SWB 측정치를 포괄적 지수의 일부분으로만 사용한다. 삶의 평가 데이터를 지표의 선정이나 가중치의 결정에 활용하는 경우도 있다. 예컨대 갤럽/헬스웨이스 지수는 삶의 평가와의 연관성을 고려하여 구성요소들의 일부분을 선택하고 있으며, 레가툼 지수는 삶의 평가 측정값을 가중치를 산출하는 수단으로 활용하고 있다. 이러한 여러 지수들 중 인간개발지수와 캐나다 웰빙지수의 경우는 주관적 웰빙 데이터를 전혀 사용하고 있지 않다는 점에서 예외적인 사례라 하겠다.[42]

지수의 구성요소들에 가중치를 부여하는 문제는 스폰서들의 정책적 관심과 목표에 따라 달라진다. 예컨대 레가툼 번영지수는 소득에 여분의 50% 가중치를 부여하는데, 그 결과 삶의 만족도 결정요소들에서 소득이 최상위를 차지하게 된다. 행복한 지구촌 지수는 환경에 큰 가중치를 둔다. 즉 그 지수 값은 삶의 평가와 평균기대수명을 곱해서 나온 값에 국가의 '생태발자국'(ecological footprint) 추정값을 나누어 구해진다. 그러나 여타의 지수들 대부분은 일단 구성요소들이 선정되

---

[37] OECD(2011) 참조.
[38] Ura et al.(2012) 참조.
[39] http://info.healthways)com/wellbeingindex 참조.
[40] http://uwaterloo.ca/canadian-index-wellbeing 참조.
[41] 이탈리아의 BES 웰빙 지수는 12개의 영역 지표들에 모두 같은 가중치를 부여하고 있는데, 그중 하나의 영역 지표가 '주관적 웰빙'이다. 이탈리아의 웰빙지수는 이탈리아 경제노동위원회와 이탈리아 통계국의 협동적인 벤처작업의 일환으로 탄생한 것이다. ISTAT(2014)와 http://www.misuredelbenessere.it/fileamin/upload/bes-2014-Media-summary.pdf 참조.
[42] Yang(2014)은 인간 진보의 다양한 측면을 대변하는 총합적 지수들에 대해 좀 더 방대한 목록을 제시하고 있다.

면 그 구성요소들에 같은 가중치를 부여해 포괄지수를 구하는 방식을 택하고 있다. 이상에서 살펴보았듯이 포괄지수를 구하기 위해서는 구성요소들을 선정해야 하며, 또한 그 구성요소들에 가중치를 부여하는 문제를 어떻게든 해결해야 한다. 하지만 구성요소들의 수나 성질은 작성자의 선호에 달린 문제이다. 그렇기 때문에, 지수의 종류에 따라 세계에서 차지하는 국가 순위가 상당히 다르게 나타난다고 해서 결코 놀랄 일은 아니다.

그러면 왜 우리는 7장의 토대로, 이러한 지수들 중 어떤 것에도 의존하지 않으며, 또한 그 대신에 우리의 독자적인 지수도 구축하지 않는가? 우리는 기존의 지수들에 의존하거나 새로운 지수를 구축하는 일이 부적절하다고 생각하는데, 그렇게 생각하는 여러 이유들 중 대표적인 4가지만 열거하면 다음과 같다.

첫째로, 우리는 사람들이 자신의 삶에 대해 '직접' 평가하는 것에 기본적 중요성을 부여한다. 이것이 그들에게 어떤 전문가가 만든 지수들보다 설득력과 현실감을 부여해 주기 때문이다. 객관성을 위해 노력하는 보고서의 관점에서 볼 때, 국가들의 순위 결정은 개인들의 샘플(인구수에 기반을 둔)에서 수집된 기본 데이터에 전적으로 의존하는 것이 매우 중요한 일이다. 그들의 삶의 질에 영향을 미칠 수 있다고 생각되는 그 무엇이나, 영향을 미쳐야만 한다고 생각되는 그 무엇에 의존해서는 결코 안 된다. 그래서 이 보고서의 평균값은 개인적 응답자가 갤럽월드폴(GWP) 조사자에게 보고한 내용을 그대로 반영한다. 이 보고서의 편집자들은 충분한 규모의 샘플을 확보하기 위해 조사년도 수를 선택하는 것을 넘어서 평균값에 영향을 미치는 어떤 권한도 가지고 있지 않다.

둘째로, 삶의 평가들은 사람들이 자신들의 삶에 대한 가치체계를 새롭게 나타내는 것인데, 이러한 사실은 우리가 삶의 평가 데이터를 행복에 기여하는 변수들을 확인하기 위한 조사의 토대로써 사용할 수 있다는 것을 의미한다.

셋째로, 우리의 데이터가 각 국가에서 인구수 기반의 샘플로부터 나온 것이라는 사실은 우리가 우리의 측정값에 대한 신뢰 구간을 계산하고 제공할 수 있다는 것을 의미하며, 그래서 국가의 순위들이 통계적으로 의미가 있을 정도로 충분히 큰 차이점들에 기반하고 있는지 그렇지 않은지를 살펴볼 수 있는 방식을 제공해 준다. 만약 인접한 등위에 있는 국가들이 모두 표본의 변이 범위 내의 값들을 가지는 것이 분명하다면, 그때는 그 국가들이 통계적으로는 등가의 삶의 평가 평균값을 지니는 것으로 취급되는 것이 마땅하다고 결론내릴 수 있을 것이다.

넷째로, 여러 대안적 지수들은 모두 무엇을 중시하는지에 관한 지수 작성자의 견해에 중요한 정도로 의존한다. 하지만 그 정도를 가늠하긴 어려운데, 이러한 불확실성은 그러한 지수를 웰빙의 전반적 척도로 취급하는 것을 어렵게 만들며, 또한 개인적 구성요소들의 변이가 포괄적 점수에 미치는 영향의 정도를 계산하기 어렵게 만든다. 이러한 문제가 해결되었다고 하더라도 이것이 지수의 '타당성'(validity)을 구현시켜 주는 것은 아니다. 지수 그 자체는 그것의 부분들을 합한 것일 뿐, 웰빙에 대한 독립적인 척도는 아니기 때문이다.

마지막으로, 우리는 데이터 사용자들이, 기회가 주어졌을 때, 각자의 판단에 따라 자신이 선호하는 지표에 좀 더 큰 가중치를 부여한다는 사실을 지적코자 한다. 이는 OECD가 '보다 나은 삶의 지수'(Better Life Index)의 여러 하부 지표들에게 온라인 사용자들로 하여금 자신의 의도대로 가중치를 부여하도록 유도했을 때 사실로 들어났다. 즉 일반적으로 각국의 온라인 사용자들은 계기판에 제공된 여러 지표들 중에서 두 지표인 '삶의 평가' 지표와 '건강' 지표에 좀 더 큰 가중치를 부여하는 경향이 있었다.[43]

---

[43] http://www.oecdbetterlifeindex.org/responses 참조.

5. '삶의 평가'의 세계적 현황

이 ≪세계 행복 보고서 2015≫에서 우리는 삶의 평가의 세계적 현황을 둘로 나누어서 소개하고자 한다. 국가별 삶의 평가 평균값과 정서 수준들 그리고 삶의 평가의 변화는 이 장(7장)에서 소개하고 설명할 것이다. 이어서 8장에서는 성별, 나이, 지역에 따라 갈리는 삶의 평가 측정치들 및 12가지 경험적 정서 측정치들을 제시하고 분석할 것이다.

우리는 앞의 〈그림 7.1〉의 지도로부터 출발하고자 한다. 이 지도는 '캔트릴 사다리' 질문에 대한 응답자의, 2012~2014 기간에 나타난, 국가별 평균값의 지리학적 분포상황을 보여주고 있다. 응답자는 자신의 질문에 대해 0점에서 10점까지 자신의 삶에 대해 점수를 매기도록 했는데, 여기서 0점은 가능한 최악의 삶을, 그리고 10점은 가능한 최선의 삶을 나타낸다. 지도의 목적들을 실현하기 위해, 이 지도에는 국가별로 최고의 평균값에는 짙은 녹색으로, 그리고 최악의 평균값에는 짙은 빨강으로 채색되어 있다. 0점에서 10점에 이르는 척도의 범위는 삶의 평가 점수가 세계 전역에 걸쳐 얼마나 차이가 나는지를 보여준다. 10분위의 등급 중 최상위 국가들의 평균값은 최하위 국가들의 평균값의 2배에 이른다. 이러한 차이는 행복한 삶의 특징들을 설명해주는 6개의 변수들에서의 차이와 연계되어 있는데, 그 연관의 정도는 가히 놀랄만한 정도이다. 〈그림 7.2〉에서 우리는 2012~2014 기간의 각 국가의 사다리 점수를 제공할 것인데, 이때 우리는 이러한 국가별 차이가 6개 변수 각각의 국가별 차이 때문임을 규명해 볼 것이다.

〈표 7.1〉에서 우리는 국가별 삶의 평가 평균값과 긍정적, 부정적 정서 측정값에 대한 최근의 분석모델을 제시한다. 비교의 편의를 위해, 이 표는 ≪세계 행복 보고서 2013≫의 〈표 4.1〉과 같은 기본구조를 지니고 있다. 주된 차이는 2013년과 2014년의 데이터를 포함시켰다는 점이다. 그래서 관찰 회수가 거의 200회나 증가했다. 이 보고서의 〈표 7.1〉에는 4개의 회귀 방정식이 존재한다. 첫 번째 방

<표 7.1> 국가별 평균 행복도를 설명하기 위한 회귀식(결합자료를 통한 최소제곱추정)

독립 변수	종속 변수			
	캔트릴 사다리	긍정적 정서	부정적 정서	캔트릴 사다리
일인당 GDP	0.326 (0.062)***	-0.005 (0.009)	0.011 (0.008)	0.339 (0.061)***
사회적 지원	2.385 (0.462)***	0.233 (0.053)***	-0.220 (0.047)***	1.802 (0.442)***
건강 기대수명	0.028 (0.008)***	0.001 (0.001)	0.002 (0.0009)**	0.026 (0.008)***
생애 선택의 자유	1.054 (0.341)***	0.330 (0.039)***	-0.106 (0.046)**	0.274 (0.327)
관대성	0.787 (0.273)***	0.169 (0.034)***	-0.001 (0.032)	0.390 (0.270)
부패 인식	-0.632 (0.291)**	0.031 (0.032)	0.092 (0.026)***	-0.683 (0.272)**
긍정적 정서				2.343 (0.444)***
부정적 정서				-0.172 (0.525)
연도 고정 효과	포함	포함	포함	포함
국가 수	156	156	156	156
관찰 횟수	974	971	973	970
조정된 R-스퀘어	0.739	0.490	0.223	0.765

주: 이것은 2005년에서 2014년까지 10년에 걸쳐 캔트릴 사다리 점수에 대한 모든 가용한 설문자료를 결합하여 구축한 패널자료를 통해서 최소제곱추정(OLS) 방법으로 추정한 결과이다. 각 예측변수들에 대한 좀 더 자세한 정보를 위해서는 <테크니컬 박스 2>를 보라. 상관계수들은 국가별로 응집되어 괄호 안에 강한 표준 오차들(robust standard errors)로 보고되고 있다. ***, ** 그리고 *는 각각 1, 5와 10% 수준의 통계적 유의도를 가리킨다.

정식은 <그림 7.1>에 나타난 국가별 삶의 평가 평균값의 차이를 설명하려는 우리의 시도의 토대가 되는 것이며, 또한 <그림 7.2>에서 보여주는 막대 그림들을 구성하기 위한 토대를 제공해주는 것이다.

〈Technical Box 2〉〈표 7.1〉의 예측인자들에 대한 상세한 정보

1. 여기서 말하는 '일인당 GDP'는 2011년도의 국제달러가치로 조정된 '구매력평가'(Purchasing Power Parity)를 말하며, 2014년 11월 세계은행에서 발표한 세계발전지표(World Development Indicators)에서 취한 것이다. 이 식에서는 일인당 GDP에 자연로그를 취한 값을 사용했는데, 자료형태를 감안할 때 이 값이 일인당 GDP보다 훨씬 적합하기 때문이다.

2. '사회적 지원'(즉 곤경 시에 의지할만한 사람을 가지는 것)은 갤럽월드폴(GWP)의 다음과 같은 질문에 대한 양자택일적 응답(0 또는 1)의 국가적 평균치이다. 즉, "당신이 곤경에 처했을 때, 당신은 언제든지 당신의 요청에 응할 의지할만한 친척이나 친구가 있습니까, 없습니까?"

3. '건강 기대수명'에 대한 연도별 자료는 세계보건기구(WHO)와 세계발전지표(WDI)의 데이터를 토대로 구축되었다. WHO는 2012년도의 '건강 기대수명'에 대한 데이터를 출간한 바 있다. 기대수명에 대한 연도별 자료는 WDI에서 구할 수 있지만, 이 자료는 '기대수명'에 대한 것이지 '건강 기대수명'에 대한 것은 아니다. 그래서 우리는 연도별 건강 기대수명을 구하기 위해 다음의 전략을 채택했다. 즉 우선 우리는 2012년도의 양자료를 토대로 국가별로 기대수명에 대한 건강 기대수명의 비율을 산출했다. 그런 다음 이 비율을 다른 해에 적용해서 건강 기대수명을 산출했다.

4. '생애 선택에서의 자유'는 갤럽월드폴의 다음 질문에 대한 양자택일적 응답의 국가적 평균치이다. 즉 "당신의 생애에서 당신은 하고 싶은 일을 하면서 살고 있습니까, 그렇지 못합니까?"

5. '관대성'은, '당신은 지난 달 자선단체에 돈을 기부하신 적이 있습니까?'라는 질문에 대한 응답의 국가적 평균치를 일인당 GDP에 회귀시켜 얻은 잔차이다.

6. '부패 인식도'는 다음 두 질문에 대한 응답의 평균값이다. 즉 "부패가 정부에 만연해있습니까, 그렇지 않습니까?", 그리고 "부패가 사업 부문에 만연해있습니까, 그렇지 않습니까?" 정부 부패에 대한 데이터가 빠져있을 경우에는, 사업 부문에 대한 부패 인식만으로 전반적 부패 정도를 측정했다.

7. '긍정적 정서'는 어제의 행복한 정서 경험들, 즉 웃음과 즐거움에 대한 갤럽월드폴의

> 3~7회(2008년에서 2012년까지, 그리고 2013년의) 측정치의 평균값으로 정의된다.
>
> 8. '부정적 정서'는 어제의 부정적 정서 경험들, 즉 근심과 슬픔, 분노에 대한 모든 측정치의 평균값을 말한다.

첫 번째 회귀방정식은 6개의 핵심 변수들을 기초로 해서 국가별 삶의 평가 평균값을 설명한다. 여기서 6개의 핵심 변수란 1인당 GDP, 사회적 지원, 건강 기대수명, 삶 선택의 자유, 관대성, 그리고 부패 인식도이다.[44] 이 변수들을 함께 고려할 경우, 이 6개의 변수는 국가들 사이의 사다리 평균 점수 분산(variance)의 거의 3/4을 설명해준다. 여기에 사용된 데이터는 2005년에서 2014년에 이르는 자료를 망라한 것이다.

〈표 7.1〉의 2열과 3열은 긍정적, 부정적 정서의 국가별 평균값을 추정하기 위한 회귀방정식에서 1열에서 사용했던 6개의 (독립)변수들을 그대로 사용한다. 여기서 긍정적, 부정적 정서 양자는 모두 '어제'의 정서적 경험에 대한 응답의 평균치에 기반하고 있다. 일반적으로, 정서 수준은 삶의 평가에 비해 6개 변수들에 의해 훨씬 덜 설명되는데 특히 부정적 정서가 그러하다. 그러나 변수들의 영향력은 상황에 따라 큰 차이가 난다. 가계소득과 건강 기대수명은 삶의 평가에 큰 영향을 미치지만 긍정적 정서, 부정적 정서 어느 것에도 큰 영향을 미치지 못한다. 하지만 '사회적 변수'(social variables)라 할 수 있는 4개의 변수들은 이들과 경우가 다르다. 긍정적, 부정적 정서가 0점~1점의 척도를 토대로 측정되는 반면에, 삶의 평가는 0점~10점의 척도를 토대로 한다는 것을 염두에 둘 때, 대표적인 사회적 변수인 '사회적 지원'은 긍정적 정서에 미치는 영향력이 삶의 평가에 미치는 것과 같은

---

[44] 변수들에 대한 개념 정의는 〈표 7.1〉의 주에 실려 있다. 좀 더 구체적인 내용은 온라인 데이터의 부록 참조.

비율의 영향력을 지니는 것으로 볼 수 있으며, 부정적 정서에의 영향력은 약간 더 작기는 하지만 그래도 상당한 편이다. 한편 선택의 자유와 관대성은 삶의 평가보다 긍정적 정서에 훨씬 큰 영향을 미친다. 그리고 부정적 정서는 사회적 지원, 자유, 부패결여에 의해 현저하게 축소된다.

4열에서 우리는 긍정적 정서와 부정적 정서를 (독립)변수로 추가해 1열의 삶의 평가 회귀방정식을 재구성했으며, 이를 통해 긍정적 정서들을 계속 지니는 것이야말로 훌륭한 삶에 이르는 첩경이라는 아리스토텔레스적 추정을 부분적으로 검증해 보았다.[45] 가장 두드러진 특징은 그 검증의 결과들이 '긍정심리학'(positive psychology)이 발견한 핵심적인 사실, 즉 긍정적 정서들의 현존이 부정적 정서들의 부존에 비해 훨씬 더 중요하다는 사실을 상당 부분 확인해 준다는 것이다. 긍정적 정서는 〈표 7.1〉의 마지막 방정식에서 매우 크고 유의미한 영향을 미치지만 부정적 정서는 그렇지 못했다.

4열의 마지막 회귀방정식에서 변수들의 상관계수를 살펴보면, 긍정적 정서에 큰 영향을 미치는 변수들 — 특히 자유와 관대성 — 에서만 상관계수의 변화가 크게 나타난다. 그래서 우리는 긍정적 정서들이 삶의 평가를 높이는 데 중대한 역할을 한다고 우선 추론할 수 있으며, 이어서 삶의 평가에 미치는 자유와 관대성의 영향력 중 대부분이, 긍정적 정서들에 미치는 그들의 영향력에 의해 매개된다고 추론할 수 있다. 즉 자유와 관대성은 긍정적 정서에 큰 영향을 미치며, 다시 이 긍정적 정서가 삶의 평가들에 영향을 미친다는 것이다. 한편 갤럽월드폴(GWP)의 조사는 '삶의 목적'(life purpose)이 과연 삶의 평가를 높이는데 중대한 역할을 하

---

[45] 이러한 영향력은 직접적일 수도 있는데, 이에 대해서는 De Neve et al.(2013)의 예가 보여주듯이 이미 많은 사람들에 의해 발견된 바 있다. 그것은 또한 좋은 기분들이 여러 종류의 긍정적 관계들을 유발하는데 기여함으로써 결국에는 더 나은 삶의 조건들을 위한 토대를 제공해준다는 아이디어로 구현되기도 한다. 그러한 아이디어를 Fredrickson은 '확장 및 구축 이론'(broaden-and-build theory)으로 정리한 바 있다. Fredrickson(2001) 참조.

는지 여부를 확인케 해주는 자료들을 포함하고 있지는 못하다. 그러나 영국 데이터의 광범위한 자료들을 통해서, 우리는 삶의 조건들이나 긍정적 정서들의 역할과는 별개로 '삶의 목적'이 삶에 대한 평가에 강한 긍정적 역할을 수행한다는 것을 확인할 수 있다.

〈그림 7.2〉는 2012~2014 기간의 국가별 '평균 사다리 점수'(현재 삶의 질을 0점에서 10점까지의 척도로 평가해달라는 캔트릴 사다리 질문에 대한 응답의 평균)를 보여준다. 모든 국가가 해당연도에 조사대상이 된 것은 아니며, 따라서 통계부록에 보고된 국가들은 전 세계의 국가 수에 비해 적을 수밖에 없었다. 순위에 오를 국가들의 수를 늘리기 위해, 우리는 이 기간의 자료는 없지만 2011년도의 자료는 존재하는 7개 국가들을 순위에 포함시켰다. 그래서 〈그림 7.2〉가 보여주는 국가의 수는 158개국에 이르게 되었다. 〈그림 7.2〉의 각 막대 그림의 오른쪽 수평선은 각각 95%의 신뢰구간을 보여준다.

각 막대의 길이는 모두 평균 점수를 나타내는데, 이는 숫자로도 표기되어 있다. 〈그림 7.2〉의 순위들은 오직 응답자들이 직접 보고한 캔트릴 사다리 평균 점수에 근거했으며, 그렇게 된 이유들을 발견하려는 우리의 연구 의지가 개입된 것은 아니다.

각 막대는 7개 부분으로 나뉘어져 있다. 처음의 6개 부분은 6개의 핵심 변수들이 국가별 사다리 점수에 얼마나 기여하는가를 최악의 가상 국가인 '디스토피아'의 변수 값들과 비교하여 계산된 정도를 나타낸다. '디스토피아'(Dystopia)라고 이름을 붙인 이유는, 〈표 7.1〉에서 사용된 6개 핵심 변수들 각자가 2012~2014 기간에 이곳에서 세계 최하의 평균값에 상응하는 변수 값을 지녔기 때문이다. 우리는 디스토피아를 6개 요인(변수) 각각의 관점에서 국가가 이룬 성과와 비교하기 위한 기준점(benchmark)으로 활용한다. 이러한 기준점의 선택은 모든 실제 국가에서 6개 요인 각자로부터 이룬 기여도가 모두 '음'(-)이 아닌 '양'(+)의 값을 갖게 됨을

허용하는 것이다. 우리는 〈표 7.1〉의 추산을 토대로 해서 2012~2014 기간의 디스토피아 사다리 점수를 계산했는데, 디스토피아는 10점 척도에서 2.10점을 보여준다. 마지막의 7번째 부분은 두 가지 요소가 합해진 것이다. 하나는 2012~2014 기간의 디스토피아의 삶의 평가 평균값(=2.10)이다. 두 번째는 각 국가 자체의 예측 오류(잔차)인데, 이는 삶의 평가가 〈표 7.1〉 1열의 회귀방정식에 의한 예측치에 비해 높거나 낮게 나타나는 정도에 의해 측정된다. 잔차는 양(+)의 값도 음(-)의 값도 지닐 수 있다.[46]

각 막대의 6개 부분은 각자 국가의 삶의 평가 평균 점수에 기여하는 정도를 보여주는데, 이것이 어떻게 이루어지는가를 더욱 상세하게 설명하는 것이 도움이 될 것이다. 건강 기대수명의 예를 들어보자. 브라질의 경우 이 요인을 나타내는 부분은 두 개의 수치를 곱한 것이다. 하나는 브라질의 건강 기대수명에서(디스토피아의) 세계 최하 값을 뺀 수치이고, 다른 하나는 〈표 7.1〉에서 브라질의 건강 기대수명이 삶의 평가에 미치는 영향력을 나타내는 계수 값이다. 이런 식으로 각 부분들의 폭이 다양하게 나타나는데, 이는 6개 변수들 각자가 국가별로 다양한 기여를 하고 있다는 것을 보여준다. 이러한 계산은 확정적이라기보다 예시적인 것인데, 몇 가지 이유로 인해 그러하다. 우선, 변수들의 선택이 모든 국가들에게 가용한 것인지에 의해 제한을 받는다. 일인당 GDP나 건강 기대수명과 같은 전통적인 변수들은 가용력이 넓다. 하지만 사회적 맥락과 관련된 변수들은, 실험 및 국가적 조사들에서 삶의 평가와 강한 연관을 보여주는 것들임에도 불구하고, 갤럽이나 여타의 세계적 규모의 기관에서 충분히 조사되지 못하고 있다. 이와 같은 제한된 선

---

46 우리는 6개 요인들이 기여하는 것들을 전체 국가별 막대 그림의 왼편에 설정했는데, 이런 배열 방식이 전체 막대의 길이가 삶의 평가 질문에 대한 평균 응답에만 의존한다는 것을 더욱 쉽게 보여주기 때문이다. 《세계 행복 보고서 2013》에서 우리는 이와는 다른 배열 방식을 채택했다. 즉 국가들의 잔차 규모를 좀 더 쉽게 비교하기 위해 각 막대의 왼편에 디스토피아와 잔차 요소들의 결합을 설정했다. 《세계 행복 보고서 2015》에서도 그러한 비교가 똑같이 가능하도록 하기 위해, 우리는 온라인의 통계 부록에서는 그 그림의 대안적 형태도 포함시켰다.

택의 문제가 있음에도 불구하고 우리는 다음의 사실을 발견한 바 있다. 즉 사회적, 제도적 맥락과 연관된 4가지 변수들 – 사회적 지원, 관대성, 삶의 선택의 자유, 부패의 결여 – 은 모두 합쳐 각 국가의 예측된 사다리 점수의 평균값 차이 및 2012~2014 기간의 디스토피아에서 예측된 사다리 점수의 평균값 차이의 55%나 책임이 있다. 2012~2014 기간의 사다리 점수의 국가 평균인 5.38점은 디스토피아의 사다리 점수인 2.10점보다 3.28점 높다. 이 3.28점 중에서 가장 큰 부분은 사회적 지원(30%)으로부터 발생하며, 그 뒤를 일인당 GDP(26%), 건강 기대수명(19%), 자유(13%), 관대성(7%), 부패(4%)가 따르고 있다.[47]

우리의 변수 선택은 제한적일 수밖에 없다. 이는 우리가 사용하는 변수들이 더 나은 다른 변수들에, 그리고 측정불가능한 다른 요인들에게도 빚지고 있을 수 있다는 것을 의미한다. 또한 변수들 상호 간에는 선순환 또는 악순환이 있을 수 있다. 예컨대, 더 행복한 삶을 사는 사람들은 더 오래 살고, 더 신뢰적이고, 더 협조적이며, 일반적으로 삶이 요구하는 것들에 좀 더 잘 대처하는 경향이 있다.[48] 이것들이 환류하여 다시 건강, GDP, 관대성, 부패, 자유감에 영향을 미칠 것이다. 결국, 변수들 중 일부는 삶의 평가에 참여하는 같은 부류의 응답자들에게서 파생되는 것이며, 따라서 응답자들이 지닌 공통의 요인들에 의해 결정될 가능성이 있다. 하지만 이러한 위험은 국가 평균을 활용할 경우 대폭 줄어든다. 개인적 '인성'(personality)의 차이점들이 국가 수준에서는 결국 평균으로 수렴되는 경향이 있기 때문이다.

마지막 7번째 부분은 두 요소가 합해진 것이다. 첫째는 고정된 기본수인데, 이는 우리 계산의 기준점이 되는 디스토피아의 사다리 점수(=2.10)를 가리킨다. 둘

---

47 이러한 계산들은 온라인 통계 부록의 〈표 9〉에 상세하게 나타나 있다.
48 이러한 환류가 빈번하게 일어난다는 것이 ≪세계 행복 보고서 2013≫의 4장에 기록되어 있다. De Nerve et al.(2013).

째 요소는 2012~2014 기간의 국가별 평균 잔차이다. 이 두 요소의 합이 각 국가 막대 그림의 오른쪽 끝 부분을 구성하는데, 이 부분의 너비는 국가별로 다양하게 나타난다. 어떤 국가는 그들의 삶의 평가 점수가 예측치보다 높게 나타나고, 다른 국가는 낮게 나타나기 때문이다. 잔차란 국가의 사다리 평균 점수 중 우리의 모형에 의해서는 설명되지 않는 부분을 나타낼 뿐이다. 디스토피아 점수에 잔차가 합해지면, 막대기의 모든 부분이 더해져서 실제적인 삶의 평가 평균값이 구해지는데, 이를 토대로 국가들의 순위를 매기게 된다.

2012~2014 기간의 국가 순위와 관련해서 최근의 데이터는 무엇을 보여주고 있는가? 이전의 ≪세계 행복 보고서 2012, 2013≫에 이어서 확인되는 두 가지 주요 사실이 있다. 첫째로, 국가별로 사람들이 자신의 삶에 대해 평가하는 방식에 상당한 정도의 일관성이 있다는 것이다. 그래서 상위 10개 국가와 하위 10개 국가 간에는 여전히 4점의 차이를 보이고 있으며, 상위 10개 국가와 하위 10개 국가 중 대다수는 ≪세계 행복 보고서 2013≫의 내용과 일치한다. 둘째로, 이러한 일반적 일관성과 안정성에도 불구하고, 이후 좀 더 구체적으로 살펴볼 것이지만, 여러 국가의 평균 점수에서 실질적인 변화도 나타나고 있으며, 이에 따라 2005~2007 기간과 2012~2014 기간의 국가 순위에는 실질적인 변화도 확인된다.

사다리 평균 점수들을 살펴볼 때, 각 막대 그림 오른쪽 끝부분의 수평선에도 주목할 필요가 있다. 이 선들은 95% 신뢰구간을 나타내며, 따라서 오차가 중복되는 막대를 지닌 국가들 간에 서로 유의미한 점수 차이가 나는 것은 아니다. 이런 관점에서 상위 10개 국가들을 살펴보자. 4개의 상위 국가들(스위스, 아이슬란드, 덴마크, 노르웨이)은 중복되는 신뢰구간을 지니고 있으며, 이들 국가들은 모두 7.5점 이상의 평균 사다리 점수를 지닌 국가들이다. 그 다음의 4개 국가들(캐나다, 핀란드, 네덜란드, 스웨덴)도 중복되는 신뢰구간을 지니고 있으며, 모두 7.35점 이상의 평균 사다리 점수를 지니고 있다. 마지막 두 국가들(호주와 뉴질랜드)은 7.3

점에는 못 미치지만, 신뢰구간이 중복될 뿐만 아니라 아예 거의 같은 평균 점수를 보이고 있다.

가장 낮은 평균 점수를 지닌 10개 국가들은 모두 3.7점 이하의 평균 점수를 보이고 있다. 이 국가들 간의 점수 차이의 폭은 상위 국가들 간의 차이의 두 배에 이르고 있으며, 최하위의 3개 국가의 평균 점수는 3.0점 또는 그 이하의 점수를 보인다. 10개 국가 중 8개 국가는 사하라 이남의 아프리카 국가이며, 다른 지역에 속하는 나머지 두 국가(중동의 시리아, 남아시아의 아프가니스탄)는 전쟁으로 분열된 국가이다.

상위 10개 국가의 삶의 평가 평균 점수(7.4)는 하위 10개 국가 평균 점수(3.4)의 두 배를 넘어선다. 이렇게 큰 차이가 나는 원인을 〈표 7.1〉의 첫째 방정식을 사용해 찾아보자면, 4점 차이 중 3점은 6개 주요변수들의 차이로 귀결된다고 할 수 있다. 즉 1점은 일인당 GDP의 간격에서, 0.8점은 사회적 지원의 차이로, 0.6점은 건강 기대수명의 차이로, 0.3점은 자유의 차이, 0.2점은 부패의 차이, 0.14점은 관대성의 차이로 인한 것이다. 소득의 차이는 전체 차이 설명의 1/3에 해당한다고 할 수 있는데, 소득이 6개 변수들 중에서도 국가들 간에 가장 불평등하게 배분되어 있기 때문이다. 상위 10개 국가의 1인당 GDP는 하위 10개 국가의 일인당 GDP의 25배에 이른다.[49]

---

[49] 데이터와 계산들이 〈세계 행복 보고서 2015〉 통계부록의 〈표 10〉에 상세히 나타나 있다. 상위 10개 국가들의 연평균 일인당 소득은 4만 3천 불이며 하위 10개 국가들은 1770불인데, 이러한 수치는 '구매력 평가'(ppp)를 기준으로 국제달러 시세로 측정된 것이다. 또한 상위 10개 국가들에서 의존할 사람이 있다고 대답한 응답자들이 94%에 달하는 반면에, 하위 10개 국가들에서는 61%에 그쳤다. 상위 10개 국가들에서 건강 기대수명은 71.5살인 반면에, 하위 10개 국가들에서는 50살에 그쳤다. 상위 10개 국가들의 93%가 삶의 핵심적인 선택에서 충분히 자유롭다고 인식한 반면에, 하위 10개 국가들에서는 64%에 머물렀다. 부패에 대한 평균적인 인식도는 상위 10개 국가들에서는 38%인 반면에, 하위 10객 국가들에서는 71%에 이르렀다.

전반적으로 우리의 모델은 삶의 평가에 있어 지역 간의 차이와 함께 지역 내의 차이를, 그리고 세계 전역에서 나타나는 차이를 비교적 잘 설명해주고 있다.[50] 하지만 대체로 라틴 아메리카 국가들의 실제 평균 점수는 모형에 의한 예측치보다 더 높게(10점 척도에서 약 0.5점 정도) 나온다. 이러한 차이는 이전의 연구에서도 확인된 바 있는데, 그 원인은 다양한 각도에서 설명되고 있다. 즉 체계적인 '인성'(personality)의 차이를 나타내거나, 라틴 아메리카 국가들 고유의 가족적, 사회적 삶의 특징들에, 또는 그들의 문화가 지닌 특이성들에 기인한다는 것이다.[51] 그 반면에 동아시아 국가들은 모델이 예측한 점수보다 더 낮은 점수를 보이는데, 조사결과에 따르면 최소한 그 원인의 일부는 응답 스타일에 있어서의 문화적 차이를 반영하는 것이라고 한다. 이처럼 양 지역은 서로 차이를 보이는데, 이 차이점들은 그들 지역만이 지닌 중요하고도 고유한 삶의 특징들의 존재 때문일 가능성도 있다.[52] 그렇지만 이상의 내용에도 불구하고 다음의 사실은 분명하다. 즉 6개 변수들의 상대적 중요성에 대해 우리가 발견한 내용들은, 우리가 그러한 지역적 차이들을 명확히 고려했느냐 여부에 의해서는 일반적으로 영향을 받지 않는 것들이라는 사실이다.[53]

---

[50] 2012~2014 기간의 국가별, 지역별 실제 및 예측된 삶의 평가 평균값의 줄거리들이 온라인 통계 부록의 〈그림 4〉에 나타나 있다. 그 그림의 45도 선상의 각 부분들은 실제 값과 예측 값이 일치하는 상황을 나타낸다. 45도 선 이하에 국가들이 모여 있는 것은 실제 값이 모형에 의한 예측 값보다 낮은 지역을 나타내고 있으며, 그 역도 마찬가지다.

[51] Mariano Rojas는 다음과 같이 올바르게 지적한 바 있는데, 이는 캔트릴 사다리와 삶의 만족이 구조적으로 서로 상응한다는 우리의 이전 결론에 부분적으로 예외가 되는 것이다. 즉 만약 우리의 그림이 캔트릴 사다리보다는 삶의 만족을 활용해서 그려진 것이라면, 그것은 라틴 아메리카의 프리미엄을 훨씬 크게 보여줄 것이라는 지적이다. 이러한 지적은 2007년의 데이터에 기초한 것인데, 2007년은 갤럽월드폴이 같은 응답자에게 두 질문을 모두 했던 유일한 해에 해당한다.

[52] 대표적인 예로는, Chen et al.(1995) 참조.

[53] 하나의 사소한 예외가 있다. 즉 부패의 부정적 효과는, 만약 우리가 지역적 효과를 라틴 아메리카의 변수에 포함시킨다면, 더욱 커질 것으로 추산된다는 것이다. 이것은 라틴 아메리카 지역의 부패가 세계 평균보다 더 심하기 때문이며, 그래서 특별한 라틴 아메리카 변수가 부패 상관계수로 하여금 더 높은 값을 취하도록 허용하기 때문이다. Veenhoven(2012)은 이러한 지역적 차

6. 행복도 변화에 대한 탐색

이 섹션에서 우리는 삶의 평가 점수가 세계적 경기침체가 시작되기 이전인 2005~2007 기간에서부터 최근의 3년인 2012~2014 기간까지 어떻게 변화해왔는지를 갤럽월드폴(GWP)의 데이터를 통해 살펴보고자 한다. 〈그림 7.3〉은 두 기간에 나타난 125개 국가의 변화를 보여주고 있는데, 이들은 모두 두 기간에 대해 충분한 횟수의 관찰이 이루어진 국가들이다.[54]

125개 국가들 중 53개 국가는 0.15점에서 1.12점에 이르기까지 유의미한 증가를 보여주고 있는 반면, 41개 국가는 -0.11점에서 -1.47점까지의 유의미한 하락을 보이고 있다. 나머지 26개 국가는 유의미한 변화를 보이지 않았다. 최고의 증가를 기록한 10개 국가는 모두 0.77점 이상의 사다리 평균 점수 증가를 기록했다. 이중 5개 국가는 라틴 아메리카의 국가들이며, 3개는 사하라 이남의 국가들이고, 나머지 2개는 동유럽의 전환 국가들이다. 최대의 하락을 경험한 10개 국가들은 모두 0.63점 이상의 하락을 기록했다. 이중 3국가는 중동과 북아프리카의 국가이며, 다른 3국가는 서유럽의 국가이고, 나머지 4국가는 사하라 이남의 아프리카 국가이다. 그래서 사하라 이남의 아프리카는 가장 다양한 경험을 보여주고 있다.

전반적으로 상승과 하락의 폭은 매우 큰데, 특히 가장 큰 상승과 하락을 경험한 10개 국가들의 경우가 그러하다. 가장 큰 상승을 경험한 10개 국가들 각각의 경우, 삶의 평가 평균 점수의 상승폭이 일인당 소득이 2배로 증가했을 때 기대되는 상승의 정도를 능가한다. 그리고 가장 큰 하락을 경험한 10개 국가들 각각의 경

이들의 원천 및 결과를 검증하는 작업을 여러 번 수행해서 다음의 결론을 내린 바 있다. 즉 지역적 차이는 국가들 간에 나타나는 행복의 차이들을 계측하고 설명하는 능력을 과도하게 손상시키지는 않는다.

[54] 통계 부록이 보여주듯이, 2012~2014 기간의 〈그림 7.2〉의 사다리 순위에 나오는 국가들 중 33개 국가는 〈그림 7.3〉에서는 변화를 보이지 않고 있다. 변화가 없는 이러한 국가들 중에는 〈그림 7.2〉에서 가장 낮은 순위를 기록한 10개 국가들 중 5개 국가가 포함되어 있다. 이들 국가 중 일부는 가장 하락폭이 큰 10개 국가들에도 속할 가능성이 높다.

〈그림 7.3.1〉 2005~2007 기간과 2012~2014 기간 사이의 행복도 변화(part 1)

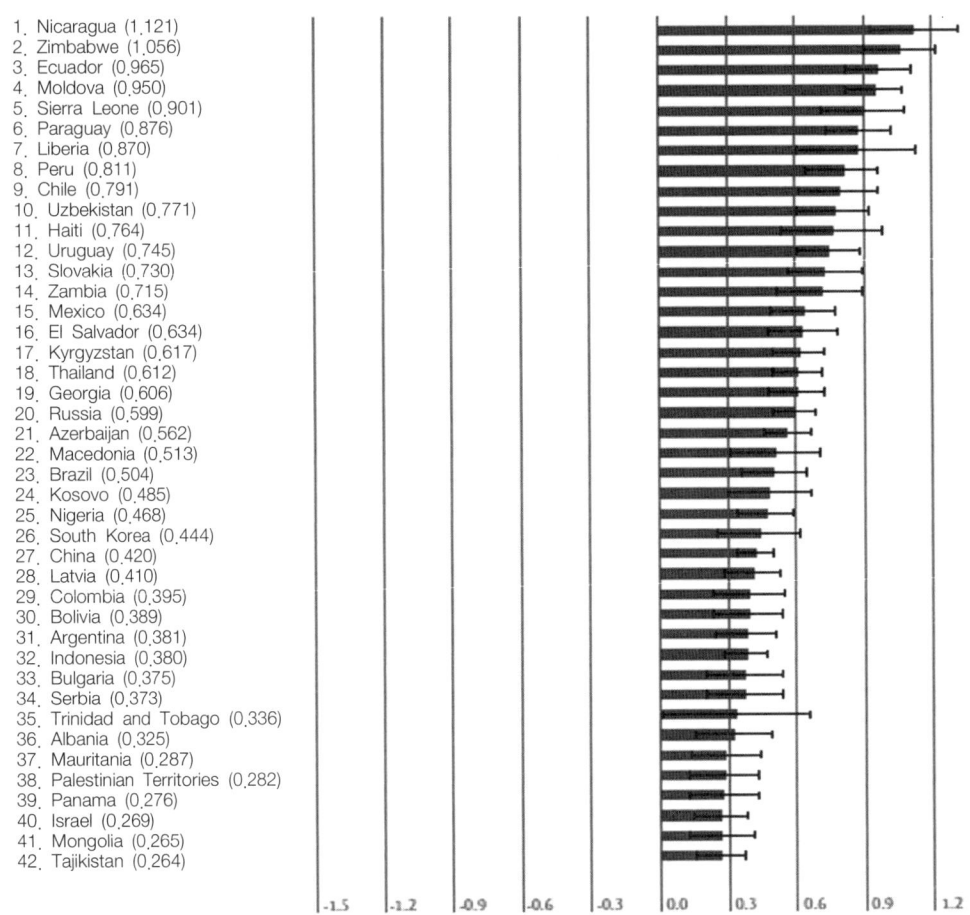

〈그림 7.3.2〉 2005~2007 기간과 2012~2014 기간 사이의 행복도 변화(part 2)

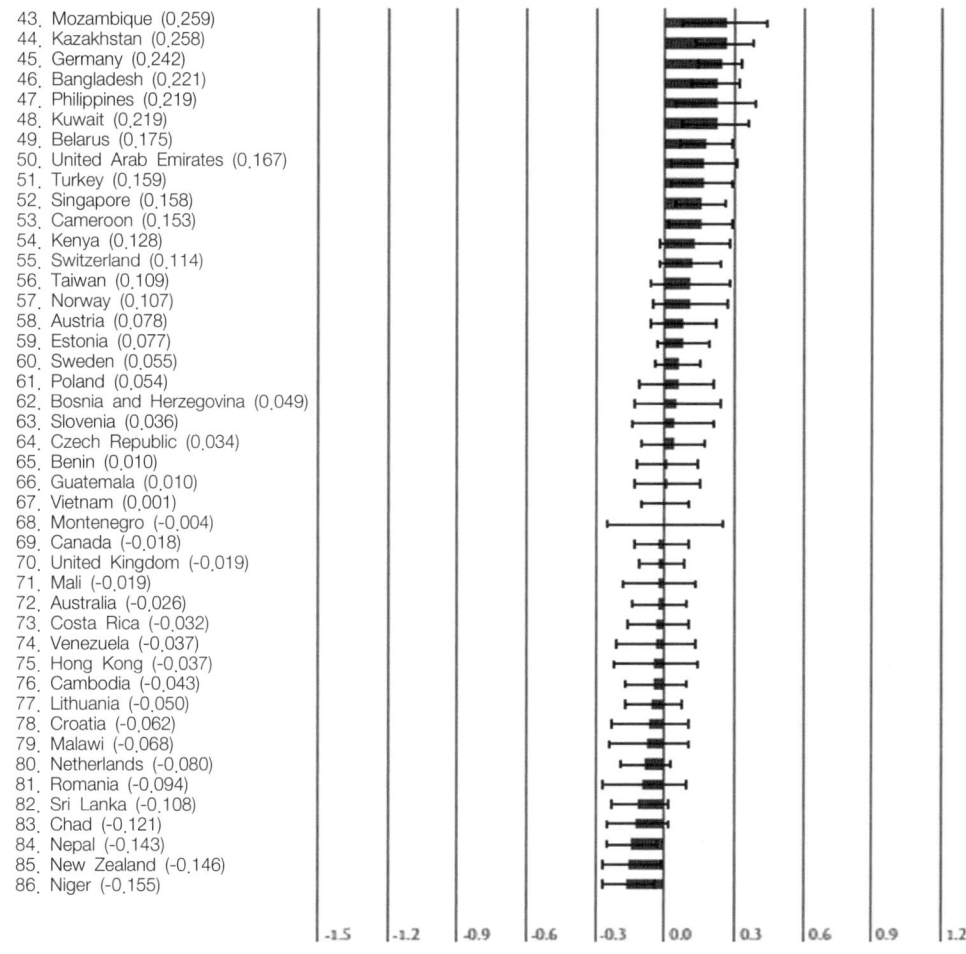

〈그림 7.3.3〉 2005~2007 기간과 2012~2014 기간 사이의 행복도 변화(part 3)

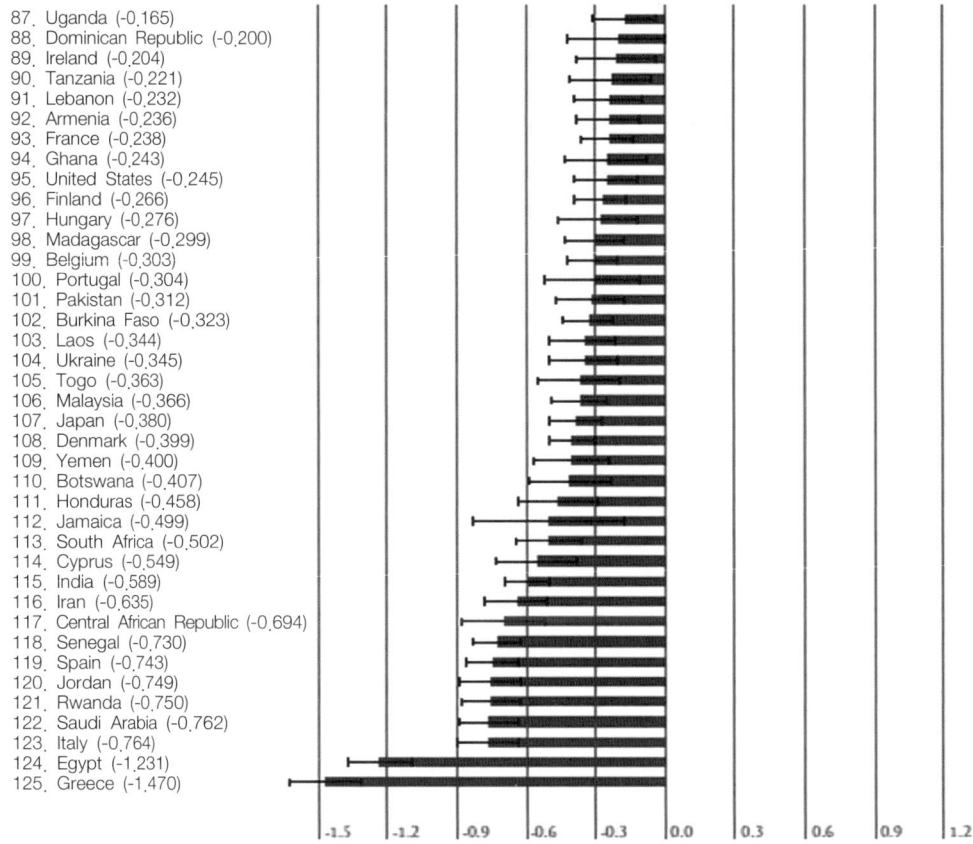

우, 하락폭이 일인당 소득이 1/2로 줄어들었을 때 예상되는 손실의 정도를 능가한다. 그래서 삶의 평가 점수 변화의 정도는 거시경제적 변화에 따르는 소득의 증대 및 손실로부터 기대되는 정도를 크게 넘어서는데, 이는 2007년 이후의 경제위기의 경우에도 마찬가지이다. 우리는 삶의 평가가 세계 경기침체의 중대한 결과들을 반영할 것으로 기대하며, 이는 상당부분 합리적인 기대라고 할 수 있다. 하지만, 세계적 경제 요인들을 완화하고, 약화시키며, 또한 무력화시키기도 함으로써 행복의 추동력으로 작용하는 부가적인 힘들이 분명히 존재한다는 사실을 외면해서는 안 된다.

상승을 기록한 국가들이 가장 눈에 띄는 지역은 라틴 아메리카이다. 무려 5개의 라틴 아메리카 국가가 최고의 상승을 기록한 상위 10개 국가에 포함되었는데, 이러한 사실은 라틴 아메리카 국가들의 경험을 상징적으로 대변해주는 것이다. 8장의 〈그림 8-10〉을 분석하자면, 2007년과 2013년 사이에 라틴 아메리카인들은 연령집단의 차이를 불문하고 삶의 평가에서 실질적이고도 지속적인 증가를 보고하고 있다.[55] 한편 유럽 동부의 일부 체제전환 국가들도 큰 폭의 상승을 보여주고 있는데, 이것은 전환 국가들에서의 삶의 평가가 평균적으로 상승하고 있다는 것을 말해준다. 그리고 사하라 이남 아프리카 국가들은 최고의 상승 국가들과 최대의 하락 국가들 양쪽 모두에서 모습을 드러내고 있는데, 이러한 사실은 사하라 이남의 25개 국가들의 경험이 지닌 다양성과 변동성을 반영해 주는 것이다.

삶의 평가에서 가장 큰 하락을 경험한 10개 국가는 어떤 형태로든 경제적, 정치적, 사회적 스트레스의 결합을 경험한 전형적인 경우이다. 그중 세 국가(그리스,

---

[55] 지적해둘 필요가 있는 사실이 있다. 즉 7장의 분석은 국가의 경험에 관한 것인 반면에, 8장의 지역적 분석은 인구수에 따라 가중치가 부여된 것이라는 사실이다. 상승하거나 하락한 국가들의 수에 의해 측정된 지역별 평균 경험은 인구수에 따라 가중치가 부여된 8장의 분석 내용과는 다른 모습을 보인다.

이태리, 스페인)는 모두 경제위기로부터 가장 큰 타격을 입은 4개의 유로존 국가들에 속하는데, 이 4개 국가들이 위기 이후 겪은 경험에 대해서는 2년 전에 발간된 ≪세계 행복 보고서 2013≫에 상세하게 분석되어 있다. 유로존의 3국가들이 겪은 손실은 거시경제적 요인들에 의해 직접 설명 가능한 정도를 넘어서는데, 이는 심지어 높은 실업률이 초래하는 실질적인 결과들까지 고려하여 설명할 때조차 그러하다.[56] 중동과 북아프리카의 4개 국가는 정치적, 사회적 불안이 서로 다른 방식으로 혼합된 모습을 보여준다. 그리고 3개의 사하라 이남의 국가들은 더 난해하고 곤혹스런 경우에 해당한다.[57]

최대 상승 국가들과 하락 국가들뿐만 아니라 리스트에 오른 모든 국가들을 총체적으로 볼 때, 특정 국가를 경기쇠퇴에도 불구하고 행복의 관점에서 좀 더 잘 대처할 수 있도록 이끈 것은 어떤 상황과 정책이었는가? 우리는 그 해답을 이미 ≪세계 행복 보고서 2013≫에서 제시한 바 있다. 즉 사회적 신뢰수준과 제도적 강인성으로 대변되는 사회구조적 기초체력이 경제적, 사회적 위기에 대응할 수 있는 사회적 회복탄력성에 영향을 미친다는 것이다. 이러한 관점에서 볼 때, 사회적/제도적 자본은 주관적 웰빙에 직접적으로 기여할 뿐만 아니라, 외적 충격과 위기에 공동 대처할 수 있는 능력을 부여해준다는 점에서도 가치가 있다 하겠다. 〈그림 7.3〉에서 행복의 가장 큰 손실(2005~2007에 비해 2012~2014에는 거의 1.5점이나 하락했음)을 경험한 그리스의 경우는 특별히 주목할 필요가 있다. 경제적 결과에

---

[56] Helliwell & Wang(2013), 특히 〈표 4.2〉 참조.
[57] 르완다의 경우는 따로 취급할 필요가 있다. 〈그림 7.2〉를 통해 볼 수 있듯이, 르완다의 예측된 삶의 평가(6개의 변수들을 토대로 하는)는 2012~2014 기간의 평균적인 삶의 평가보다 훨씬 높게 나타난다. 따라서 우리의 모델에 따르면, 이제까지의 평가가 보여주는 것보다 르완다의 상황은 크게 개선되어 가고 있다고 할 수 있다. 또한 2012년과 2013년을, 그리고 2013년과 2014년을 비교할 때 르완다의 삶의 평가가 현저히 개선되고 있다는 사실도 지적해 둘 필요가 있을 것이다. 세네갈은 2012년과 2013년에 매우 낮은 평균값을 보여주고 있다. 하지만 2014년에는 크게 상승해서 거의 위기 이전 수준까지 회복되었다.

의해 설명될 수 있는 것보다 훨씬 큰 행복 손실을 겪었기 때문이다. 그리스의 경우 사회적 자본과 경제 및 여타 위기들 사이에 상호작용이 있었으며, 그러한 위기가 기본적인 사회구조의 질을 테스트할 수 있는 계기가 되었다. 만약 사회구조가 충분히 강하다면, 그때는 위기가 오히려 주관적 웰빙의 상승으로 이어질 수도 있다. 그 위기가 국민들에게 선한 목적을 위해 함께 일할 기회를 제공해주고, 또한 호혜적인 사회적 지원의 힘을 깨닫고 감사할 수 있는 기회도 제공해주기 때문이다. 그리고 그 위기가 잘 극복되면서 기초적인 사회적 자본이 유용한 방향으로 개선될 수도 있기 때문이다. 그 반면에 위기가 초래하는 도전에 직면해서 사회적 제도가 부적합한 것으로 입증된다면, 그 사회적 제도들은 초래되는 압력들에 의해 와해되어 행복의 손실이 훨씬 더 커질 수도 있다. 사회적, 제도적 신뢰는 그 자체로 주관적 웰빙에 기여하는 중요한 요인이기 때문이다. 그리스는 후자의 가능성을 입증해주는 대표적인 사례로 거론되고 있다. 신뢰에 관한 유럽사회조사(ESS)의 데이터는 그리스 사회의 신뢰의 질이 잠식되는 상황을 잘 기록해주고 있다.[58]

외적 위기가 국가의 행복에 미치는 연관관계에 대한 메커니즘의 중요한 일부분으로 사회적, 제도적 맥락을 확정짓기 위해서는 양자의 쌍방향적 사례가 필요하다. 한편은 그리스와 같은 사례이다. 이 경우 행복의 손실이 매우 크며, 사회적 구조의 잠식이 그 스토리의 일부를 구성한다. 그렇다면 다른 한편의 경우, 즉 비교적 큰 충격에 직면해서도 오히려 행복을 증진시킬 만큼 강한 사회적 구조를 지닌 국가들의 증거가 있는가? 있다. 2007년 이후의 경제위기와 관련해서 커다란 외적 충격에 직면해서도 행복도를 유지한 사례가 있는데, 아일랜드, 특히 아이슬란드가 대표적이다. 두 국가는 여타 국가들과 마찬가지로 금융시스템이 와해될 정도로 큰 충격을 받았지만, 여타 국가들과 비교가 안 될 정도로 적은 행복도의 손실만을 경험했다. 특히 아이슬란드는 충격 이후에 삶의 평가 점수의 회복이 엄청나서

---

[58] Helliwell & Wang(2013, 17) 참조.

2012~2014 기간에 국가순위가 세계 2위로 상승될 정도였다. 두 국가가 모두 '사회적 지원'(social support)의 지표에서 계속 높은 수준을 유지했다는 사실은 갤럽월드폴(GWP)의 조사에서도 확인되고 있다. 즉 "위기 시에 의존할 만한 사람을 가지고 있다"고 보고한 국민들의 비율이 아이슬랜드와 아일랜드에서 가장 높게 나타난 바 있다.[59]

만약 사회적 맥락이 위기 시 행복의 회복탄력성에 중요한 것이라면, 그것은 비경제적인 위기 상황에서도 똑같이 적용될 수 있을 것이다. 2004년 인도양의 쓰나미에 대한 서로 다른 대처방식을 보여주는 이전의 증거들[60]이 있으며, 그 이외에도 새로운 조사결과들이 존재한다. 즉 일본의 후쿠시마 지역은 신뢰와 사회적 자본의 수준이 충분했기 때문에 2011년의 동일본 대지진에서도 지역 내의 신뢰와 행복이 실제로 증대했다.[61] 이는 어떻게 위기가 실제로 행복의 증진으로 이어질 수 있는지를 잘 보여준다. 즉 위기는 국민들에게 그들의 상호의존 역량과 협조역량을 사용할 기회를 제공해 주며, 또한 이를 소중히 여기고, 새롭게 구축할 기회도 제공해 준다.[62]

또한 좋은 거버넌스를 이루는 여러 조치들이 국가들로 하여금 경제적 위기 중에도 행복을 유지하거나 증진시킬 수 있게 한다는 증거도 있다. 최근의 연구 결과에 의하면, 더 나은 거버넌스를 구비한 국가에 속한 국민들이 자신의 삶에 더 만족해하는 경향이 있다. 뿐만 아니라, 2005년 이후 거버넌스의 질에서의 실제 변화가 삶의 질에 있어서의 의미 있는 변화로 이어지고 있다고 한다. 이러한 연구결과는 다음의 사실을 암시한다. 즉 거버넌스의 질이 정부의 정책에 따라 변화할 수

---

[59] 아이슬랜드와 아일랜드는 각각 1위와 2위를 기록하고 있다. 의존할만한 사람을 가지고 있는 응답자가 세계 평균이 80%인 반면에 이들 국가는 95%를 넘어서고 있다.
[60] 참고문헌을 보려면 Helliwell & Wang(2013, 17) 참조.
[61] Yamamura et al.(2014)와 Uchida et al.(2014) 참조.
[62] 다른 증거와 참고문헌을 위해서는 이 보고서의 6장과 Helliwell et al.(2014) 참조.

있으며, 이러한 변화가 단순히 경제성장이 유발하는 변화보다 훨씬 더 큰 효과를 발휘할 수 있다는 것이다. 예컨대, 2005년과 2012년 사이 정부의 서비스 전달 능력의 변화라는 관점에서 가장 큰 진전을 보인 10개 국가들의 경우를 보면, 이들 국가의 삶의 평가 평균 점수는 일인당 소득이 40%나 증대했을 때만큼이나 상승하는 것으로 추산된다.[63]

7. 요약 및 결론

이 보고서의 세계행복에 관한 주요 데이터는 두 장으로 나뉘어 있다. 7장에서 우리는 삶의 평가와 긍정적, 부정적 정서의 국가별 수준 및 변화 상황을 제시하고 설명하려 시도했다. 8장에서는 삶의 평가 및 구체적인 긍정적, 부정적 정서 경험들에 대해 더 방대한 양의 데이터가 소개되고 있는데, 여기서는 삶의 평가 및 정서적 경험들이 성별, 나이별, 지역별로 나뉘어져 거론되고 있다. 이렇게 더욱 세밀한 데이터를 통해 우리는 삶의 평가와 정서적 경험이 문화, 성, 나이에 따라 많은 중요한 유사성과 함께 차이점도 지니고 있음을 깨닫게 된다.

7장에서는 국가 수준의 데이터를 제시하고 설명하는데, 우리는 삶의 질에 관한 사람들 자신의 보고를 우선적으로 활용했다. 삶의 질은 0점에서 10점까지의 척도를 토대로 보고하게 되어 있는데, 여기서 10점은 가능한 최선의 삶을, 그리고 0점은 가능한 최악의 삶을 나타낸다. 우리는 2012년에서 2014년에 이르는 점수를 평균했으며, 조사를 진행함에 있어 3000명을 전형적인 국가별 표본규모로 삼았다. 이를 토대로 우리는, 〈그림 7.2〉가 보여주듯이, 158개 국가의 순위를 매겼다. 전통적으로 최정상의 지위를 누렸던 덴마크는 올해 3위를 기록했다. 하지만, 스위스

---

[63] 이는 좀 더 나은 거버넌스가 GDP에 미치는 효과들을 넘어서는 것이다. 그 결과들에 대한 완전한 설명을 위해서는 Helliwell et al.(2014) 참조.

(1위)와 아이슬란드(2위), 덴마크(3위)와 노르웨이(4위) 등 유럽의 4개 국가는 모두 통계적으로 유사한 점수를 보여준다. 이번에도 정상의 10개 국가는 소규모 또는 중규모의 서구 산업국가들이며, 이 중 7개 국가는 서유럽의 국가들이다. 10위를 넘어서는 국가들의 지리적 분포는 더욱 다양하며, 다음 순위의 10개 국가는 총 9개 지역 중 4개 지역의 국가들로 구성된다.

정상 10개 국가의 삶의 평가 평균 점수는 0~10점의 척도에서 7.4점을 기록한 반면에, 최하위 10개 국가는 3.4점으로 그 절반에도 미치지 못했다. 이 최하위의 국가들은 국가별 차이를 설명하기 위해 우리가 사용하는 6개 변수들 — 일인당 GDP, 건강 기대수명, 사회적 지원, 자유, 관대성, 부패의 부재 — 모두에서 전형적으로 낮은 값을 보였으며, 또한 대체로 폭력과 질병에 노출되어 있었다. 상위 10개 국가와 하위 10개 국가의 격차인 4점 중에서 3점은 6개 변수들의 차이에 의해 설명이 가능한데, 이 6개 변수들 중에도 일인당 GDP, 사회적 지원, 건강 기대수명이 가장 영향력이 컸다.

2005~2007 기간과 2012~2014 기간 사이에 125개 국가에서 일어난 삶의 평가 점수의 변화에 주목해보자. 〈그림 7.3〉을 통해 우리는 많은 변동의 증거를 확인할 수 있는데, 53개 국가가 큰 상승을 보인 반면에 41개 국가는 큰 하락을 보였다. 하락 국가들에 비해 상승 국가들이 특별히 많은 지역은 라틴 아메리카와 독립국가연합(이전의 소비에트 국가들), 그리고 중동부 유럽(CEE)이었다. 하락 국가들이 많은 지역은 서유럽이었으며, 그 정도는 덜하지만 아시아와 사하라 이남의 아프리카도 마찬가지였다.[64] 6개의 핵심 변수들에서의 변화는 삶의 평가에서 나타나는 이러한 변화의 의미 있는 비율을 설명해준다. 하지만 2005년 이래 국가들이 직면한 위기들은 국가들로 하여금 과거에 경험한 범위를 넘어 새로운 미지의 영역

---

[64] 지역별로 의미 있게 상승하고 하강한 국가들의 수는 통계부록에 도표 형태로 실려 있다. 그리고 국가 단위를 토대로 한 것은 〈그림 7.3〉에 실려 있다.

으로 나아가게 했다. 특히 우리는 주요 위기들이 사회적, 제도적 하부구조의 질에 따라 매우 다양한 방식으로 삶의 평가 점수를 변화시킬 수 있다는 증거를 갖고 있다. 한편 우리는 이미 ≪세계 행복 보고서 2013≫에서 분석했듯이, 취약한 제도적 구조에 부과되는 위기가, 만약 그 위기가 협조와 개선보다는 비난과 투쟁을 유발할 경우에는, 사회구조의 질에 실제로 예상 밖의 큰 손상을 입힐 수 있다는 증거를 알고 있다. 다른 한편, 우리는 경제 위기 및 자연적 재해가, 만약 기본적인 제도와 구조가 충분히 양질의 성격을 지녔다면, 사회구조에 손상을 입히기보다는 오히려 개선을 유발할 수 있다는 증거들도 알고 있다. 이러한 사회구조의 개선은 위기에 좀 더 잘 대응할 수 있도록 해줄 뿐만 아니라 행복 수준을 실질적으로 회복시켜줄 수도 있다. 사람들은 그들이 우호적이며 효율적인 공동체에 소속되어 있다는 감정을 갖길 원하며, 이러한 감정에 진정한 가치를 부여하는 속성이 있기 때문이다.

References

Abdallah, S., Michaelson, J., Shah, S., Stoll, L., & Marks, N. (2012). *The Happy Planet Index: 2012 Report: A global index of sustainable well-being*. London: New Economics Foundation (NEF).

Anand, S., & Sen, A. (1994). *Human Development Index: Methodology and measurement* (No. HDOCPA-1994-02). Human Development Report Office (HDRO), United Nations Development Programme (UNDP).

Barrington-Leigh, C. P. (2013). The Quebec convergence and Canadian life satisfaction, 1985-2008. *Canadian Public Policy*, 39(2), 193-219.

Bonikowska, A., Helliwell, J. F., Hou, F., & Schellenberg, G. (2013). An assessment of life satisfaction responses on recent Statistics Canada Surveys. *Social Indicators Research*, 118(2), 1-27.

Blanchfl.ower, D. G. (2009). International evidence on well-being. In A. B. Krueger (Ed.), *Measuring the Subjective Well-Being of Nations: National Accounts of Time Use and Well-Being* (p.155-226). Chicago: University of Chicago Press.

Boarini, R., Kolev, A. & McGregor, A. (2014). Measuring well-being and progress in countries at different stages of development: Towards a more universal conceptual framework, *OECD Development Centre Working Papers*, No. 325. Paris: OECD Publishing. DOI: 10.1787/5jxss4hv2d8n-en.

Cantril, H. (1965). *The pattern of human concerns*. New Brunswick: Rutgers University Press.

Chen, C., Lee, S. Y., & Stevenson, H. W. (1995). Response style and cross-cultural comparisons of rating scales among East Asian and North American students. *Psychological Science*, 6(3), 170-175.

Clark, A. E., & Georgellis, Y. (2013). Back to baseline in Britain: Adaptation in the British Household Panel Survey. *Economica*, 80(319), 496-512.

Deaton, A. (2012). The financial crisis and the well-being of Americans. 2011 OEP Hicks Lecture. *Oxford Economic Papers*, 64(1), 1-26.

Deaton, A. (2013). *The great escape: Health, wealth, and the origins of inequality*. Princeton: Princeton University Press.

Deaton, A., & Stone, A. A. (2013). Two happiness puzzles. *The American Economic Review*, 103(3), 591-597.

De Neve, J. E., Diener, E., Tay, L., & Xuereb, C. (2013). The objective benefits of subjective well-being. In J. F. Helliwell, R. Layard, & J. Sachs (Eds.), *World happiness report 2013* (pp. 54-79). New York: Sustainable Development Solutions Network.

Diener, E. (2013). The remarkable changes in the science of subjective well-being. *Perspectives on Psychological Science*, 8(6), 663-666.

Diener, E., Gohm, C. L., Suh, E., & Oishi, S. (2000). Similarity of the relations between marital status and subjective well-being across cultures. *Journal of Cross-Cultural Psychology*, 31(4), 419-436.

Diener, E., Kahneman, D., & Helliwell, J. (Eds.). (2010). *International differences in well-being.* Oxford: Oxford University Press.

Dolan, P., Hallsworth, M., Halpern, D., King, D., Metcalfe, R., & Vlaev, I. (2012). Influencing behaviour: The mindspace way. *Journal of Economic Psychology*, 33(1), 264-277.

Durand, M., & Smith, C. (2013). The OECD approach to measuring subjective well-being. In J. F. Helliwell, R. Layard, & J. Sachs (Eds.), *World happiness report 2013* (pp. 112-137). New York: Sustainable Development Solutions Network.

Fogel, R. W. (2004). *The escape from hunger and premature death, 1700-2100: Europe, America, and the Third World* (Vol. 38). Cambridge: Cambridge University Press.

Fredrickson, B. L. (2001). The role of positive emotions in positive psychology: The broaden-and-build theory of positive emotions. *American Psychologist*, 56(3), 218-226.

Grice, H.P. (1975). Logic and conversation. *Syntax and Semantics*, 3, 41-58.

Grice, H. P. (2013). Logic and conversation. In M. Ezcurdia & R. J. Stainton (Eds.), *The semantics-pragmatics boundary in philosophy* (pp. 47-59). Peterborough: Broadview Press.

Grover, S., & Helliwell, J. F. (2014). How's life at home? New evidence on marriage and the set point for happiness. *NBER Working Paper 20794.*

Hall, J. (2013). From capabilities to contentment: Testing the links between human development and life satisfaction. In J. F. Helliwell, R. Layard, & J. Sachs (Eds.), *World happiness report 2013* (pp. 138-153). New York: Sustainable Development Solutions Network.

Helliwell, J. F., Barrington-Leigh, C., Harris, A., & Huang, H. (2010). International evidence on the social context of well-being. In E. Diener, D. Kahneman, & J. F. Helliwell (Eds.), *International differences in well-being* (pp. 291-327). Oxford: Oxford University Press.

Helliwell, J. F., Huang, H., & Wang, S. (2014). Social capital and well-being in times of crisis. *Journal of Happiness Studies*, 15(1), 145-162.

Helliwell, J. F., & Putnam, R. D. (2005). The social context of well-being. *Philosophical Transactions of the Royal Society (London), Series B, 359*, 1435-1446.

Helliwell, J. F., Layard, R., & Sachs, J. (Eds.). (2012). *World happiness report*. New York: Earth Institute.

Helliwell, J. F., & Wang, S. (2013). World happiness: Trends, explanations and distribution. In J. F. Helliwell, R. Layard, & J. Sachs (Eds.), *World happiness report 2013* (pp. 8-37). New York: Sustainable Development Solutions Network.

Helliwell, J. F., & Wang, S. (2014). Weekends and subjective well-being. *Social Indicators Research*, 116(2), 389-407.

Helliwell, J. F., Huang, H., Grover, S., & Wang, S. (2014). Good governance and national well-being: What are the linkages? *OECD Working Papers on Public Governance*, No. 25. Paris: OECD Publishing. DOI: http://dx.doi.org/10.1787/5jxv9f651hvj-en.

Hicks, S., Tinkler, L., & Allin, P. (2013). Measuring subjective well-being and its potential role in policy: Perspectives from the UK Office for National Statistics. *Social Indicators Research*, 114(1), 73-86.

Huppert, F. A., Marks, N., Clark, A., Siegrist, J., Stutzer, A., Vitterso, J., & Wahrendorf, M. (2009). Measuring well-being across Europe: Description of the ESS well-being module and preliminary findings. *Social Indicators Research*, 91(3), 301-315.

Istat & CNEL. (2014). *Bes 2014: Il benessere equo e sostenibile in Italia*. Istituto nazionale di statistica.

Kahneman, D., & Deaton, A. (2010). High income improves evaluation of life but not emotional well-being. *Proceedings of the National Academy of Sciences*, 107(38), 16489-16493.

Kahneman, D., Wakker, P. P., & Sarin, R. (1997). Back to Bentham? Explorations of experienced utility. *The Quarterly Journal of Economics*, 112(2), 375-405.

Kahneman, D., & Krueger, A. B. (2006). Developments in the measurement of subjective well-being. *The Journal of Economic Perspectives*, 20(1), 3-24.

Krueger, A. B., Kahneman, D., Schkade, D., Schwarz, N., & Stone, A. A. (2009). National time accounting: The currency of life. In A. B. Krueger (ed.), *Measuring the sub-*

jective well-being of nations: National accounts of time use and well-being (pp. 9-86). Chicago: University of Chicago Press.

Krueger, A. B., & Stone, A. A. (2014). Progress in measuring subjective well-being. *Science*, 346(6205), 42-43.

Legatum Institute. (2014). *The 2014 Legatum Prosperity Index*. http://www.li.com/prosperityindex

Lucas, R. E., Clark, A. E., Georgellis, Y., & Diener, E. (2003). Reexamining adaptation and the set point model of happiness: reactions to changes in marital status. *Journal of Personality and Social Psychology*, 84(3), 527-539.

Marks, N., Abdallah, S., Simms, A., & Thompson, S. (2006). *The Happy Planet Index*. London: New Economics Foundation.

OECD. (2011). *How's life? Measuring well-being*. Paris: OECD Publishing. http://dx.doi.org/10.1787/9789264121164-en

OECD. (2013). *OECD guidelines on measuring subjective well-being*. Paris: OECD Publishing. Redelmeier, D. A., & Kahneman, D. (1996). Patients' memories of painful medical treatments: Real-time and retrospective evaluations of two minimally invasive procedures. *Pain*, 66(1), 3-8.

Ryan, R. M., Bernstein, J. H., & Brown, K. W. (2010). Weekends, work, and well-being: Psychological need satisfactions and day of the week effects on mood, vitality, and physical symptoms. *Journal of Social and Clinical Psychology*, 29(1), 95-122.

Ryff, C. D., & Singer, B. H. (2008). Know thyself and become what you are: A eudaimonic approach to psychological well-being. *Journal of Happiness Studies*, 9(1), 13-39.

Stiglitz, J., Sen, A., & Fitoussi, J.-P. (2009). *Report by the commission on the measurement of economic and social progress*. Paris: OECD. Retrieved from http://www.stiglitz-sen-fitoussi.fr/documents/rapport_anglais.pdf

Stone, A. A., Schneider, S., & Harter, J. K. (2012). Day-of-week mood patterns in the United States: On the existence of 'Blue Monday', 'Thank God it's Friday' and weekend effects. *The Journal of Positive Psychology*, 7(4), 306-314.

Stone, A. A., & Mackie, C. (Eds.). (2013). *Subjective well-being: Measuring happiness, suffering, and other dimensions of experience*. Washington, DC: National Academies Press.

Uchida, Y., Takahashi, Y., & Kawahara, K. (2014). Changes in hedonic and eudaimonic well-being after a severe nationwide disaster: The case of the Great East Japan Earthquake. *Journal of Happiness Studies*, 15(1), 207-221.

Ura, K., Alkire, S., & Zangmo, T. (2012). Case Study: Bhutan. Gross National Happiness and the GNH Index. In J. F. Helliwell, R. Laryard, & J. Sachs (Eds.), *World happiness report* (pp. 108-148). New York: Earth Institute.

Veenhoven, R. (2012). Cross-national differences in happiness: Cultural measurement bias or effect of culture? *International Journal of Wellbeing*, 2(4), 333-353.

Wirtz, D., Kruger, J., Scollon, C. N., & Diener, E. (2003). What to do on spring break? The role of predicted, on-line, and remembered experience in future choice. *Psychological Science*, 14(5), 520-524.

Yamamura, E., Tsutsui, Y., Yamane, C., Yamane, S., & Powdthavee, N. (2014). Trust and happiness: Comparative study before and after the Great East Japan Earthquake. *Social Indicators Research*, forthcoming.

Yang, Lin (2014). An inventory of composite measures of human progress. UNDP Occasional Paper on Methodology. http://hdr.undp.org/sites/default/files/inventory_report_working_paper.pdf

Yap, S. C., Anusic, I., & Lucas, R. E. (2012). Does personality moderate reaction and adaptation to major life events? Evidence from the British Household Panel Survey. *Journal of Research in Personality*, 46(5), 477-488.

제8장
주관적 웰빙은 젠더와 나이에 따라 어떻게 변화하는가?

니콜 포르틴(NICOLE FORTIN), 존 헬리웰(JOHN F. HELLIWELL)
& 슌 왕(SHUN WANG)

1. 입문

8장에서 우리는 젠더와 나이에 따라 나뉘는 주관적 웰빙 데이터를 제시할 것이다. 애초에 우리의 우선적인 관심은 젠더 구분에 따르는 주관적 웰빙의 차이였다. 하지만 세계 전역에서 삶의 젠더적 측면들에 대해 진실로 유용한 정보를 얻으려면, 데이터가 젠더는 물론이고 나이에 의해서도 구분되어야 한다는 것을 곧 깨닫게 되었다. 따라서 우리는 젠더와 함께 나이도 고려하게 되었다. 그리고 표본규모를 충분히 큰 상태로 유지하기 위해, 우리는 우리의 분석 대부분에서 갤럽월드폴(GWP)의 설문조사가 시행되었던 총 10년에 걸친 데이터를 모두 활용했다. 8장의 첫째 섹션에서 우리는 삶의 평가들을 다루는데, 먼저 세계적 수준을 대상으로 할 것이며, 이어서 세계의 9개 지역을 대상으로 할 것이다. 그 다음 섹션에서 우리는 6개의 긍정적 경험과 6개의 부정적 경험을 고찰할 것인데, 이들 대부분의 경험은 '어제'의 정서와 관련되는 것으로써 갤럽월드폴(GWP)에서 정규적으로 데이터가 축적되어 온 것들이다. 이전 조사에 따르면, 이러한 정서 경험들은 젠더와 나이 그리고 문화에 따라 흥미로운 변이를 보여주고 있다. 이어지는 섹션에서 우리는 젠더와 나이에 따른 세계적, 지역적 변이를 6개의 변수와 관련해서 살펴보려 하는데, 이 6개의 변수는 삶의 평가와 정서 경험에서 국가 수준의 차이를 설명하기 위해 7장에서 활용한 바 있는 변수들이다.

마지막 두 섹션에서 우리는 이미 제시된 데이터가 지닌 두 측면에 대해 더욱 깊게 탐색할 것이다. 첫째로, 우리는 '코호트 효과'(cohort effects)와 '나이 효과'(age effects)를 구분하려는 예비적인 시도를 행할 것이다. 여기서 코호트란 통계적으로 동일한 특색이나 행동양식을 공유하는 집단을 말하는 것으로 단순한 연령 집단과는 구별되는 것이다. 코호트 효과와 나이 효과에 대한 우리의 분석은 비교적 짧은 기간으로 제한될 것이며, 갤럽월드폴의 이용 가능한 데이터에 토대를 둘 것이다. 둘째로, 이상의 예비적 시도를 행한 연후에 우리는 국가별로 노동참여에서 나타나는 양성 간의 차이에 대해 고찰하고자 한다. 노동참여에서의 차이가 이미 연구한 변수들 — 예컨대 즐거움 — 에서의 양성 간의 간격을 설명하는데 있어 어느 정도나 도움을 줄 수 있는지 살펴보려는 것이다.

2. 젠더와 나이에 따른 삶의 평가들

우리가 이미 7장에서 살펴보았듯이, 삶의 평가 평균 점수는 국가별로 매우 큰 차이를 보인다. 8장의 이 섹션에서 우리는 이러한 차이들을 세계 및 9개의 지역적 수준에서 연령 집단과 젠더 집단 간에 나타나는 차이들과 비교 검토하고자 한다.
〈그림 8.1〉은 젠더와 나이에 따른 사다리 점수들의 세계적 분포양상을 보여준다. 여기서 세계 합계는 각 지역의 평균값을 합산한 것인데, 평균값은 각 지역의 인구비중에 따라 가중치를 부여해서 구했다. 표본 규모를 늘리기 위해, 그리고 우리가 밝혀낸 연관 관계들이 해마다 꽤 일정하기 때문에, 〈그림 8.1〉에서 〈그림

⟨그림 8.1⟩ 세계 수준: 젠더 및 5세 간격 연령집단에 따른 캔트릴 사다리

주: 인구비중을 고려한 지역별 평균값의 평균치.

8.9⟩까지의 그림들은 2005년부터 2014년까지 갤럽월드폴에 의해 축적된 모든 데이터에 토대를 두었다. 이처럼 표본 규모가 커지면 평균값 추정치의 95% 신뢰구간(각 선 주변의 그늘진 영역이 나타냄)이 상당히 좁아지게 된다. 표본이 커지면서 표준오차가 줄어들게 되어 더욱 정확한 추정이 가능해진다. 그래서 우리는 ⟨그림 8.1⟩을 통해 다음과 같이 말할 수 있다. 즉 세계 평균을 토대로 할 때, 삶의 평가에서 여성이 남성보다 더 높은 점수를 지니며,[1] 그 높은 정도는 약 30살 무렵에 가장 크게 나타난다는 것이다. 모든 연령 집단들을 망라할 때, 여성들은 0~10점의 척도에서 0.09점 높게 나타나는데, 이는 삶의 평가 세계 평균값의 1.5%에 해당하는 수치이다.

---

[1] 이는 Graham & Chattopadhyay(2013)의 발견과도 일치한다. 그런데 이들의 발견 역시 갤럽월드폴(GWP)의 데이터에 토대를 둔 것이지만, 이들의 표본은 2011년까지 한정된 것이었다.

삶의 평가에서의 양성 간의 차이는 지역에 따라 사뭇 다르게 나타난다.[2] 8개 지역 중 5개 지역에서는 여성의 삶의 평가 점수가 남성에 비해 높게 나타나고 있는데, 그 차이는 크지 않지만 그래도 통계적으로는 유의미한 정도였다. 즉, 북아메리카와 호주, 뉴질랜드를 뜻하는 NANZ는 +0.17점, 북아시아는 +0.09점, 남아시아는 +0.05점, 동아시아는 +0.09점, 중동과 북아프리카를 뜻하는 MENA는 +0.28점을 기록했다. 반면에 서유럽과 라틴 아메리카에서 양성 간 차이는 매우 작고 통계적으로 무의미한 정도였다. 한편 성별 집단 간의 차이에 비해 연령 집단 간의 차이는 더 크고 더욱 일반적이었다. 삶의 평가 점수는, 세계적 수준에서 볼 때, 남녀 공히 10대 초반부터 나이가 들어감에 따라 하강했다. 삶의 평가 점수는 10대 시기 (15~19세)부터 중년의 저점까지 공히 0.6점이나 하락하는데, 이는 세계 평균 점수의 10%보다도 큰 수치이다. 하지만 그 이후의 여생에서는 대체로 같은 수준을 유지했다. 8장에 나오는 세계 수준의 그림들은 모두 지역별 평균값을 활용한 것인데, 이 값을 구하는 데에는 각 지역의 평균 총인구를 가중치로 활용했다. 이런 방식의 가중치 부여는 세계적 그림과 지역적 그림들의 일관성을 확보해 주며, 또한 세계적 그림의 형태가 지역적 그림 형태들의 검토를 통해 설명될 수 있게 해준다.[3]

---

[2] 삶의 평가와 12개의 정서적 경험에 대한 지역적 평균값의 데이터는 7장의 온라인 데이터 부록의 〈표 1〉에 나타나 있다.
[3] 세계적 그림을 구성하는 다른 방식도 있다. 이것은, 이미 앞에서 우리가 고찰한 바 있듯이, 지역 그림들을 구성할 때와 똑같은 과정으로 세계 그림을 작성하는 것이다. 즉 갤럽월드폴 조사의 국가별 샘플 가중치에다 세계 전체의 인구에서 각국이 차지하는 인구수의 비중을 곱하는 가중치를 개별 관찰값에 부여하여 세계적 그림을 구성하는 방식이다. 그 결과 세계 그림은 지역 그림들의 평균과는 사뭇 다른 모습을 지니게 된다. 갤럽월드폴의 샘플 가중치들이 각 국가의 연령별 분포를 반영하게 되며, 고연령층 가운데 세계 인구에서 훨씬 큰 부분이 모든 연령 집단들 중에서 사다리 점수가 더 높게 나타나는 지역들에 분포해 있기 때문이다. 이 방식을 따르면, 좀 더 행복한 국가들로부터 나오는 관찰값에 점차 높은 가중치를 부여하게 되어, 세계 그림은 더욱 확연한 U자형을 나타내게 된다. 현재 우리가 7장에서 적용한 방식은 이것과는 다르다. 우리의 방식을 따르면 동일한 지역에 살고 있는 사람들이 연령 집단별로 삶의 평가점수가 얼마나 다른지 살펴보기가 더욱 용이하다.

가장 먼저 지적할 필요가 있는 명백한 사실이 하나 있다. 그것은 나이와 젠더에 따른 차이가 사다리 평균 점수의 세계적 차이에 비해 매우 적다는 사실인데, 이는 심지어 국가와 지역 내의 최고 집단과 최하 집단 간의 경우에도 마찬가지이다. 7장에서 이미 언급했듯이, 사다리 평균 점수에서 최상의 10개 국가와 최하의 10개 국가의 차이는 4점이었는데, 이는 평균적인 젠더 간격보다 거의 50배나 큰 수치이다.

연령 집단 간의 차이는 양성 간의 차이에 비해 더욱 뚜렷했다. 모든 지역은 아니지만 일부 지역은 연령에 따른 점수가 U자형을 보여주고 있는데, 이러한 형태는 모든 국가는 아니라 하더라도 다수 국가들에서 이미 확인된 것이다.[4] 그러나 거의 모든 국가와 지역들은 젊은 연령대에서 삶의 평가 점수의 하락을 보여주고 있다. 그 하락폭은 0.6점에 이르고 있는데, 이는 평균적인 젠더 차이보다 거의 8배나 큰 수치이다. 〈그림 8.2〉가 보여주듯이, 그 이후 삶의 평가는 지역에 따라 다른 패턴을 따른다.

두 번째 주요 결론은 〈그림 8.2〉에서 쉽게 확인할 수 있는 것이다. 즉 젠더와 나이에 따른 패턴은 지역에 따라 현저히 다른 형태를 취한다는 것이다. 삶의 평가 평균 점수 역시, 다소 다른 데이터를 사용한 7장에서도 예시되었듯이, 지역 간에 상당히 다르게 나타난다. 〈그림 8.2〉에 보고된 삶의 평가 평균은 갤럽월드폴의 2005년에서 2014년에 이르는 모든 해를 포함하는 반면에, 7장은 같은 갤럽월드폴 설문조사에 따랐지만 주로 2012년부터 2014년까지 좀 더 최근의 시기만을 대상 기간으로 한 것이다. 그렇지만 두 경우 모두 최고의 지역은 NANZ 지역의 국가 집단들이었으며,[5] 최하 지역은 사하라 이남의 아프리카 지역이었다. 전자의 경우

---

[4] Blanchflower & Oswald(2009), Frijters & Beatton(2012), Steptoe et al.(2014)와 Ulloa et al.(2013) 참조.
[5] 이 NANZ 집단은 미국과 캐나다, 호주와 뉴질랜드를 포함한다. 그런데 이 지역 인구수 가중치의

〈그림 8.2〉 지역 수준: 젠더와 5세 간격 연령 집단들에 따른 캔트릴 사다리

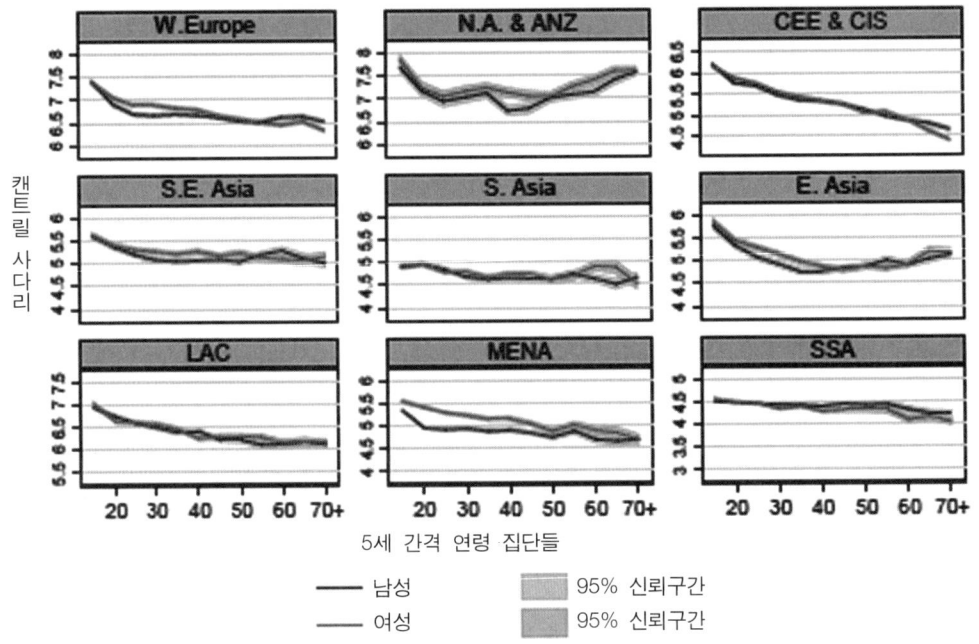

주: 각국의 총 인구수에 따라 가중치 부여.

는 7.2점 이상을 기록한 반면에, 후자의 경우는 4.5점 이하를 기록했다.

연령의 분포에 따른 U자형의 모습은 동아시아와 NANZ 지역에서 나타나지만, 동아시아 지역에서는 나이가 들어감에 따라 나타나는 회복의 정도가 더 적었다. 러시아와 중동부 유럽(CIS +CEE)은 젠더 차이가 거의 나타나지 않지만, 낮은 연령집단에서 높은 연령 집단으로 갈수록 급격한 하락을 보여준다. 라틴 아메리카도 젠더에 따른 차이는 거의 없었지만, 연령 집단에 따른 하락폭은 훨씬 적었다. 여성을 우위로 하는 가장 큰 젠더 차이는 MENA 지역, 즉 중동과 북아프리카에서 나타났는데, 20대 초반에 그 갭은 국가 평균의 거의 10%에 이르고 있으며, 그 이후 나이가 들어갈수록 간격이 줄어든다.6 서유럽의 경우 나이 50까지 대체로 하향

3/4 이상이 미국에 의한 것이다.
6 이러한 연구 결과는 좀 더 깊은 연구를 필요로 한다. 그것이 우리에게 친숙한 UNDP의 인간개발지수(HDI)에서의 양성평등에 관한 지역별 순위와는 다른 의외의 연구결과이기 때문이다. 다

추세를 보이지만 그 이후는 평행선을 그린다. 그리고 50세 이전까지는 여성우위의 젠더 간격을 보이지만 50세 이후에는 남성 우위로 역전된다. 사하라 이남의 아프리카의 경우, 40세 정도까지는 연령 집단 간의 차이가 거의 없고 젠더 간의 간격도 나타나지 않지만, 그 이후에는 남성 우위의 젠더 간격이 나타난다.

지역 간에 다르게 나타나는 젠더와 연령의 패턴들은 의심할 여지없이 서로 다른 발전 단계들, 나이 효과와 코호트 효과의 서로 다른 혼합 양태들, 그리고 나이와 지역에 따라 불균등하게 영향을 미치는 지역적 조건들의 일정한 결합을 반영하는 것이다. 우리는 잠시 후에 7장에서 사용된 바 있는 핵심 변수들이 나이와 젠더에 따라 얼마나 다르게 나타나는지를 보여줄 것이며, 그럼으로써 〈그림 8.2〉가 보여주는 삶의 평가 차이들의 토대를 제공할 것이다. 또한 우리는 같은 해에 태어난 사람들을 추적함으로써 출생 코호트에 따른 예비적 분석도 제공할 것이다. 그래서 이제는 갤럽월드폴에서의 조사년도의 수가 과연 나이 효과와 코호트 효과를 구분해줄 정도로 충분한지 여부를 가늠해 볼 것이다.

한편 〈그림 8.3〉에서 우리는 국가 수준에서 삶의 평가의 성별 차이들을 살펴볼 것이며, 그럼으로써 〈그림 8.2〉에서 이미 보여준 바 있는 지역적 차별성을 발생시키는 원천들을 밝히는데 도움을 주고자 한다. 이 〈그림 8.3〉에서 국가들은 모두 7가지 색으로 표현되고 있는데, 이 각각의 색은 삶의 평가의 양성 간 간격의 정도를 나타내고 있다. 즉 여성 우위의 간격은 그 간격이 큰 국가부터 짙은 청색과 짙

음의 사실에 대해 지적해둘 가치가 있을 것이다. 즉 MENA 지역 젊은 여성들의 삶의 평가는 세계 여성 평균과 대체로 비슷하지만, 남성들의 삶의 평가는 세계 평균에 한참이나 미치지 못한다는 것이다. 이와 관련해서 또 지적해둘 가치가 있는 사실이 있다. 즉 MENA 지역의 국가들에서는 의지할만한 사람을 가지고 있다고 느끼는 젊은 여성 응답자들의 비율이 젊은 남성들에 비해 크게 많은 반면에, 세계적 수준에서 볼 때는 그 반대 패턴이 나타난다는 사실이다. 2장에서 지적했듯이, 의지할만한 사람을 가지는 것은 우리가 삶의 평가들에서의 차이를 설명하기 위해 활용했던 6가지 변수들 중에서도 가장 중요한 것이다.

은 녹색으로 표시되어 있으며, 남성 우위의 간격은 그 간격이 큰 국가부터 적색과 오렌지색으로 표시되어 있다. 국가 내에 작은 흰 다이아몬드가 그려진 것은 그 추정 효과가 95% 수준의 통계적 유의도를 나타내는 것이다. 청색과 짙은 녹색으로 칠해져 여성 우위의 가장 큰 갭을 보여주는 국가는 MENA(중동과 북아프리카) 지역의 국가들과 일본, 남한, 핀란드, 캐나다 등 소수의 산업국가들이다. 남성 우위의 유의미한 간격을 보여주는 국가는 사하라 이남의 아프리카와 세계 전역에 흩어져있는 소수의 국가들이다. 대다수 유럽과 아시아 국가들, 그리고 일부 라틴 아메리카 국가들은 중간 지대, 즉 추산된 갭이 적고 통계적으로 무의미한 정도의 국가들이다.

3. 젠더와 나이에 따른 정서 경험들

이 섹션에서 우리는 갤럽월드폴(GWP)의 응답들로부터 도출된 다양한 정서 경험들의 관점에서 나이와 젠더에 따른 공통점들과 차이점들을 탐색하고자 한다. 우리가 분석할 정서 경험들에는 7장에서 이미 연구한 종류의 긍정적, 부정적 정서들이 포함되지만, 또한 야간의 안전감, 미소와 웃음, 흥미, 어제의 고통 등의 경험들도 포함된다.[7] 그래서 우리는 6가지의 긍정적 정서 항목들을 다룬다. 즉 '행복감'(happiness), '미소와 웃음'(smiling or laughter), '즐거움'(enjoyment), '야간의 안전감'(feeling safe at night), '편안감'(feeling well-rested), '흥미'(feeling interested) 등이 그것이다. 그리고 6가지의 부정적 항목들은 다음과 같다. 즉 '분노'(anger), '근심'(worry), '슬픔'(sadness), '우울'(depression), '스트레스'(stress),

---

[7] Stone et al.(2010)에서 지적되었듯이, 쾌락적(정서적) 측정값의 연령 프로파일들에 대한 연구는 삶의 평가 측정값의 연령 프로파일들에 대한 연구에 비해 적은 것이 사실이다. 우리의 NANZ 지역 관찰의 대다수를 제공해주고 있는 미국 데이터의 분석에 따르면, 쾌락적 측정값의 연령 프로파일들은 삶의 평가의 연령 프로파일들과는 다르다.

'고통'(pain) 등이다. 측정은 0점에서 1점까지의 척도를 따르는데, 이는 '어제' 하루 동안 겪은 특정한 정서 경험의 의미 있는 양을 보고한 응답자 비율을 반영한다. 우리는 다른 대답 대신에 하나의 대답을 한 응답자들의 비율(퍼센트)의 관점에서 차이점들을 살펴볼 것이다.

응답자들 간의 차이점들은 주어진 조건들이 정서적 반응들 – 이 반응들은 나이와 젠더에 따라 변한다 – 을 촉발시키는 정도에서의 차이에 기인할 수 있지만, 또한 그들의 삶의 조건들 자체의 차이에 기인할 수도 있다. 이 양자의 중간 경우도 있을 수 있다. 즉 주어진 객관적 삶의 조건들 – 예컨대 특정 지역의 야간 도로 장면 – 이 남성보다는 여성에게 더 높은 위기감을 야기할 수 있으며, 따라서 그들의 객관적 위기 정도가 같을 경우라 하더라도 남성보다는 여성의 '야간의 안전감'을 축소시킬 수 있다. 그래서 우리는 우리가 평가하는 데이터가 조건들과 그러한 조건들에 대한 반응들의 혼합을 반영하고 있다는 사실을 인정한다. 그래서 양성 간의 대답의 차이는 외적 촉발자에 대한 반응에서 나타나는 양성 간의 기본적인 차이를 드러내며, 또한 동시에 그러한 촉발자들의 형태 및 빈도에서 나타나는 양성 간의 배분상태를 드러낸다. 예컨대 만약 특정 문화에서 남자가 여자보다 더 자주 분노감을 보고한다면, 그것은 어떤 도전에 직면해서 남자들이 여자들보다 분노감을 더 쉽게 느끼기 때문일 수도 있지만, 남성들의 삶 자체가 누구에게나 분노를 유발할 수 있는 형태의 상황에 좀 더 자주 직면하기 때문일 수도 있다.

상황은 통상적으로 그 존재가 인정되는 '젠더 고정관념'(gender stereotypes)에 의해서 더 복잡해진다. 즉 남성들이 여성들에 비해 더 분노감을 느낀다고 하는 선입견이 존재하며, 또한 공포, 근심, 슬픔의 정서 경험들은 여성에게 좀 더 전형적으로 나타난다는 믿음도 있다. 고정관념을 지님으로써 후속되는 감정들의 빈도가 변화하게 될 때 복잡성이 야기된다.[8] 이는 3가지 가능한 통로를 통해 나타난다. 첫째로, 고정관념이 사람들로 하여금 특정 상황을 그 고정관념에 부합하는 상황으로 인식하도록 유도한다. 예컨대 사람들은 자신의 고정관념에 부합하는 행위들에 초점을 맞추는 경향이 있다. 둘째로, 고정관념은 사람들로 하여금 그 고정관념에 부합하는 방식으로 행위하도록 유도할 수 있다.[9] 셋째로, 고정관념은 아동들에게 적절한 행위를 지도하는 교육적 토대를 제공하기도 한다.[10]

따라서 다음과 같은 결론을 내릴 수 있을 것이다. 즉 젠더 고정관념들 및 보고되는 감정들의 빈도 양자는 모두 문화적 맥락에 따라 변하는 경향이 있으며, 이는 고정관념들이 사실적 토대가 거의 없을 경우에도 마찬가지라는 것이다. 그래서 우리는 세계 전역에서 각 지역들의 문화적 조류가 지닌 젠더 규범의 차이 정도에 따라, 인간행위에서 근본적인 양성 간 차이의 존재를 가정하지 않고도, 지역별 차이를 발견할 수 있으리라 예상할 수 있다. 만약, 우리가 예상하듯이 젠더 규범들과 보고된 감정들 간에 중요한 쌍방향적 관계가 존재한다면, 기본적인 사회규범들과 함께 국제적 차이들도 시간의 흐름에 따라 변화할 수밖에 없을 것이다. 따라서 비록 우리가 분석 중인 세계 데이터에서 어떤 흥미로운 차이점들을 확인할 수 있을지라도, 그것들이 지속가능한 기본적 사실들을 어느 정도나 반영하고 있을지 장담할 수는 없는 일이다.

세부적인 사항들을 논하기 전에 지적할 가치가 있는 두 번째 일반적인 요점이 있다. 우리가 조사해 온 광범위한 문헌과 데이터가 다음과 같은 특징 하나를 보여준다는 사실이다. 즉, 감정적 경험의 빈도 및 강도에 있어 양성 간의 보편적 차이점들이 비교적 희소한 것이 사실이지만, 특정한 상황에 대한 남성과 여성의 정서적 반응에서, 최소한 일부 문화에서는, 양성 간에 꽤나 안정적인 차이가 존재한다는 것이다. 하나의 예로 충분할 것이다. 비록 남성들이 여성보다 분노감을 더 느

---

[8] 이러한 주장은 광범위한 문헌을 참조하고 있는 Madden et al.(2000)에서 나온 주장이다.
[9] Fabes & Martin(1991), 그리고 Shields(1984) 참조.
[10] Brody & Hall(2008) 참조.

끼고 표현한다는 일반적인 고정관념이 데이터에 의해 큰 지지를 받고 있지는 못하지만,[11] 그럼에도 불구하고 특히 친밀한 교제 상태에 있는 상태에서는 무엇이 분노를 촉발시키는지에 대해 (최소한 일부 문화에서는) 의미 있는 양성 간의 차이가 존재한다. 여성들은 남성에 비해 배신, 생색내기, 묵살, 근거 없는 비판에 좀 더 자주 분노한다. 이에 반해 남성들은 그들의 파트너가 기분의 기복이 심하거나 자신에게만 몰두할 때 보다 자주 분노한다.[12] 이와 같은 특정의 예는 문화구속적일 수도 있다. 하지만 그것은 정서들의 상황적 논리를 보여주는데 도움을 주며, 또한 정서 표현이 젠더 및 전형적인 젠더 역할들에 어떻게 의존하는지를 보여주는데도 도움을 준다.

(1) 긍정적 정서 경험들

〈그림 8.4〉는 6개의 긍정적 정서들에 대한 응답의 세계 평균값들을 보여준다. 이 그림 속의 두 선은 각각 남성과 여성을 나타내며, 응답자들은 5세 단위의 연령 집단들로 구분시켰다. 굵은 선 주위의 그늘진 부분은 95% 신뢰영역을 나타내며, 따라서 그늘진 선들 사이의 간격은 모두 통계적으로 유의미한 차이를 나타낸다. 〈그림 8.4〉의 세계적 평균값들은 〈그림 8.5〉의 지역적 결과들에 인구수에 따른 가중치를 부여한 후 평균 낸 것들이다. 〈그림 8.5〉의 6개 부분은 각자 고유한 긍정적 정서 경험을 다루고 있으며, 또한 6개 부분 각각은 모두 9개 지역에 관한 하위 패널들로 구성되어 있다. 우리는 6개의 긍정적 정서 경험을 하나씩 차례로 살펴볼 것인데, 이 과정에서 우리는 세계 평균과 그것의 지역적 토대를 함께 고찰할 것이며, 또한 이전 연구 결과와의 연관성도 탐색하고자 한다. 우리의 연구 결과를 미리 간략히 요약하자면 다음과 같다. 즉 젠더 간격이 가장 크고 지속적으로 나타나는 긍정적 정서 경험은 '야간의 안전감'이다. 반면에 다른 정서 경험들에서 양성

---

[11] Kring(2000, 211) 참조.
[12] Kring(2000, 222) 참조.

〈그림 8.4〉 세계 수준: 성별 및 5세 간격 연령 집단들에 따른 긍정적 경험들

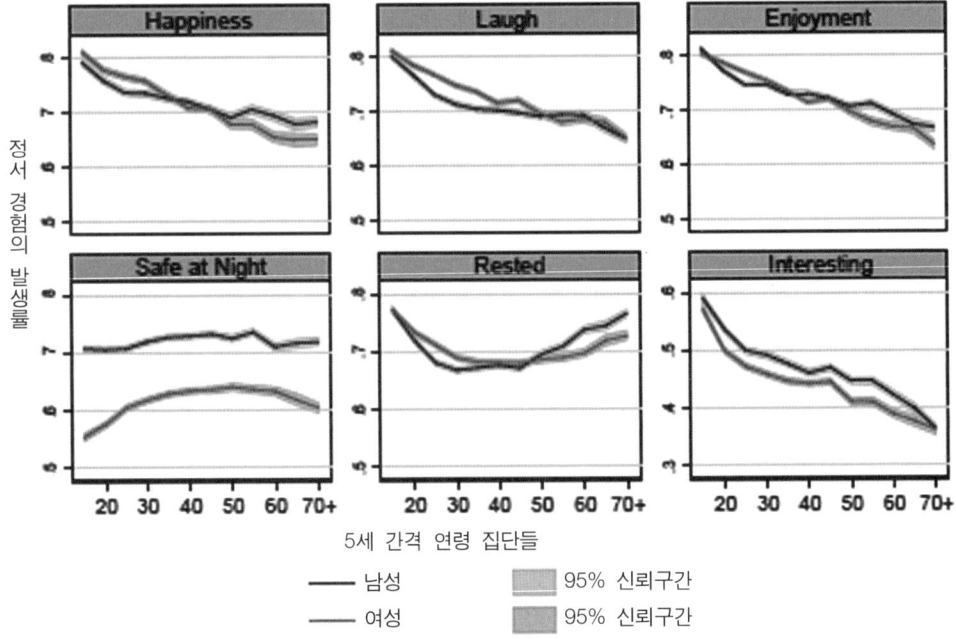

주: 지역별 인구비중을 감안한 지역별 평균값의 평균치

간의 유의미한 간격은 특정시기에만 나타났다.

젊은 여성들은 젊은 남성에 비해 행복감, 웃음, 즐거움, 편안감을 훨씬 빈번하게 경험한다. 하지만 이 4가지 긍정적 정서 경험은 중년기에 이르면 그 빈도가 현저하게 줄어드는데, 이 시기는 양성 간의 정서 경험이 교차되는 지점이다. 중년기 이후 남녀 모두 편안감이 증대하지만 남자들이 좀 더 현저하게 증대하며, 따라서 나이가 70이 넘으면 그 간격이 10%에 이른다. 웃음과 즐거움의 경험은 중년기 이후 양성 모두 같은 비율로 급격히 하락하는데, 남성의 즐거움의 수준이 여성에 비해 50세 이후에는 일반적으로 높게 나타난다. 나머지 하나의 긍정적 정서 경험, 즉 "어제 흥미로운 어떤 것을 배우거나 행한 적이 있느냐?"는 질문에 대한 긍정적 답변으로 평가되는 흥미 경험은 전 연령대에 걸쳐 남성이 여성에 비해 다소 높게

나타나지만 남녀 공히 하락 추세를 보인다.

이제부터 우리는 6개의 긍정적 정서 경험들을 좀 더 세밀하게 고찰할 것이다. 〔* 역자 주: 6개의 긍정적 정서 경험들 중 이 한글판 보고서에서는 지면 관계상 그 중 하나인 '행복감'만을 다루겠으니 나머지 5개의 정서 경험들에 대해서는 영문 보고서 원본을 참조하기 바람. 이후에 6개의 부정적 정서 경험들을 고찰할 경우에도 '근심' 하나만을 다룰 것이다. 이는 편의에 의한 것일 뿐 두 정서가 각각 긍정적, 부정적 정서 경험들을 대표하는 것은 아님. 하지만 "Don't worry, be happy!"라는 표현이 있듯이, 이 두 정서가 긍정적, 부정적 정서를 일정 부분 대변한다고는 사료됨. 7장에서 살펴보았듯이, 영국의 국립통계청(ONS)도 주관적 웰빙의 측정을 위한 정서적 질문에서 2개의 정서적 경험 즉 '어제의 행복'과 '어제의 근심'에 대해서만 묻고 있다.〕

행복감(Happiness)

우리는 〈그림 8.5a〉에서 세계 전역에서 행복감이 대체로 젊은 여성에게서 높게 나타난다는 것을 알 수 있는데, 그 주요 지역적 원천은 남동아시아(+2%), 동아시아(+1%), 중동과 동아프리카(+1%) 지역의 국가들이다. 일반적으로 어제 행복감을 경험했다고 보고한 비율은 남성과 여성이 거의 같다. 하지만 여성 우위(+0.5%)의 작지만 통계적으로 유의미한 간격도 존재한다. 여성이 현저히 적은 빈도의 행복 경험을 보고한 지역도 있는데, 서유럽(-1%)과 라틴 아메리카(-3%) 지역들이 이에 해당한다. 또 하나 언급할 만한 가치가 있는 간극은 연령(남녀가 결합된)에 따라 지역 간에 나타나는 행복감 차이의 추세이다. 다른 정서 경험들도 마찬가지지만, 행복감의 경험은 나이가 들어감에 따라 CIS(독립국가연합)와 동유럽에서 가장 큰 하강추세를 보인다.[13] 4개 지역들(서유럽, 라틴 아메리카, 동아시아, 남동아시아)

---

[13] 우리는 또한 〈그림 7.9〉를 통해 다음의 사실도 지적하고자 한다. 즉 CIS+CEE 지역의 국가들에서는 건강문제를 보고하는 빈도가 높게 나타나고 있으며, 또한 나이가 들어감에 따라 그 빈도

〈그림 8.5.a〉 행복감: 성별 및 지역별 평균값들

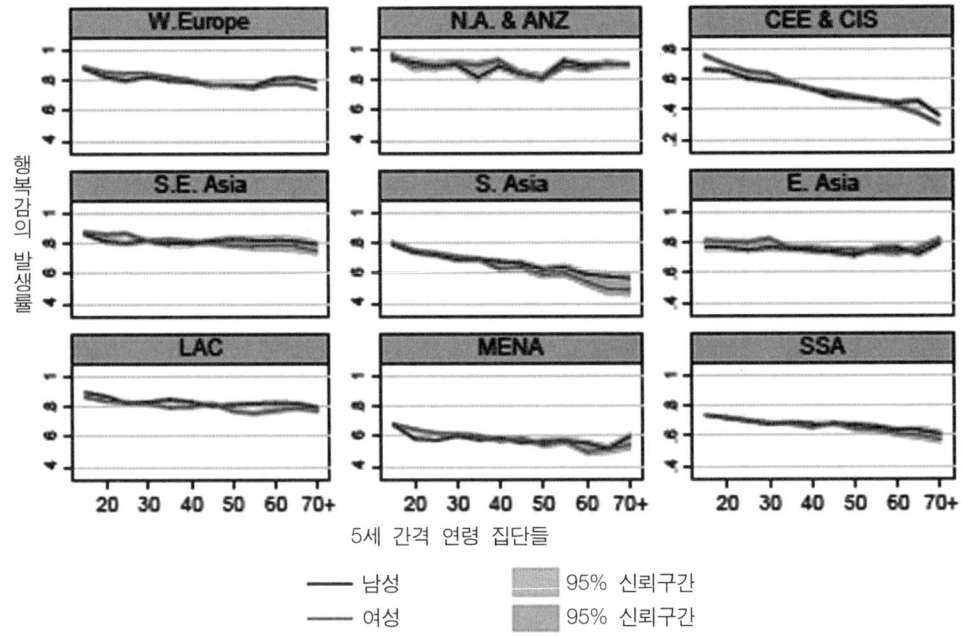

주: 각국의 총인구수에 따라 가중치 부여

에서는 어제의 행복감 발생률이 남녀 공히 높게(약 80%) 나타났으며, 연령에 따른 차이는 거의 없었다. 남아시아의 경우 행복감의 발생률이 젊은 연령 집단의 경우에는 마찬가지로 80%를 기록했으나, 나이가 듦에 따라 계속 하강해서 최고령 집단에 이르면 60%에 머물렀다. 사하라 이남의 아프리카도 이와 유사한데 단지 출발점부터 약간 낮게 시작하고 있다. NANZ 지역의 국가들은 가장 높은 발생률을 보고하고 있는데, 전체적으로 연령 집단의 양쪽 비율이 높아 완만한 U자형을 보여주고 있다. 그리고 일부 지역에서는 최고령 집단에서 작지만 유의미한 정도로 남성 우위의 간격을 보이기도 한다.

(2) 부정적 정서 경험들

가 빠르게 증가하고 있다.

〈그림 8.6〉 세계 수준: 성별 및 5세 간격 연령 집단들에 따른 부정적 경험들

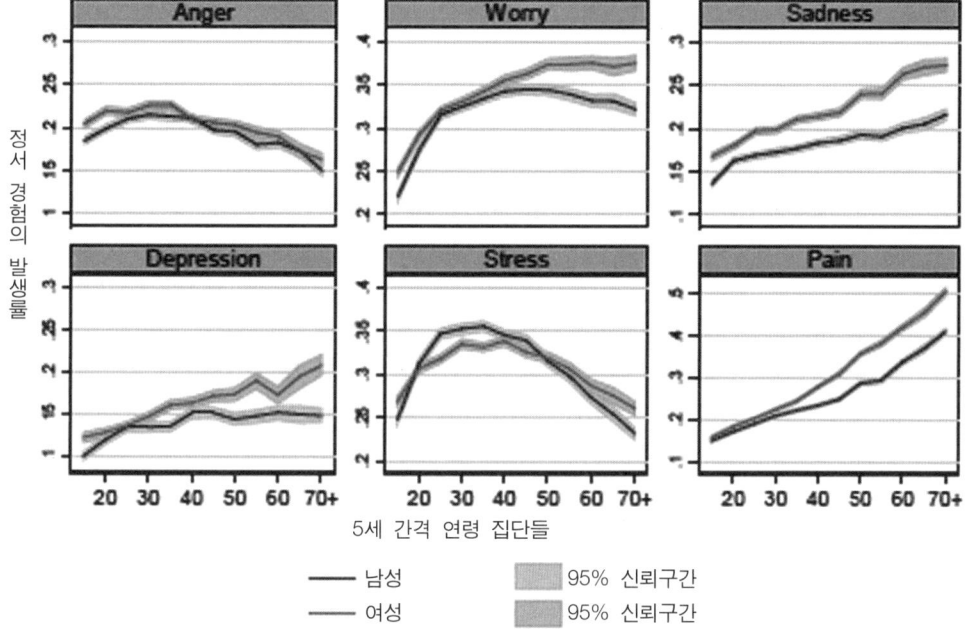

주: 지역별 인구비중을 감안한 지역별 평균값의 평균치

6개의 긍정적 경험과 6개의 부정적 경험의 세계 평균값을 비교하는데 우선 지적할 필요가 있는 것은, 〈그림 8.4〉와 〈그림 8.6〉이 보여주듯이, 부정적 정서 경험들보다 긍정적 정서 경험들이 훨씬 더 흔하며 일상적이라는 것이다. 긍정적 정서 경험들의 평균값은 47%와 74% 사이에 위치하며, 대부분이 상한선에 근접해 있다. 이에 반해 부정적 정서 경험들의 평균값은 14%와 32%의 범위에 걸쳐있으며, 그 대부분이 25% 이하에 놓여있다. 근심(31.5%)과 스트레스(30%)가 부정적 정서 경험 중 가장 널리 퍼져있으며, 우울(14%)과 슬픔(19.5%), 분노(20%)가 덜 일상적이었다.

분노를 제외한 모든 부정적 정서 경험에서, 최소한 몇몇 연령 집단에서는, 유의미한 성별 차이가 목격된다. 이제부터 우리는 남녀 집단 사이에, 그리고 연령 집

단들과 지역들 사이에 나타나는 차이점들에 대해 각 정서 경험별로 차례로 고찰할 것이며, 따라서 〈그림 8.6〉과 〈그림 8.7〉을 함께 활용할 것이다. 〔역자 주: 앞에서도 언급했듯이, 여기서는 6개의 부정적 정서 경험 중 '근심' 하나만을 살펴볼 것이다.〕

근심(Worry)

분노는 대체로 양성 간에 중립적이고, 비교적 낮게 나타나며, 나이가 들어감에 따라 하락하는 경향이 있지만, 여성에게 근심은 분노보다 빈번하게 나타나며, 나이가 들어감에 따라 증가하는 경향이 있다. 즉 〈그림 8.6〉이 보여주듯이, 젊은 여성의 경우 25% 수준이지만 최고령 집단의 경우 37%로 증가한다. 남성도 중년까지는 여성과 비슷한 수준을 유지하지만 그 이후 낮아져 최고령 집단의 경우 여성보다 5%나 더 낮은 수준을 보인다.

〈그림 8.7b〉는 젠더와 나이에 따라 지역별로 매우 다른 수준과 패턴이 나타나고 있음을 보여준다. 독립국가연합(CIS)과 중동부 유럽(CEE)의 경우, 근심은 청년들에게 매우 낮게 나타나지만, 나이가 들어감에 따라 급격히 상승한다. 즉 청년들의 경우 약 10% 수준이지만, 최고령 여성의 경우 거의 45%에 이르며, 최고령 남자들의 경우도 35%에 이른다. 남아시아의 경우에도 나이가 들어감에 따라 근심의 수준은 꾸준히 상승한다. 즉 최저령 집단은 약 20% 수준이지만, 최고령 집단은 40% 수준이며, 남녀 모두 비슷한 빈도를 보이고, 연령에 따른 패턴도 흡사하다. 사하라 이남 아프리카의 경우에도 이와 유사한 경향을 보이지만 그 양태가 남아시아보다는 덜 현저하게 나타나고 있다. 동아시아의 경우, 근심의 비율은 모든 지역 중에서도 가장 낮게 나타난다. 그리고 이러한 현상은 남녀 구별 없이 공히 나타나며, 연령 집단 간의 변이도 가장 적게 나타나고 있다.

〈그림 8.7b〉 근심: 성별 및 지역별 평균값들

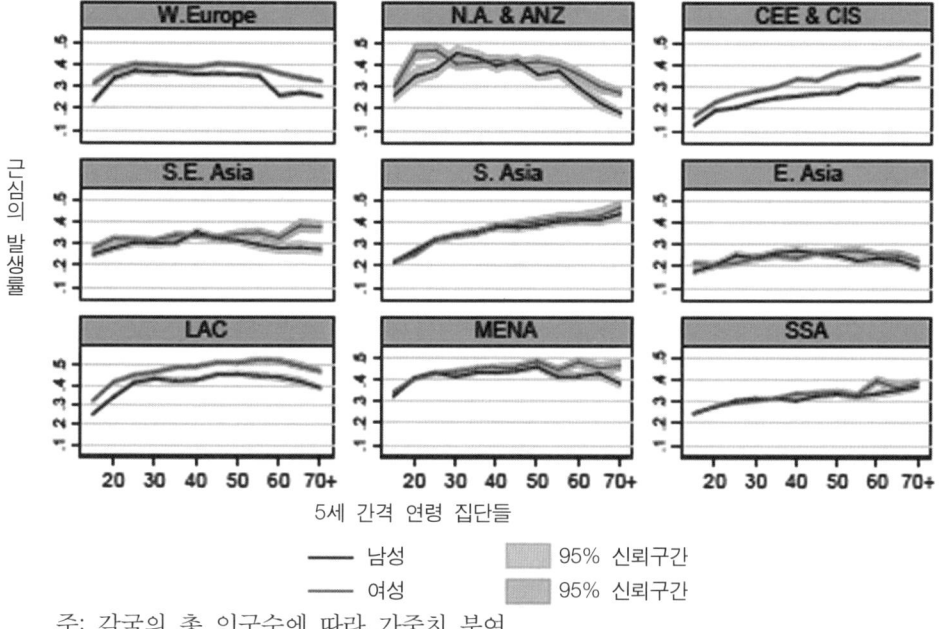

4. 6개 핵심 변수들의 젠더 간 차이 및 연령 간 차이

〈그림 8.8〉은 젠더와 연령 집단에 따라 나뉘는 6개 변수들 각각의 세계 평균값을 보여준다. 이 6개 변수는 삶의 평가에서의 국제적 차이를 설명하기 위해 우리가 7장에서 활용한 바 있는 것들이다. 4개의 변수 — 사회적 지원, 관대성, 부패, 자유 — 를 위해 우리는 개인 수준의 데이터를 가지고 있는데, 이 데이터는 7장에서 국가별 평균값을 구하는데 토대로 사용했던 것이다. 다른 두 개의 변수 — 일인당 GDP와 건강 기대수명 — 의 경우 딱 들어맞는 데이터를 구할 수는 없었다. 그래서 우리는 일인당 GDP를 대신해 가계소득에 관한 데이터를 활용했으며, 건강 기대수명을 위해서는 '건강 문제'(health problems)의 빈도에 관한 갤럽월드폴(GWP)의 데이터를 활용했다.

〈그림 8.8〉 세계 수준: 성별 및 5세 간격 연령 집단들에 따른 설명

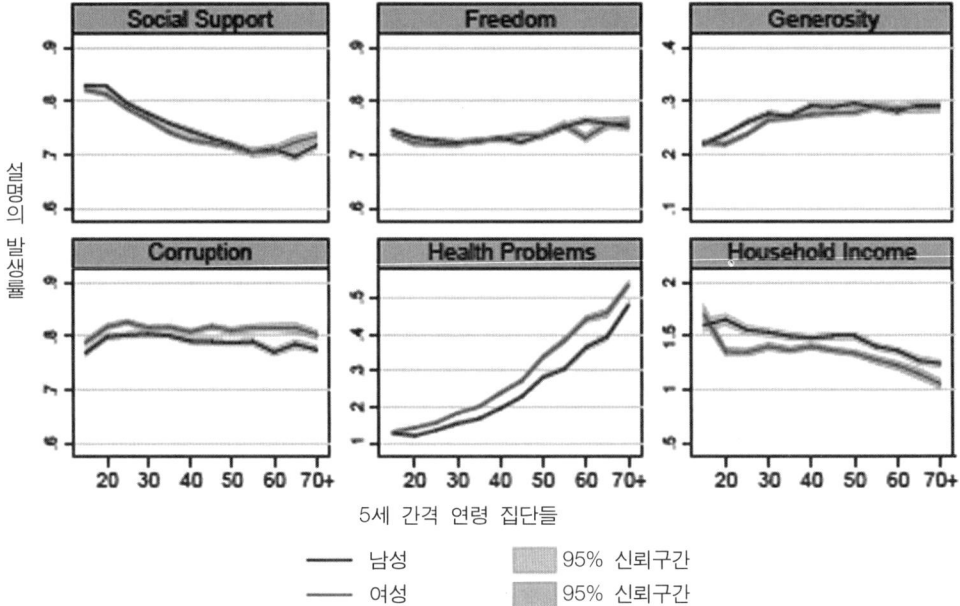

주: 지역별 인구비중을 감안한 지역별 평균값의 평균치(가구 소득 1만 달러의 경우)

〈그림 8.8〉의 세계 데이터를 보면, 젠더와 나이에 따른 가장 큰 차이는 '건강 문제'와 관련된다. 즉 최고령 집단은 최저령 집단에 비해 발생비율이 거의 4배(50% vs 13%)에 이른다. 그리고 젊은 남성과 여성의 발생비율은 비슷하게 출발하지만, 그 이후 나이가 들어갈수록 여성에서 더 빠르게 증가한다.

'사회적 지원'(의지할만한 사람을 가짐)과 '자유'(삶 선택에서의 자유)는 공히 발생비율이 높다. 즉 두 경우 모두 발생비율이 거의 75%에 이른다. 그렇지만 사회적 지원은 나이가 들어감에 따라 양성 모두 하강 추세를 보이며, 삶의 후반부에서 회복되지만 그 정도는 남성보다는 여성에서 더 크게 나타난다. 55세 이하의 남성은 여성에 비해 낮지만 그 이후의 나이에서는 상황이 역전된다. 한편 자유는 양성 모두 같은 수준을 보이며 조금씩 상승하는 추세를 보여준다. 즉 젊은 집단에서 평균 빈도는 70% 초반대에 머물지만, 나이든 집단에서는 이보다 2~3% 정도 높은

수준을 보인다.

기부 빈도로 측정되는 '관대성'은 남녀 공히 상승추세를 보인다. 즉 기부 비율이 젊은이의 경우 20%를 보이지만 최고령 집단은 30%에 이르며, 전체를 평균하면 26% 수준이다. 50세 이하에서는 여성이 남성에 비해 덜 기부하지만, 이후에는 더 기부하는 경향이 있다.[14]

세계의 81%에 이르는 대부분의 사람들은 정치와 경제 부문의 '부패'가 그들의 국가에 문제를 야기한다고 생각한다. 나이든 집단일수록 그 비율이 약간씩 증대하는 증거도 보이며, 부패 인식이 여성들에게 약간이나마 좀 더 널리 퍼져있다.

마지막으로, '가계소득'의 세계 분포상황을 보면, 50세 무렵의 응답자들이 혹처럼 불쑥 솟아오른 형태를 보고하고 있는데, 이는 선진국에서 전형적으로 나타나는 모습이다. 하지만 개발 국가의 응답자들은 이보다 젊은 집단들에서 상대적으로 높은 가계소득의 성장을 보고하고 있으며, 또한 남성 응답자들이 늦은 중년기까지 여성들에 비해 좀 더 높은 가계소득을 보고하고 있다.

〈그림 8.9〉는 세계의 9개 지역 각각에서 나타나는 6개 변수 평균값의 지역별 분포상황을 보여준다. 〔* 이 한글판 보고서에서는 삶의 평가에 가장 중요한 영향을 미치는 변수이자 지역별로 큰 편차를 보이기도 하는 두 변수인 '사회적 지원'과 '가계소득'에 대한 분석만을 소개하기로 함. 나머지 네 변수에 대한 분석은 영문 보고서 원본을 참조하기 바람.〕

---

14 〈그림 8.8〉과 〈그림 8.9〉에 나오는 '관대성'에 관한 데이터는 실제 보고된 기부 회수를 반영한다. 그 두 그림이 모두 개인의 응답들로부터 구축되었기 때문이다. 〈표 7.1〉의 집계자료 분석과 〈그림 7.3〉의 분해분석에서 '관대성' 변수는 일인당 GDP의 평균 수준에 맞게 조정되었다. 이로 인해서 일인당 GDP가 관대성에 미치는 전체적인 효과는 '소득' 변수에 따라 달라진다.

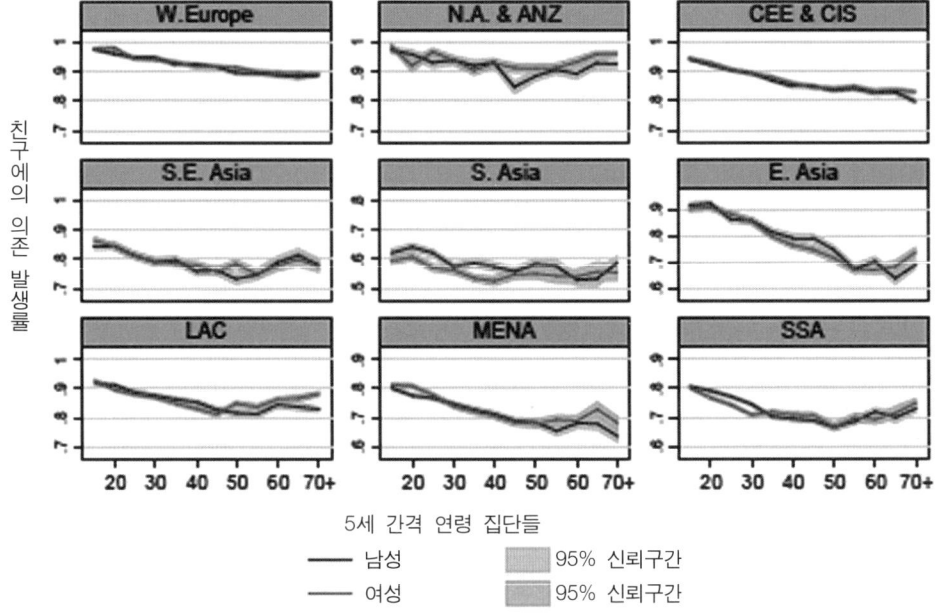

〈그림 8.9a〉 사회적 지원: 성별 및 지역별 평균값들

주: 각국의 총 인구수에 따라 가중치 부여

사회적 지원(Social Support)

사회적 지원은, 〈그림 8.9a〉가 보여주듯이, 서유럽과 NANZ 지역에서 가장 높게 나타난다. 즉 서유럽의 경우 남녀 공히 평균 92%를 보이며, NANZ 지역은 남자는 94%, 여성은 92%를 보여준다. 세계 모든 지역에서 남녀는 거의 같은 정도의 사회적 지원을 보고하고 있지만, 나이가 들어갈수록 남성이 여성에 비해 더 큰 하강추세를 보인다. 남성과 여성이 동등한 수준을 보이는 서유럽 지역에서도 역시 남성과 여성 공히 꾸준한 하강 추세를 보이는데, 20세 때 97%이던 것이 70세 이상이 되면 90%로 감소한다. NANZ 지역에서는 남녀 공히 40세와 50세 즈음을 저점으로 하는 U자형을 이루는 증거가 어렴풋이 목격된다. 독립국가연합과 동유럽 지역은 나이가 들어감에 따라 꾸준한 하강 추세를 보이며, 남녀가 대체로 같은 수준을 보인다. 즉 20대에는 95%를 보이지만 그 이후 하강해서 최고령 집단의 경우

<그림 8.9f> 가계 소득: 성별 및 지역별 평균값들

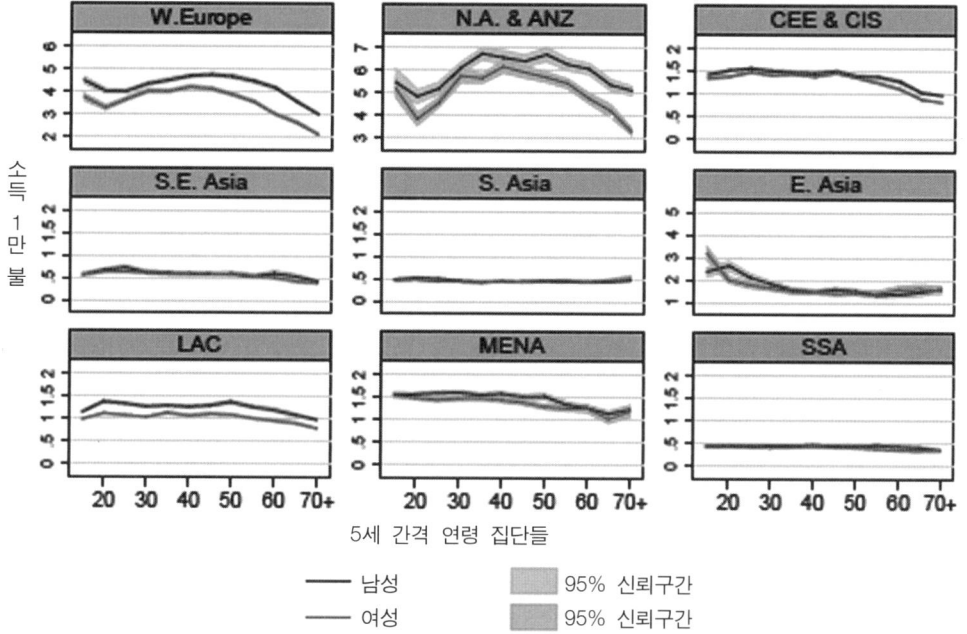

주: 국가별 전체 인구수에 따라 가중치가 부여됨

남성은 80% 수준을 보이고 여성은 이보다 약간 높은 정도이다. 사회적 지원은 아시아의 3지역 모두에서 U자형을 보여준다. 그 중 평균수준은 동아시아 지역이 가장 높으며, 그 뒤를 남동아시아와 남아시아가 따르고 있는데, 남아시아는 모든 지역 중에서도 가장 낮은 평균치(58%)를 보이는 지역이기도 하다. 반면에 동아시아는 가장 큰 하락 추세를 보이는 지역이다. 즉 20대는 90% 수준이지만 60대는 70%로 하락한다. 하지만 그 이후에는 상승하는데 특히 여성의 경우가 그러하다. 라틴 아메리카는 최고 수준(87%)을 보여주며 역시 U자형을 이룬다. 여기서는 남녀 공히 90%에서 출발해 50세에 80% 정도의 저점에 도달한다. 그 이후는 더욱 상승하는데 특히 여성의 상승폭이 더 크다. MENA와 사하라 이남 아프리카도 이와 다소 유사한 패턴을 따른다. 하지만 좀 더 낮은 수준에서 출발하는데, 가장 젊은 집단의 경우 약 70% 수준밖에 안 된다.

가계 소득(Household Income)

〈그림 8.9f〉에 따르면, 6개 핵심변수들 중에서 '가계소득'(구매력 상당의 관점에서 측정된)이 지역 간에 가장 큰 차이를 보이는데, 이에 대해서는 이미 7장에서 지적한 바 있다. 가계소득의 연평균은 서유럽과 NANZ 지역은 4만 불이 넘으며, MENA와 독립국가연합/동부 유럽, 동아시아 지역이 만오천 불이며, 라틴 아메리카는 이보다 약간 적다. 그리고 남아시아, 남동아시아와 사하라 이남 아프리카는 약 오천 불 수준에 머물고 있다. 한편 국가 수준에서 일인당 소득의 차이를 살펴본다면, 그 차이는 일반적으로 지역 수준의 가계소득의 차이에 비해 훨씬 커진다.

5. 코호트 효과(Cohort Effects)

이 섹션에서는, 성별 및 연령별 행복 측정을 통해 확인한 우리의 전반적 증거가 코호트 집단들에서의 성장 경험에 실제로 부합하는지를 살펴보기 위한 예비적 작업을 시도하려 한다. 이를 위해 우리는 갤럽월드폴(GWP)의 데이터를 활용했는데, 이 데이터는 갤럽월드폴에 의해 완전한 또는 거의 완전한 조사 대상이 되었던 99개 국가들에 한정된 것이다. 이를 토대로 우리는 10세 단위로 일련의 출생 코호트들을 설정해서 7개의 종합적 코호트를 구축했는데, 이 7개의 종합적 출생 코호트는 1932년 또는 그 이전에 출생한 사람들로부터 시작해서 1983년과 1992년 사이에 출생한 사람들로 마감된다. 그렇게 해서 우리는 각각의 종합적 코호트들에 대한 사다리 평균 점수 조사의 역사를 구성하고자 한다. 〈그림 8.10〉은 세계의 9개 지역 각각에 대한 코호트 분석을 보여준다. 이처럼 세계 수준의 코호트 분석 대신에 지역 수준의 코호트 분석만을 제시한 이유는 코호트 특유의 영향력들이 세계 수준보다는 지역 수준에서 더 잘 나타날 것이기 때문이다. 애석하게도 출생 코호트에 대한 우리의 표본들이 성별로도 나뉘기에는 여전히 너무 적다. 하지만 우리

〈그림 8.10〉 캔트릴 사다리: 출생 코호트의 지역별 추세

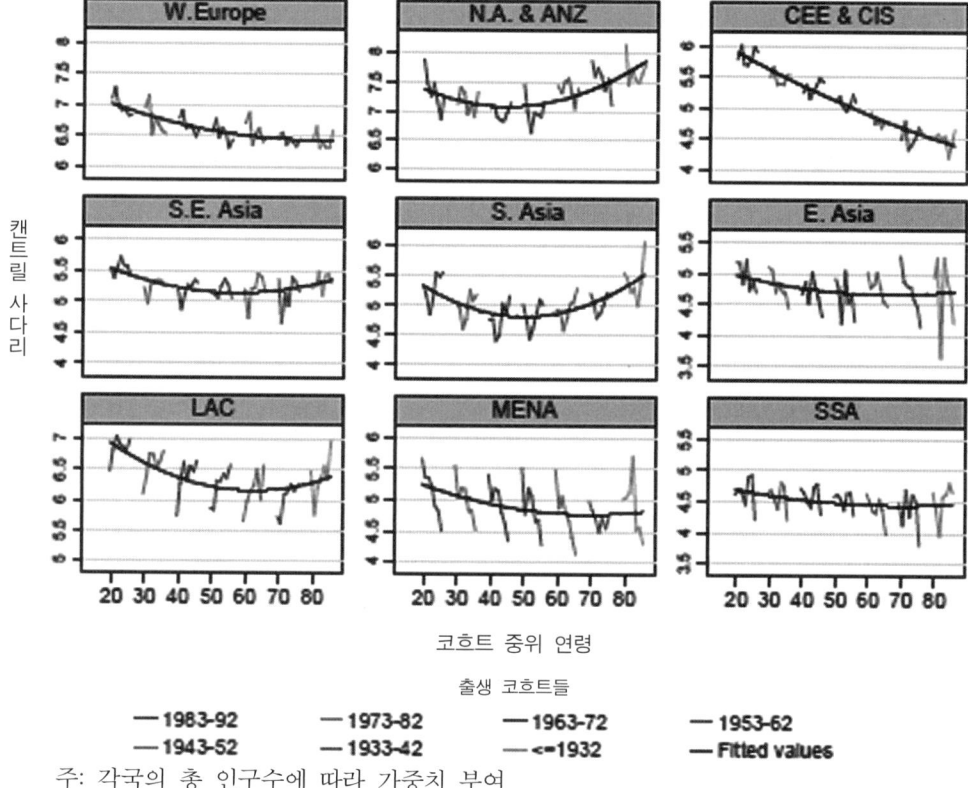

주: 각국의 총 인구수에 따라 가중치 부여

는 지역적 수준의 젠더 분석과 함께 세계적 수준의 몇몇 젠더 분석에 대해서도 보고할 것이다.

〈그림 8.10〉의 코호트 효과 분석을 통해, 우리는 3가지 종류의 사항을 새로이 파악할 수 있게 되었다. 첫째로, 우리는 각 10세 단위의 출생 코호트에서 그들의 삶의 평가 평균값이 2007년에서부터 2013년에 걸쳐 조사의 횟수가 늘어남에 따라 어떻게 변화하는지를 알 수 있다.[15] 둘째로, 우리는 삶의 평가들의 수준 및 변화가

---

15 우리는 빠진 조사년도를 채우기 위해 보간법(interpolation)을 사용했다. 조사의 횟수가 거듭되어도 조사 대상 국가의 일관성을 확보할 수 있도록 하기 위함이다.

출생 시기에 따라 얼마나 차이가 나는지를 파악할 수 있다. 셋째로, 우리는 삶의 평가에 미친 세계경기 침체의 효과들이 지역과 연령에 따라 어떻게 다른지를 파악할 수 있다.

〈그림 8.10〉의 첫째 패널은 서유럽에 거주하는 갤럽월드폴(GWP) 응답자들의 7개 연령 코호트들에 대한 2007~2013 기간의 삶의 평가들이다. 코호트 집단들 모두에게 경제위기가 최대로 효과를 발휘한 시기는 2008년과 2009년 사이에 위치한다. 그리고 그 효과는 직장 경력을 시작하거나 끝내던 사람들에게 최대로 작용했다. 2009년 이후의 삶의 평가 회복은 모든 코호트 집단들 — 아마도 최고령 집단은 예외일지도 모르지만 — 에게 매우 느리게 진행되었거나, 아예 진행되지도 않았다. 7장에서 이미 살펴보았듯이, 서유럽 지역 내의 국가들은 매우 다양한 경험을 하였는데, 그 중 3국가인 그리스, 이탈리아, 스페인은 2005~2007 기간과 2012~2013 기간 사이에 삶의 평가 점수가 가장 크게 하락한 바 있다. 그러나 같은 유럽 지역에 속하지만 2012~2014 기간에 사다리 수준이 완전히 회복된 국가들도 존재한다. 그래서 유럽 국가들 내의 거의 모든 코호트 집단들이 삶의 평가 점수의 하락을 경험했지만, 그렇더라도 각 코호트 집단의 사람들은 각기 매우 색다른 경험을 겪었다.

NANZ 그룹의 국가들은, 인구수에 따라 가중치가 부여된 관계로 주로 미국을 대변하는 것이지만, 연령 집단들의 삶의 평가가 현저한 U자형을 보여준다. 가장 젊은 코호트 집단은 시간이 흐름에 따라 하락을 경험한 것으로 보이는데, 70대 집단의 경우도 이와 다를 바 없었다. 다른 코호트 대부분은 평균적으로 볼 때 처음 3년 동안은 하락했지만, 이후에는 출발값을 다시 회복했다.

독립국가연합(CIS)과 동유럽의 국가들은 다소 색다른 경험을 겪었다. 즉 모든 코호트에게 경제 위기가 작은 영향만을 끼쳤다. 그러나 나이든 코호트들의 삶의 평가 수준 및 추세가 더 악화되었는데, 아마도 이들이 체제 전환기 동안 새로운 기회를 얻기보다는 잃었을 가능성이 컸기 때문일 것이다. 연령 집단에 따른 사다리 점수의 하락은 가파르게 진행되어, 최저령 코호트의 삶의 평가 점수가 약 5.8점이었으나 최고령 코호트는 4.5점에 그쳤다. 2007년 이후 4개의 고연령 집단보다 3개의 저연령 집단들의 회복 비율이 더 컸던 관계로 하락 정도가 더 가파르게 진행되었을 것이다.

남동아시아에서는 2007년과 2008년 사이에 최고령 집단을 제외한 모든 집단에서 사다리 점수가 급격한 하락을 보였다. 하지만, 이후 모든 코호트에서 상승했는데 특히 3개의 저연령 집단에서 그러했다. 코호트들 전체를 볼 때는 완만한 U자형 모습을 보여준다. 즉 최저령 집단과 최고령 집단에서 삶의 평가 점수가 가장 높게 나온다.

남아시아는 코호트들 간에 매우 평평한 경사도를 보여준다. 그리고 2007년에서 20013년 사이에 각 코호트 집단들의 사다리 점수는 실질적인 하락을 보였는데, 그 하락폭은 코호트 집단 간에 다소 불균등했다.

동아시아의 코호트들은 2007년과 2009년 사이에 모두 하락을 경험했지만, 그 이후 증가해서 20013년에는 2007년 수준을 넘어섰다. 전체적으로 볼 때, 코호트 집단들이 U자형을 이루는데, 그 모습이 아시아의 다른 지역에 비해 가장 현저한 U자형을 이룬다.

라틴 아메리카와 카리브해 국가들은 매우 다른 그림을 보여준다. 즉 모든 코호트들이 2007~2013 기간에 사다리 점수의 실질적인 증가를 경험했다. 그 중 가장 젊은 세 코호트들이 가장 큰 증가를 보였다. 즉 평균 점수가 2007~2009 기간에 10점 척도에서 0.5점 이상이나 상승했다. 이 시기는 경제 위기로 인해 서유럽과 여타 지역에서 큰 웰빙 손실을 경험한 기간이다.

중동과 북아프리카의 그림은 라틴 아메리카와 반대 모습을 보여준다. 2007~2013 기간에 이 지역의 코호트들은 모두 실질적인 손실을 경험했다. 이러한 하락의 선두 주자는 이집트였다. 7장에서 살펴보았듯이, 2005~2007 기간과 2012~2014 기간 사이에 그리스(-1.47)를 제외하면 이집트(-1.2)가 가장 큰 삶의 평가 하락을 경험했다. 그런데 중동과 북아프리카의 하락 중 일부는 조사 방식의 변화 때문이기도 하다. 즉 아랍 국가들에서 갤럽월드폴(GWP)은 애초에 아랍계 주민만을 조사 대상으로 했지만, 2003년부터는 모든 거주민들을 조사 대상으로 하고 있다. 이렇게 변화된 조사 방식은 다수의 원정노동자들로 인해 삶의 평가 평균값을 떨어뜨리는 경향이 있다. 원정 노동자들은, 예컨대 인도인 노동자들은, 비록 그들이 본토인들에 비해 높은 삶의 평가 점수를 보이지만 아랍계 현지인들에 비해서는 더 낮은 점수를 보이기 때문이다. 여하튼 코호트들을 전체적으로 볼 때, 경사도는 꽤나 평평한 모습을 보여준다.

사하라 이남의 아프리카 역시 코호트들 간의 경사도는 매우 평평하지만, 각 코호트 내의 변화가 거의 없다는 점에서 중동과 북아프리카 지역과는 구별된다. 전반적으로 완만한 상승세가 목격되지만 2013년에는 다시 하락했다.

유의미한 성별 차이를 발견하기에는 코호트를 기준으로 하는 지역별 데이터 표본들이 너무 적은 것이 사실이다. 하지만 성별로 구분된 지역별 코호트들을 모두 종합해 보면 다음의 사실들을 발견할 수 있다. 즉 최저 연령의 코호트 집단에서는 남녀 집단이 모두 같은 경로를 겪는다. 그러나 풀타임 직업을 남자가 여자에 비해 더 많이 갖게 되는 25세를 넘어서면, 이후의 세 코호트들 내부에, 그리고 세 코호트들 사이에도 남성 우위의 사다리 점수 간격이 증대하는 증거가 다수 목격된다. 그렇지만 1942년 이전에 태어난 바 있는 최고 연령의 두 코호트 집단에서는 남녀 간격이 줄어든다. 그래서 남성과 여성의 사다리 점수를 각각 연령 코호트 집단별로 계산해 두 선으로 나타내자면, 이 두 선이 양 편의 연령대에서 서로 만나는 경향이 있다.

6. 일터에서의 양성 격차

전 세계를 통틀어 양성 간에 가장 현저한 차이를 보이는 영역은 노동참여 영역이다. 즉 노동시장에의 참여비율이 여성은 55%인 반면 남성은 82%에 이른다. 전통적인 젠더 역할은 여성의 경우 아이 양육이나 여타 가정 생산 영역에 한정된 반면, 남성에게는 생산 활동이나 시장에서의 거래 활동 참여가 당연시되었다. 그리고 연구 결과에 따르면, 젠더 역할에 따른 태도와 여성의 노동참여는 서로 밀접한 연관이 있다고 한다.[16] 일부 연구자들은 다음과 같이 주장하기도 한다. 즉 젠더에 따른 노동의 구분은 그 기원이 농업생산 시대의 쟁기 도입에까지 거슬러 올라갈 수 있다는 것이다.[17] 쟁기는 강한 상체의 힘을 필요로 하며, 이는 전형적으로 남성에게만 해당된다. 그리고 토지 조건이 적합할 경우에만 여성에게 권한이 위임되었으며, 그 결과 여성의 역할이 국가에 따라 차별적인 모습을 갖게 되었다고 한다. 하지만 여성에게 교육기회가 확대되고 젠더 역할에 따른 태도도 변화하면서 과거에 남성의 특권이었던 전문직에의 접근이 여성에게도 허용되었다. 이러한 추세에 따라 여성들의 삶이 좀 더 흥미로워졌으며 재정적으로 더욱 풍족해졌다. 따라서 여성들은 자신이 타인이나 사회에 더욱 유용한 존재라는 인식을 갖게 되었다.[18] 그러나 〈그림 8.4〉가 보여주듯이, 흥미로운 어떤 것을 배우고 행할 수 있는 가능성은 아직도 일반적으로 남성에게 더 열려있는 것이 사실이다.

---

[16] Fortin(2005) 참조.
[17] Alesina et al.(2013) 참조.
[18] Fortin(2005) 참조.

한편, 시장에서의 작업은 경쟁으로 인한 압력을 가중시켰으며, 스트레스와 근심을 증대시켰다. 실제로, 〈그림 8.7〉이 보여주듯이, 스트레스의 발생 빈도는 노동연령에 속한 남녀 모두에게 더욱 높아졌다. 게다가, 일부 여성들은 작업장에서 성차별을 경험하거나 성희롱을 당하기도 한다. 일부 연구자들은 1970년대부터 2000년대 중반까지 미국에서 나타나는 행복도의 변화를 조사했는데, 이 기간은 여성의 노동참여가 실질적으로 증가한 시기이다. 그런데 그들은 이 시기에 행복에 있어서 여성의 이점이 역전되는 것을 발견했으며, 따라서 이를 역설적인 현상이라고 주장한 바 있다.[19] 그러나 많은 직업들이 불균등한 보상을 제공한다는 사실을 전제로 해서 다음과 같은 판단을 내리는 일이 가능할 수 있을 것이다. 즉 현재 시장경제에 참여하고 있는 많은 여성들이 전업주부가 되기를 선택한 여성들에 비해, 삶의 평가를 설명해주는 6개의 핵심 변수들의 관점에서 볼 때, 전반적으로 더 높은 삶의 질을 경험하지 못하고 있다는 것이다. 이러한 판단은, 평범한 '일자리'(jobs)보다는 전문 '경력직'(careers)에 진입할 가능성이 큰 고등교육을 받은 여성들을 제외한다면, 우리의 증거에 부합하는 것으로 보인다.

여기서 우리는, 여성의 노동참여 현황을 탐색하기 위해, 2010년을 중심으로 한 10년여 기간에 걸친 국가별 차이점들을 간략히 고찰하고자 한다. 갤럽 조사에서는 2010년 이전의 노동시장 참여에 관한 질문이 포함되지 않은 관계로, 우리는 세계은행(World Bank)으로부터 여성의 노동시장 참여에 대한 국가 수준의 연례 데이터를 활용했다. 〈그림 8.11〉은 여성의 노동참여에 대한 국가 수준의 산포도이다. 이 산포도는 여성의 노동참여 비율과 사다리 평균값의 상관관계를 도표로 나타낸 것인데, 여기서 노동참여와 캔트릴 사다리의 두 변수는 모두 10년치를 평균한 것이다. 그리고 갤럽 조사를 토대로 계산된 평균 교육 수준은 여성의 교육혜택을 5분위로 나누어 각각 진한 적색(저수준 교육)부터 진한 청색(고수준 교육)에

---

[19] Stevenson & Wolfers(2009) 참조. 이들 역시 서유럽에서 유사한 역전 현상을 발견다.

이르기까지 별개의 색으로 칠해져 있다.[20] 확실한 형태는 아니지만, 여기서 우리는 U자형의 패턴이 나타나는 것을 식별해낼 수 있다. 그리고 교육수준이 낮은 여성 중 더 많은 노동에 참여한 여성이 더 낮은 주관적 웰빙 수준과 연관되어 있으며, 그 반면에 교육 수준이 높은 여성에게서는 그 역이 진실이라는 것도 알 수 있다.[21] 중간 수준의 교육을 받은 여성의 경우에는 노동참여와 캔트릴 사다리 사이에 거의 어떤 연관관계도 나타나지 않는다. 이러한 U자형 패턴은 기혼 여성의 노동참여에서 나타나는 U자형 패턴과 매우 유사한데, 기혼 여성의 U자형 패턴은 경제발전의 과정을 통해, 그리고 선진 국가들의 역사를 통해, 이전에 이미 발견된 사실이다.[22] 이러한 사실을 밝혀낸 저자들은 또한 교육의 역할, 특히 중등 교육의 역할을 강조한다. 중등 교육은 여성들로 하여금 육체노동보다 사회적 낙인이 적은 정신노동에 진입할 수 있는 기회를 허용한다는 것이다. 캔트릴 사다리 수준이 발전 수준을 반영한다는 사실을 발견한 것은 흥미로운 일이 아닐 수 없다.

7. 요약 및 결론

첫 번째 요점이자 가장 명확한 요점은 다음과 같다. 즉 젠더와 나이에 따른 사

---

[20] 각 국가의 평균 교육연한의 근사치를 구하기 위해, 중등 교육(갤럽조사에서 12배를 곱하는 것으로 코드화된)을 받은 여성들의 비율에 대학 교육(갤럽조사에서 16배를 곱하는 것으로 코드화된)을 받은 여성들의 비율을 더했으며, 이렇게 나온 수치를 5분위로 나누었다.

[21] 우리는 다음과 같은 사실을 지적코자 한다. 즉 국가/년도 수준에서 여성의 노동참여와 캔트릴 사다리 사이에서 나타나는 그러한 2차 관계는 국가 변수와 연도 변수를 고정시킨 고정효과 모형에 근거한 것이다. 이 모형에서 우리는 10개의 긍정적 정서 경험들과 10개의 부정적 정서 경험들, 그리고 가계소득을 제외한 4개의 설명변수들을 통제했다. 게다가 이러한 2차 함수 형태는 남성의 캔트릴 사다리 위치를 종속변수로 삼을 때에도 마찬가지로 나타난다.

[22] Goldin(1995) 참조.

* 역자 주: 원 보고서의 내용이 이 번역판 보고서에서 일부 생략된 관계로 생략된 부분의 각주 14), 15), 16), 17), 18), 19), 21)도 생략되었음을 알려드립니다.

다리 평균 점수의 차이는 국가 간의 차이에 비해, 그리고 심지어 한 국가나 지역 내의 최고 집단과 최하 집단 간의 차이에 비해서도 매우 작다는 것이다. 최상위 10개 국가와 최하위 10개 국가 간의 사다리 평균 점수 차이는 4점인데, 이는 젠더 간격의 50배나 되는 수치이며, 최고로 행복한 연령 집단과 최저로 행복한 연령집단 간 차이의 7배나 되는 수치이다.

두 번째로 우리가 발견한 요점은 다음과 같다. 즉 세계 수준에서 삶의 평가와 정서적 경험의 평균값들이 젠더와 나이에 따라 차이를 보이는 것은 사실이지만, 그렇다고 해서 세계 각 지역에서 나타나는 패턴들의 현저한 다양성을 놓쳐서는 안 된다는 것이다. 예컨대 나이에 따른 삶의 평가의 수준들은 지역에 따라 실질적 차이를 갖는다. 9개 지역 중 단지 2지역인 동아시아와 NANZ 지역에서만 완전한 U자형(삶의 평가가 중년을 저점으로 하는 모습)을 취한다. 서유럽의 경우에는 남성이, 그리고 남아시아의 경우에는 여성이 유의미한 U자형을 취한다. 그리고 U자형의 왼쪽 편의 모습, 즉 10대 후반부터 40세까지 유의미한 하락을 나타내는 모습은 사하라 이남 아프리카를 제외한 전 지역에서 나타나는 모습이다. 사하라 이남 아프리카는 청년기부터 나이가 들어감에 따라 계속 삶의 평가가 점진적으로 하락하는 형태를 취한다. 이처럼 지역 간에 큰 차이가 있기 때문에, 지역 내 개인들의 삶을 구체적으로 파악하기 위해서는 그 지역의 그래프에 주목해야 한다. 세계 평균 그래프보다는 지역별 그래프가 그 지역민들의 실제 모습을 잘 담고 있기 때문이다.

젠더와 나이 그리고 지역에 따라 나뉘는 6개의 긍정적 정서 경험과 6개의 부정적 정서 경험은 지역들 간에 흥미로운 유사점과 차이점을 보여준다. 어제의 '행복감' 경험은 삶의 평가에 비해 지역별로 훨씬 작은 차이를 보이며, 나이에 따라 점차 하강하는 추세를 보이는데 특히 여성의 경우가 그러하다. '웃음'과 '즐거움' 그리고 '흥미로운 것을 발견하는 일'은 일반적으로 남성과 여성이 유사한 수준을 보이지만 역시 마찬가지로 나이가 들수록 하강하는 추세를 보인다. 이 세 가지 정서 경험들 모두가 NANZ 지역에서는 U자형을 보이지만 다른 지역들은 그렇지 않다. '편안감'의 경우는 모든 지역이 U자형을 보이기는 하지만 그 경향과 추세는 지역별로 다르다. 그리고 모든 지역에서 남성은 여성에 비해 좀 더 높은 수준의 '야간 안전감'을 경험하지만, 그 경험의 양성 간의 간격은 산업화된 국가들에서 가장 크게 나타난다. '야간 안전감'에서 양성 모두 가장 낮은 수준을 보이는 곳은 라틴 아메리카 지역이며, 반면에 가장 높은 수준을 보이는 곳은 동아시아와 서유럽 그리고 NANZ 지역이다.

6개의 부정적 정서는 사뭇 다른 패턴을 보여준다. '분노'는 일반적으로 고령 집단에서 더 낮게 나타나지만 '고통'은 더 높게 나타나는데, 특히 여성의 경우가 그러하다. 성별 고정관념에도 불구하고, '분노'는 어느 지역에서든 남성과 여성이 거의 동등한 수준을 보여준다. '스트레스'는 중년기에 가장 솟아오른 혹의 형태를 보이는데, 여성보다는 남성에게 그 혹의 형태가 이른 시기에 나타난다. '근심'은 전 연령대에서 여성에게 높게 나타나며, 남성의 근심은 나이가 들수록 줄어든다. 그래서 근심 경험에서 나타나는 남성 강세의 젠더 간격은 평균값의 약 5% 정도이지만 최고령 집단에서는 15%로 벌어진다. '우울'은 어느 지역에서든 남성에 비해 여성에게 빈번하게 경험되는데, 특히 더 나이든 집단들에서 그러하다.

삶의 평가에서의 세계적 차이와 변화를 설명하기위해 7장에서 사용했던 6가지의 주요 변수들에 대한 우리의 분석으로 돌아가자면, 우리는 동 시기의 세계적 차이와 추세를 더욱 더 잘 이해하기 위해서 나이와 젠더 그리고 지역에 대해 고찰하는 것이 중요하다는 것을 다시금 발견하게 된다. 일반적으로, 정서 패턴들은 삶의 평가에서의 차이를 설명하기 위해 동원되었던 논리를 확인시켜 준다. 즉 삶의 평가에서 나타났던 사회적 맥락의 중요성은 젠더 집단과 연령 집단을 분석할 때에도 강하게 모습을 드러낸다. 예컨대, 삶의 평가가 나이든 집단에서 좀 더 높게 나타나는 지역들은, 또한 나이든 집단에서('가계소득'은 낮더라도) '사회적 지원', '자유', '관대성'에서 더 높은 수준을 보여주는 지역들이기도 하다. 이 3가지 변수들은 모두 지역에 따라 매우 다른 수준을 보여주며, 또한 연령 집단에 따른 역동성도 보여준다. 이와 대조적으로, '건강 문제'(그리고 어제의 '고통' 경험)의 발생 수준이나 추세는 모든 지역에서 유사한 수준과 경향을 보이고 있다. 건강 문제의 발생 빈도의 양성 간의 차이는 세계 전 지역에서 대체로 유사한데, 이미 살펴보았듯이 이와 유사한 정서 경험인 '고통'과 '우울'의 경우도 그러하다.

코호트 분석을 통해, 우리는 연령과 젠더 집단들에서 보여주었던 폭넓은 패턴들이 모든 코호트들에도 적용될 수 있다고 제안한다. 하나의 예외는 독립국가연합과 동유럽 지역의 특정 코호트들에 해당되는데, 이들은 1989~1990년 당시 중년의 코호트들이거나 이보다 고령의 코호트들이었다. 이후에 출생한 코호트들과 비교할 때, 이들은 그들이 갖게 된 새로운 자유를 활용할 시간과 자원을 갖지 못한 채 물질적 곤경과 축소된 사회적 안전망에 직면해야만 했다.

일반적으로, 젠더와 지역 그리고 연령에 따른 우리의 분석은, 조사 기관에 의해 제기된 질문들이 세계 전역에서 유사한 의미로 이해되는 것으로 가정하며, 또한 지역적 조건들에 따라 응답되고 있다고 가정한다. 물론 주어진 답변들은 문화에 따라 차별성을 갖는데, 이는 행복에 기여하는 기본적 요인들이 차별성을 지니는 것과 마찬가지이다. 실제로 사회적 맥락과 (신뢰를 포함하는) 사회적 자본들은 문화를 정의하는데 자주 활용되는 변수들이며, 또한 문화 간의 차이점들을 평가하는데 자주 활용되는 변수들이다. 따라서 세계 전역에 걸쳐 무엇이 행복한 삶에 기여하는지를 좀 더 잘 이해할 수 있도록 도움을 줄 수 있는 적절한 척도들 중 일부를 우리가 놓치고 있다는 데에는 의문의 여지가 없다. 그러나 우리는 이용가능한 데이터들이 일관성 있는 이야기를 말해주고 있다고 생각하며, 이러한 생각에 추호의 의심도 없다. 물론 이 이야기는 사건들이 전개되고 사회가 변함에 따라 다시 쓰이고 있으며, 또한 다시 씌어져야만 할 것이다. 그 이야기가 좀 더 좋은 내용을 담게 될지, 좀 더 나쁜 내용을 담게 될지는 잘 모르겠지만…

References

Adams, S., Kuebli, J., Boyle, P. A., & Fivush, R. (1995). Gender differences in parent-child conversations about past emotions: A longitudinal investigation. *Sex Roles*, 33(5-6), 309-323.

Alesina, A., Giuliano, P., & Nunn, N. (2013). On the origins of gender roles: Women and the plough. *The Quarterly Journal of Economics*, 128(2), 469-530.

Blanchflower, D. G., & Oswald, A. J. (2008). Is well-being U-shaped over the life cycle? *Social Science & Medicine*, 66(8), 1733-1749.

Brody, L. R., & Hall, J. A. (2008). Gender and emotion in context. In M. Lewis, J. M. Haviland-Jones, & L. Feldman Barrett (Eds.), *Handbook of Emotions* (3rd ed., 395–08). New York: Guilford Press.

Camarena, P. M., Sarigiani, P. A., & Petersen, A. C. (1990). Gender-specific pathways to intimacy in early adolescence. *Journal of Youth and Adolescence*, 19(1), 19-32.

De Neve, J. E., Diener, E., Tay, L., & Xuereb, C. (2013). The objective benefits of subjective well-being. In J. H. Helliwell, R. Layard, & J. Sachs (Eds.), *World happiness report 2013*. New York: Sustainable Development Solutions Network.

Fabes, R. A., & Martin, C. L. (1991). Gender and age stereotypes of emotionality. *Personality and Social Psychology Bulletin*, 17(5), 532-540.

Fillingim, R. B., King, C. D., Ribeiro-Dasilva, M. C., Rahim-Williams, B., & Riley III, J. L. (2009). Sex, gender, and pain: A review of recent clinical and experimental findings. *The Journal of Pain*, 10(5), 447-485.

Fischer, A. (Ed.). (2000). *Gender and emotion: Social psychological perspectives*. Cambridge: Cambridge University Press.

Fivush, R., & Buckner, J. P. (2000). Gender, sadness, and depression: The development of emotional focus through gendered discourse. In A. H. Fischer (Ed.), *Gender and emotion: Social psychological perspectives* (pp. 232-253). New York: Cambridge University Press.

Fortin, N. M. (2005). Gender role attitudes and the labourmarket outcomes of women across OECD countries. *Oxford Review of Economic Policy*, 21(3), 416-438.

Fortin, N. M. (2008). The gender wage gap among young adults in the United States: The importance of money versus people. *Journal of Human Resources*, 43(4), 884-918.

Frijters, P., & Beatton, T. (2012). The mystery of the U-shaped relationship between happiness and age. *Journal of Economic Behavior & Organization*, 82(2), 525-542.

Goldin, C. (1995). The U-shaped female labor force function in economic development and economic history. In T. P. Schultz (Ed.), *Investment in women's human capital* (pp. 61-90). Chicago: University of Chicago Press.

Graham, C., & Chattopadhyay, S. (2013). Gender and wellbeing around the world. *International Journal of Happiness and Development*, 1(2); 212-232.

Kring, A. M. (2000). Gender and anger. In A. H. Fischer (Ed.), *Gender and emotion: Social psychological perspectives* (pp. 211-231). New York: Cambridge University Press.

LaFrance, M., & Hecht, M. (2000). Gender and smiling: A meta-analysis. In A. H. Fischer (Ed.), *Gender and emotion: Social psychological perspectives* (pp. 118-142). New York: Cambridge University Press.

LaFrance, M., Hecht, M. A., & Paluck, E. L. (2003). The contingent smile: A meta-analysis of sex differences in smiling. *Psychological Bulletin*, 129(2), 305.

Madden, T. E., Barrett, L. F., & Pietromonaco, P. R. (2000). Sex differences in anxiety and depression: Empirical evidence and methodological questions. In A. H. Fischer (Ed.), *Gender and emotion: Social psychological perspectives* (pp. 277-300). New York: Cambridge University Press.

Poulin, M., & Cohen Silver, R. (2008). World benevolence beliefs and well-being across the life span. *Psychology and Aging*, 23(1), 13.

Shields, S. A. (1984). Distinguishing between emotion and nonemotion: Judgments about experience. *Motivation and Emotion*, 8(4), 355-369.

Steptoe, A., Deaton, A., & Stone, A. A. (2014). Subjective wellbeing, health, and ageing. *The Lancet*, 385(9968), 640-648.

Stevenson, B., & Wolfers, J. (2009). The paradox of declining female happiness. *American Economic Journal: Economic Policy*, 1(2), 190-225.

Stone, A. A., Schwartz, J. E., Broderick, J. E., & Deaton, A. (2010). A snapshot of the age distribution of psychological well-being in the United States. *Proceedings of the National Academy of Sciences*, 107(22), 9985-9990.

Tashani, O. A., Alabas, O. A., & Johnson, M. I. (2012). Understanding the gender-pain gap. *Pain Management*, 2(4), 315-317.

Tsang, A., Von Korff, M., Lee, S., Alonso, J., Karam, E., Angermeyer, M. C., ... & Watanabe, M. (2008). Common chronic pain conditions in developed and developing countries: Gender and age differences and comorbidity with depression-anxiety disorders. *The Journal of Pain*, 9(10), 883-891.

Ulloa, B. F. L., Møller, V., & Sousa-Poza, A. (2013). How does subjective well-being evolve with age? A literature review. *Journal of Population Ageing*, 6(3), 227-246.